高等院校财经类应用型专业系列教材

财务管理综合实训

主　编　郭琳琳
副主编　郑倩云

天津大学出版社
TIANJIN UNIVERSITY PRESS

内容提要

本教材遵循实践教学的一般规律，按照高校财务管理相关课程实践教学的特殊要求，科学安排专业综合实训内容，旨在通过实训培养学生的职业能力，为学生的职业生涯奠定扎实的基础。相对基础财会课程体系而言，财务管理综合实训课程更加注重理论与实际的联系，并融入了财务管理、财务会计、统计学、公司战略与风险管理、管理会计、证券投资、财务报表分析、经济学、金融学等学科的知识。

本教材可作为“财务管理”“管理会计”“企业预算管理”“中级财务管理”等课程的配套教学辅导书，既可作为高等院校经济管理类专业教学环节中的一个重要组成部分，也可作为财务管理专业“项目投资决策”“财务投资项目预算”“证券模拟交易”“筹资管理案例”“财务研究报告”等实训课程的指导用书。

本教材中的理论回顾部分简练介绍了专业理论中的重点知识，具有相关理论课程讲义的功能，可起到帮助学生复习财务管理专业理论知识的作用。

图书在版编目（CIP）数据

财务管理综合实训 / 郭琳琳主编；郑倩云副主编. -- 天津：天津大学出版社，2023.4

高等院校财经类应用型专业系列教材

ISBN 978-7-5618-7455-4

Ⅰ. ①财… Ⅱ. ①郭… ②郑… Ⅲ. ①财务管理－高等学校－教材 Ⅳ. ①F275

中国国家版本馆CIP数据核字（2023）第071378号

出版发行 天津大学出版社
地　　址 天津市卫津路92号天津大学内（邮编：300072）
电　　话 发行部：022-27403647
网　　址 www.tjupress.com.cn
印　　刷 天津泰宇印务有限公司
经　　销 全国各地新华书店
开　　本 787mm × 1092mm　1/16
印　　张 17.25
字　　数 431千
版　　次 2023年4月第1版
印　　次 2023年4月第1次
定　　价 49.00元

本书编委会

主　编　郭琳琳
副主编　郑倩云
参　编　屈　佳　田　琳　李　雪　张沛源

前　言

财务管理是基于企业生产过程中客观存在的财务活动和财务关系而产生的，它是利用价值形式对企业再生产过程进行的管理，是组织财务活动、处理财务关系的一项综合性管理工作。本教材面向已完成大部分专业课程的财会类专业学生，旨在通过综合实训使学生系统掌握财务管理基本理论和相关技能，具备财务管理的价值理财观念，能够对企业中的各类财务管理问题进行判断，提高学生综合分析问题、解决问题的能力，并帮助学生掌握各种财务研究报告的基本要求和撰写方法。

本教材主要包括四篇九大模块，第一篇为财务管理基础，第二篇为财务管理职能，第三篇为证券投资，第四篇为财务研究报告。前三篇与“财务管理基础”“中级财务管理”“管理会计”“财务报表分析”“证券投资”等专业理论课程相辅相成，注重专业理论知识在实践中的应用。第四篇中的融资计划书、经营分析报告、绩效评价报告、资产评估报告、可行性研究报告与财务管理中的筹资管理、投资决策、价值评估和管理会计中的绩效评价紧密联系。党的二十大报告明确了中国未来5年的主要目标任务，其中有“经济高质量发展取得新突破，科技自立自强能力显著提升，构建新发展格局和建设现代化经济体系取得重大进展”。而财务管理基本职能中的筹资、投资决策和各种财务研究对实现我国经济高质量发展、构建新发展格局和建设现代化经济体系具有重要作用。

本教材具有以下特点。

①本教材对财务管理的理论知识加以整理归纳，选择财务管理理论中的主要内容开展实训。各模块的实训内容循序渐进，难度适中；注重实践性、启发性和综合性。教材设计的仿真实务演练素材有利于学生将财务管理的理论知识、应用方法和运用技能同实训项目有机结合，提高思考问题、分析问题和解决问题的能力。

②本教材紧扣应用型人才培养目标和财务管理一流专业建设要求，内容体系包括理论回顾、实训目标、实训项目，每一模块最后还设置了实训技能考核；遵循实践教学一般规律，按照高校财务管理专业实践教学的特殊要求，科学安排专业综合实训内容，通过实训做到“专业知识结构化、专业技能职业化”。

③本教材注重学生综合素质的培养，特别是报告撰写能力的培养，对于提高学生的逻辑思维能力和分析问题的能力具有积极意义。

④本教材涵盖的知识点多，简明扼要地概述某一专业或某一方面的基础知识以及一些基本的公式、数据、规章、条例等。理论回顾部分条理清晰、重点突出，可作为学生理论课程的复习讲义。实训项目资料丰富，并带有解析，对各类学习者均具有较大的实用价值和参考价值。

⑤本教材内容与当前数字经济时代相适应，实训内容中加入了Excel软件的应用，引导学生利用电子表格来完成数据的计算分析，促使学生将电子表格的使用方法、技巧应用于财务管理实践中，完成烦琐而复杂的财务管理工作。

⑥本教材实训内容与中级会计师考试、资产评估师考试、税务师考试、注册会计师考试中的财务管理相关科目有较大的关联,有利于实施课证融通。

本教材由郭琳琳担任主编、郑倩云担任副主编。各模块的执笔人员如下:模块一、模块四、模块九由郭琳琳编写;模块二、模块三由郑倩云编写;模块五由田琳编写;模块六由屈佳编写;模块七由张沛源编写;模块八由李雪编写。全书由郭琳琳负责统稿。

教材的编写及其质量的提高是一个持续不断的过程。由于编者水平有限,本教材难免存在不足之处,我们恳请广大师生及其他读者朋友对本教材给予批评指正,并提出宝贵的意见和建议,以便我们进一步提高教材的质量,使其更好地适应教学的需要。

目　　录

第一篇　财务管理基础

第二篇　财务管理职能

第一篇　财务管理基础

模块一　财务管理基础实训

导言

财务管理基础理论主要包括货币时间价值、风险与报酬、财务管理的目标、财务管理的环境。这些内容是财务管理课程的基础。通过实训，学生能准确理解财务管理中的价值的含义（财务管理中资产的价值是一种内在价值，即未来现金流量的现值），具备货币时间价值观念，运用货币时间价值的计算方法解决现实中的财务问题；能把风险报酬等原则应用于企业理财和家庭理财；能为企业确立正确的财务管理目标，使企业财务决策围绕财务管理目标展开；能分析企业所处财务环境的利弊，为企业应对环境变化提供合理建议。

任务一　货币时间价值的计算与运用

一、理论回顾

（一）货币时间价值

1. 货币时间价值的概念

货币时间价值是指一定量的资金经过一段时间的投资和再投资所增加的价值，又称资金时间价值。一般情况下，货币时间价值是指没有风险和没有通货膨胀条件下的社会平均资金利润率。

2. 货币时间价值的计算

（1）终值与现值

终值也叫本利和（记为 F），是指现在一定量的资金折算到未来某一时点所对应的金额。

现值也叫本金（记为 P），是指未来某一时点上的一定量的资金折算到现在时点所对应的金额。

（2）单利终值和单利现值的计算

货币时间价值的计算经常使用的符号有：

P——现值（本金）；F——终值（本利和）；i——利率；I——利息；n——计息期数。

单利是计算利息的一种方法，指在计算每期的利息时，只以本金计算利息，所生利息不再计息。

1）单利终值的计算（已知现值，求终值）

单利终值是指一定量的资金在若干期之后按单利计算的本利和。计算公式为：

$$F=P+I=P+Pin=P\ (1+in)$$

2)单利现值的计算(已知终值,求现值)

单利现值是指在单利计息条件下未来某一时点上的资金折算到现在时点所对应的金额。显然,单利现值的计算是单利终值的计算的逆运算,将单利终值的计算公式变形即可得到单利现值的计算公式:

$$P=\frac{F}{1+in}$$

(3)复利终值和复利现值的计算

复利是指每期产生的利息并入本金一起参与下一期利息的计算的计息方式,俗称"利滚利"。在资本不断资本化的条件下,资本的积累应该用复利方式计算终值与现值。

在后面的相关章节中,如果未做说明,均假设用复利计息。

1)复利终值的计算(已知现值,求终值)

复利终值是指一定量的资金在若干期之后按复利计算的本利和。计算公式为:

$$F=P\ (1+i)^n$$

$(1+i)^n$ 也可写作($F/P,i,n$),叫作复利终值系数。

2)复利现值的计算(已知终值,求现值)

复利现值是指在复利计息条件下,将来某一特定时点上的资金折算到现在时点所对应的金额。复利现值的计算是复利终值的计算的逆运算。其计算公式为:

$$P=F\ (1+i)^{-n}$$

$(1+i)^{-n}$ 也可写作($P/F,i,n$),叫作复利现值系数。

3)报价利率与有效年利率

复利的计息期不一定是1年,也有可能是1个季度、1个月或1日,甚至更短。例如:某些债券半年计息一次,有的抵押贷款每月计息一次,股利有时每季度支付一次,银行之间拆借资金均每日计息一次,等等。

①报价利率。银行等金融机构在为利息报价时,通常会提供一个年利率,并且同时提供每年的复利次数。此时,金融机构提供的年利率被称为报价利率,有时也被称为名义利率。在提供报价利率时,必须同时提供每年的复利次数(或计息期的天数),否则意义是不完整的。

②计息期利率。其是指借款人为每1元本金每期支付的利息,它可以是年利率,也可以是半年利率、季度利率、月或日利率等。

计息期利率=报价利率/每年复利次数

③有效年利率。在按照给定的计息期利率和每年复利次数计算利息时,能够产生相同结果的每年复利一次的年利率,叫作有效年利率,也称为等价年利率。

假设每年复利次数为 m,

$$有效年利率=(1+报价利率/m)^m-1$$

当利率在一年内复利多次时,每年计息多次的终值会大于每年计息一次的终值,有效年利率一定会大于报价利率。

在一年内多次复利的情况下,可采用两种方法计算货币时间价值。

第一种方法是先将报价利率换算成有效年利率,然后再按有效年利率计算货币时间价值。

第二种方法是不计算有效年利率，而是调整相关指标，利率为每期利率，即报价利率/m，期数相应变为 mn，直接计算出货币时间价值。

（4）年金的计算

年金就是系列收付款项的特殊形式。它是指某一特定时期内，每间隔相等时间收付的相等金额的款项，如租金、优先股股利、直线法计提的折旧费、保险费、零存整取下定期存入的本金、整存零取下定期支取的本金、等额分期收（付）的款项等。

1）普通年金

普通年金又称后付年金，是指从第一期起一定时期内每期期末收付的年金。

a. 普通年金终值的计算（已知年金 A，求年金终值 F）

$$F=A(1+i)^0+A(1+i)^1+\cdots+A(1+i)^{n-2}+A(1+i)^{n-1}=A\frac{(1+i)^n-1}{i}$$

式中 $\frac{(1+i)^n-1}{i}$ 称为年金终值系数，记为（$F/A,i,n$），可通过直接查找“年金终值系数表”求得有关数据。

b. 偿债基金的计算（已知年金终值 F，求年金 A）

偿债基金是指为了偿付未来某一时点上的一定金额的债务或积聚一定数额的资金而分次等额形成的存款准备金。由于每年等额存入的款项属于年金形式，将来某一时点需要偿还的债务也就是普通年金终值，所以偿债基金的计算实际上是普通年金终值的计算的逆运算。其计算公式如下：

$$A=F\frac{i}{(1+i)^n-1}$$

式中 $\frac{i}{(1+i)^n-1}$ 称为偿债基金系数，记为（$A/F,i,n$），它是年金终值系数的倒数。

c. 普通年金现值的计算（已知年金 A，求年金现值 P）

$$P=A(1+i)^{-1}+A(1+i)^{-2}+\cdots+A(1+i)^{-(n-1)}+A(1+i)^{-n}$$
$$=A\sum_{t=1}^{n}(1+i)^{-t}=A\frac{1-(1+i)^{-n}}{i}$$

式中 $\frac{1-(1+i)^{-n}}{i}$ 称为年金现值系数，记为（$P/A,i,n$），可通过直接查找“1 元年金现值表”求得有关数据。上式也可表示为 $P=A(P/A,i,n)$。

d. 资本回收额的计算（已知年金现值 P，求年金 A）

资本回收额是指在未来一定时期内等额回收初始投入资本的金额。这里的“等额”是年金形式，初始投入的资本是普通年金现值。显然，资本回收额的计算是普通年金现值计算的逆运算。其计算公式如下：

$$A=P\frac{i}{1-(1+i)^{-n}}$$

式中 $\frac{i}{1-(1+i)^{-n}}$ 称为资本回收系数，也可表示为（$A/P,i,n$）。显然，资本回收系数与年金现值系数互为倒数。上式也可表示为 $A=P(A/P,i,n)$。

2)即付年金

即付年金也叫预付年金或先付年金,是指在一定时期内每期期初等额收付的年金。

a. 即付年金终值的计算(已知即付年金 A,求年金终值 F)。

$$F=A(1+i)^1+\cdots+A(1+i)^{n-2}+A(1+i)^{n-1}+A(1+i)^n$$

$$=A\ \frac{(1+i)^n-1}{i}(1+i)=A\left[\frac{(1+i)^{n+1}-1}{i}-1\right]$$

式中$\left[\frac{(1+i)^{n+1}-1}{i}-1\right]$称为即付年金终值系数。它是在普通年金终值系数的基础上,期数加 1,系数减 1 的结果。因此,即付年金终值系数也可记为$[(F/A,i,n+1)-1]$。

b. 即付年金现值的计算(已知即付年金 A,求年金现值 P)

$$P=A(1+i)^0+A(1+i)^{-1}+A(1+i)^{-2}+\cdots+A(1+i)^{-(n-1)}$$

$$=A\ \frac{1-(1+i)^{-n}}{i}(1+i)=A\left[\frac{1-(1+i)^{-(n-1)}}{i}+1\right]$$

式中$\left[\frac{1-(1+i)^{-(n-1)}}{i}+1\right]$称为即付年金现值系数。它是在普通年金现值系数的基础上,期数减 1,系数加 1 所得的结果。因此,即付年金现值系数也可记作$[(P/A,i,n-1)+1]$。

3)递延年金

递延年金是指第一次收付发生在若干期(假设为 M 期, $M\geqslant 1$)以后,即从 $M+1$ 期开始每期末收付的等额款项。它是普通年金的特殊形式,凡不是从第一期开始收付的普通年金都是递延年金。

以下以 M 表示递延期,N 表示收付期。

a. 递延年金终值的计算

递延年金终值的计算与递延期无关,其计算方法与普通年金终值的计算方法相同。

b. 递延年金现值的计算

第一种方法,假设递延期每期期末都发生现金流量,先计算出 $M+N$ 期的普通年金现值,然后减去前 M 期的普通年金现值,即得出递延年金现值。

$$P=A[(P/A,i,M+N)-(P/A,i,M)]$$

第二种方法,先将收付期的递延年金看作普通年金,求出在递延期期末收付期期初的现值,然后再将其折现到递延期期初。

$$P=A\ \frac{1-(1+i)^{-N}}{i}(1+i)^{-M}=(P/A,i,N)(P/F,i,M)$$

4)永续年金现值的计算

永续年金是指无限期等额定期收付的年金,也可视为普通年金的特殊形式,即期限趋于无穷大的普通年金。

在实际工作中,如优先股股利、奖学金等均可看作永续年金。由于永续年金的期限 n 趋于无穷大,因此,它只能计算现值,不能计算终值。另外,期限长、利率高的年金现值,也可按永续年金现值公式计算其现值的近似值。

$$P = A/i$$

(二)Excel 软件在财务中的应用

1. 现值函数

现值也叫本金,其函数是 PV。

其语法格式为 PV(rate,nper,pmt,[fv],[type])。

参数说明如下。

rate——各期利率。

nper——付款期总数,即计息期数。

pmt——各期所应支付的金额,在整个年金期间保持不变。通常 pmt 包括本金和利息,但不包括其他费用或税款。

fv——未来值,或在最后一次支付后希望得到的现金余额。省略 fv 参数即假设其值为 0(例如,一笔贷款的未来值为 0),此时不能省略 pmt 参数。

type——可有可无,其值为 0 或 1,用以指定各期的付款时间是在期初(1)还是期末(0)。如果省略 type,则假定其值为 0。

此外,各参数中,加方括号的为可选参数,不加方括号的为必选参数。

2. 终值函数

终值也叫未来值。其函数为 FV。

其语法格式为 FV(rate,nper,pmt,[pv],[type])。

3.PMT 函数

PMT 函数用于计算在固定利率下及等额分期付款方式下的每期还款额。

其语法格式为 PMT(rate, nper, pv, [fv], [type])。

4.RATE 函数

RATE 函数用于计算年金的各期利率。

其语法格式为 RATE(nper, pmt, pv, [fv], [type], [guess])

5.IRR 函数

内含收益率的函数为 IRR 函数,用来求在现金流量和年限一定的情况下的内部收益率。

其语法格式为 IRR(values,guess)。

values——数组或单元格的引用,包含用来计算返回的内部收益率的数字。values 必须包含至少一个正值和一个负值,以计算返回的内部收益率。IRR 函数根据数值的顺序来解释现金流的顺序,故应确定按需要的顺序输入支付和收入的数值。如果数组或引用包含文本、逻辑值或空白单元格,这些数值将被忽略。

guess——对 IRR 函数计算结果的估计值。

二、实训目标

①通过实训,使学生理解货币时间价值的内涵,掌握货币时间价值理财原则在企业和生

活中的应用。

②帮助学生学会利用Excel软件中的函数FV、PV，熟悉并掌握货币时间价值，包括复利终值、复利现值、年金终值、年金现值、递延年金、永续年金、期数和贴现率的计算。

三、实训项目

（一）货币时间价值中的“七二法则”与保险理财

1. 实训目的

理解货币时间价值的含义及复利的作用，能够利用所学专业知识迅速对理财产品的合理性做出判断。

2. 项目资料

1626年，荷兰人用相当于24美元的饰品从印第安人手中买下了曼哈顿岛，而到2000年时，曼哈顿岛的价值已经达到了约2.5万亿美元。美国开国元勋之一的富兰克林（100美元纸币上的头像就是他的）于1790年逝世。他在自己的遗嘱中写道：“1 000英镑赠给波士顿的居民。……把这笔钱按5%的利率借出。过了100年，这笔钱增加到131 000英镑。……那时用100 000英镑来建造一所公共建筑物，剩下的31 000英镑继续生息。在第二个100年尾，这笔钱增加到4 061 000英镑，其中的1 061 000英镑还是由波士顿的居民支配，而其余的3 000 000英镑让马萨诸塞州的公众管理。”

“数学有史以来最伟大的发现”，爱因斯坦曾经这样形容复利。假如你投资30万元在一只每年平均收益率为12%的基金上，约需6年（72除以年收益率，亦即72除以12）本金就可以增值1倍，变成60万元；如果基金的年均收益率为8%，本金翻番需要9年左右的时间。而收益率为18%的话，只需4年左右的时间。这就是货币时间价值中的“七二法则”。利用这个法则，我们可以对保险理财产品迅速做出判断。理财保险是集保险保障及投资功能于一身的新型保险产品，属人寿保险的新险种。目前，我国的理财保险险种主要有分红保险、投资连结保险和万能保险。通过保险进行理财，是指通过购买保险对资金进行合理安排和规划，防范和避免因疾病或灾难而带来的财务困难，同时可以使资产获得理想的保值和增值。经营投资类保险的保险公司推出了各种保险理财产品，许多家庭在选择这些产品时往往存在一些误区。这些保险理财产品是否如保险公司介绍的那样收益可观而又没有风险呢？

某人寿保险公司推出了以下两种产品，两种产品的对比见表1-1。

表1-1 保险产品比较

产品	A	B
投保年龄	0~70周岁	0~65周岁
缴费期限	3、5、10年交	3、5年交
保障期限	15年	15年
是否分红	不分红	不分红
身故赔付	返保费（扣除年金）和现金价值高者	返还所交保费
万能账户	2.5%保底利率	—

续表

产品	A	B
生存金返还	3 年交费返保费 10% 5 年交费返保费 16% 10 年交费返保费 25% 满期返还累计交费和基本保额之和	第 5 年和第 6 年返特别生存金 3 年交费返保费 50% 5 年交费返保费 100% 第 7~14 年返生存金 3 年交费每年返保费 24% 5 年交费每年返保费 32% 满期返还基本保额
0 岁宝宝,年存 10 万元,存 3 年,按照 4.5%的年收益率,账户价值变化		
16 岁生存总利益	47.9 万元	49.3 万元
30 岁生存总利益	89.9 万元	92.6 万元
60 岁生存总利益	346 万元	356.4 万元
80 岁生存总利益	850 万元	875.3 万元

1)要求

①货币时间价值是如何产生的?如何利用货币时间价值的计算来验证“七二法则”?

②如何利用“七二法则”对该人寿保险公司产品的实际收益率进行评价?

2)解析

①货币时间价值是指资金在周转使用中因时间因素而形成的价值差额。货币时间价值产生的条件为商品经济的高速发展和借贷关系的普遍存在,使得资金使用权与所有权分离。资金的所有者把资金使用权转让给使用者,使用者必须把资金增值的一部分支付给资金的所有者作为报酬。资金占用的金额越大,使用的时间越长,所有者所要求的报酬就越高。资金本身不会自行增值,只有在经济发展时期,将资金作为资本投放到运营过程中,才会实现资本增值,即体现出时间价值。

假如做一个投资,年收益率是 10%,那么本金翻倍的时间就是 72/10=7.2 年。我们可以验证一下这个计算到底对不对。假如本金是 1 万元,年收益率是 10%, 1 年后您的本金加收益就是 1.1 万元,第 2 年就是 1.21 万元,第 3 年就是 1.331 万元,第 4 年就是 1.464 1 万元,依次算下去,第 7 年就是 1.948 7 万元,所以这个法则是正确的。

②以 A 产品为例。对于 0 岁宝宝,在每年初存入 10 万元,根据“七二法则”,按照 4.5%的年收益率计算, 16 年即可翻倍,也就是在其 16 岁时,第一次存的 10 万元已翻倍,变成 20 万元,第二次存的 10 万元还有 1 年即可达到 20 万,折现后为 19.14 万元,第三次存的 10 万元还有 2 年即可达到 20 万,折现后为 18.31 万元,总计为 57.45 万元,比 47.9 万元要高,说明该人寿保险公司 A 产品的实际收益率没有达到 4.5%。

(二)货币时间价值的应用——现值

1. 实训目的

掌握现值理论在现实中的应用。

2. 项目资料

（1）资料一

H公司为国内知名企业，是全球领先的信息与通信基础设施和智能终端提供商。在行业内，该公司工资待遇非常高。但该公司有些岗位上的员工超过40岁将面临“退休”风险。没到退休年龄被迫退休，属于用人单位违法解除劳动合同，劳动者有权要求继续履行劳动合同，如果劳动者不主张继续履行或者劳动合同因客观原因无法继续履行的，用人单位应当支付违法解除赔偿金。内部退休的员工可以保留部分股票，退休保留股票是权利，不是义务。如果员工退休时不想保留股票，公司也可以一次性全部回购。只要满足最低退休条件，即可保留股票，但数量会有所不同。员工退休后所保留的虚拟股票数量并不一定是退休前所持有的全部数量。具体保留的额度，由公司根据员工的贡献进行审批。员工退休后所持有的虚拟受限股保留至其死亡，不允许继承。退休期间除保留股票和按年分红外，不支付任何工资或类似社会养老金。分红收益没有上下限，不存在保底收益。退休员工仅保留虚拟受限股，没有投票权，不能参加持股员工代表会。

某员工50周岁退休时持有的股票为20万股，该员工可以选择保留股票，保留股票每年可参与分红，最近5年内每股分红为1.5~2元。但该公司面临的市场环境比较复杂，未来收益具有较大的不确定性，未来分红有可能下降甚至不分红。不保留股票，由公司回购，回购价每股8元，该员工可得到160万元。该员工如果拿到160万元的回购款也会选择去理财。

1）要求

①请利用所学知识，为该员工该不该保留股票提供分析建议。

②如果该员工能活到70岁，保留股票每年每股分红1.5元，该员工应该选择保留股票吗？

2）解析

①在提供分析建议时应考虑该员工选择的理财方式的收益率，比较股利分红收益率与投资理财收益率的高低。

②应利用年金现值来计算，并选择合适的折现率。

（2）资料二

为配合PH公司业务拓展建设，促进公司新型现代化、标准化生产线建设，提高公司运营效率，改善公司经营环境，实现公司安全生产，公司拟购置一条新的生产线。供应商有两个付款方案供选择：A方案，现在一次性付款8 000 000元；B方案，分6期付款，从现在起，每年初付款1 500 000元，6年共计9 000 000元。

1）要求

若银行借款利率为9%，按复利计息。请为PH公司提供决策建议。

2）解析

B方案付款现值=1 500 000×（P/A，9%，6）×（1+9%）

=1 500 000×4.486×（1+9%）=7 335 000（元）

或　B方案付款现值=1 500 000×[1+（P/A，9%，5）]

=1 500 000×（1+3.890）=7 335 000（元）

采用A方案比采用B方案多付款=8 000 000−7 335 000=665 000元，故应选择B方案。

（3）资料三

PH 公司想要在西部某县一所高中设立奖学金。奖学金每年发放一次，奖励每年高考文理科状元各 10 000 元。奖学金的基金保存在中国银行该县支行。银行一年的定期存款利率为 2%。

1）要求

PH 公司要投资多少钱作为奖励基金？

2）解析

由于每年都要拿出 20 000 元，因此奖学金的性质是一项永续年金。

奖励基金现值=A/i=20 000/2%=1 000 000（元）

也就是说，企业家要存入 1 000 000 元作为奖励基金，才能保证这一奖学金的成功运行。

（三）货币时间价值的应用——终值

（1）资料一

某施工企业向银行借款 250 万元，期限 4 年，年利率 3%，第 4 年末还本付息。

1）要求

①每年复利计息 1 次，到期企业需支付给银行的利息为多少？

②每年复利计息 2 次，到期企业需支付给银行的利息为多少？

2）解析

①每年复利 1 次，共支付利息 $250\times(1+3\%)^4-250=31.38$ 万元。

②每年复利 2 次，共支付利息 $250\times(1+1.5\%)^8-250=31.63$ 万元。

（2）资料二

PH 公司决定将其一处土地的 10 年使用权公开拍卖。投标公司现有两个方案供 PH 公司选择：A 方案，每年年末支付 15 亿元，直到 10 年后合同到期；B 方案，签订合同后立即支付 50 亿元，第 8 年年末再支付 50 亿元。

1）要求

如 PH 公司要求的年投资回报率为 15%，应接受哪个方案？

2）解析

A 方案：

款项的终值=15×（F/A，15%，10）=15×20.304=304.56（亿元）

B 方案：

第 1 笔收款（50 亿元）的终值=50×（F/P，15%，10）=202.28（亿元）

第 2 笔收款（50 亿元）的终值=50×（F/P，15%，2）=66.13（亿元）

终值合计=202.28+66.13=268.41（亿元）

A 方案款项终值大于 B 方案款项的终值，因此，PH 公司应接受 A 方案。

（3）资料三

小王是位热心于公益事业的人，自 2015 年 12 月底开始，他每年年末都要向一位失学儿童捐款。小王向这位失学儿童每年捐款 1 000 元，帮助这位失学儿童从小学一年级完成九年义务教育。

1）要求

假设每年定期存款利率都是2%，则小王9年的捐款在2023年年底相当于多少钱？

2）解析

$$F=A\times(F/A,i,n)$$
$$=1\,000\times(F/A,2\%,9)$$
$$=1\,000\times9.755$$
$$=9\,755(\text{元})$$

小王这9年相当于捐赠了9 755元。

（四）货币时间价值的应用——早收晚付

（1）资料一

PH公司目前账面应付票据共两笔，分别为欠XT科技有限公司的560万元，欠NX置业有限公司的233万元，截至审计报告出具日均已逾期未付。ZZRY会计师事务所对PH公司进行了审计，出具了审计报告和管理建议书。管理建议书中给公司管理层的建议是公司对发生的应付款项应尽快偿付，不要逾期。

1）要求

①该事务所给PH公司管理层的建议是否正确呢？

②货币时间价值的重要应用之一就是早收晚付，在公司运营过程中还存在哪些早收晚付的例子呢？

2）解析

①根据货币时间价值原则，其实该事务所给出的建议是不恰当的。货币时间价值在企业的重要应用就是早收晚付。在应收账款管理和应付账款管理中，凡是涉及现金折扣期和信用期计算的，都会认为付款期在现金折扣期或信用期的最后一天。原因就是对应付账款，要尽可能晚付，所以客户会选择在付款期的最后一天付款。而企业之所以要给予现金折扣，其目的是“早收”。故对于应付票据，如果出现逾期，那么在会计核算上应该把应付票据转为应付账款。

②例如，对于应收账款，公司应尽早收回，给出的信用条件中包括现金折扣的目的正是提前收回账款。

（2）资料二

PH公司是一家专门从事机械产品研发与生产的企业集团。2022年3月，该公司拟扩展业务，欲投资6 000万元研制生产某种型号的机床。其有两套方案。第一套方案，设立3个独立核算的子公司（A、B、C），它们彼此间存在购销关系。A生产的产品可作为B的原材料，而B生产的产品全部提供给C。经调查预算，A提供的原材料的市场价格为每单位10 000元（此处一单位指生产一单位最终产成品所需原材料数额），B以每单位15 000元提供给C，C以20 000元/单位的价格向市场出售（以上价格均不含税）。预计A为B生产的每单位原材料会涉及850元进项税额，并预计年销售量为1 000单位，那么A每年应纳增值税额为$10\,000\times1\,000\times13\%-850\times1\,000=450\,000$元，B每年应纳增值税额为$15\,000\times1\,000\times13\%-10\,000\times1\,000\times13\%=650\,000$元，C每年应纳增值税额为$20\,000\times1\,000\times13\%-15\,000\times1\,000\times13\%=650\,000$元。由此，在第一套方案下，每年应纳增值税额是$450\,000+650\,000+650\,000=1\,750\,000$

元。第二套方案，设立一综合性公司，设 3 个部门（A、B、C），基于上述市场调查，可求出该公司大致每年应纳增值税额为 20 000 × 1 000 × 13%–850 × 1 000 = 1 750 000 元。

1）要求

分析 PH 公司两套方案的效果是否一样，为什么？

2）解析

从税额来看，两套方案的效果看似一样，其实不然。因为货币存在时间价值，所以，PH 公司应选择第二套方案。在第一套方案中，A 生产的原材料，在一定的时间内会出售给 B，这时要缴纳一定数量的增值税和企业所得税，而采取第二套方案，则这笔业务由 A 转向 B 时，不用缴纳企业所得税和增值税，当然这笔款尽管要缴，而且数额也不会变化，但是根据货币时间价值原理，今天的 1 元钱比明天的 1 元钱更值钱，所以这部分迟缴的税款的价值小于早缴的税款的价值，而且推迟纳税时间，对于资金较紧张的企业来说更是如此。为说明这个问题，这里假定两种情况：第一种是每年缴纳 100 元税款，缴 3 年，年利率是 10%；第二种是在第 3 年一次性缴纳 300 元。按第一种，相当于第 3 年一次性缴纳：$100 \times (1+10\%)^2+100 \times (1+10\%)+100 \times (1+10\%)^0=331$ 元，显然比 300 元多。由此可得，当然是第 3 年一次性缴纳好。同理，PH 公司在考虑了货币时间价值后，当然会选择第二套方案。

（五）货币时间价值的应用——资本回收额

拥有一套属于自己的住房，是很多人的梦想，然而要买房，大多数人都会选择贷款，贷款买房已成为一种流行的消费方式。日益庞大的个人住房贷款市场——这块商业银行的优质资产“蛋糕”，对银行有着巨大的诱惑力，各大银行为了抢占市场，争取客户，频频亮出各具特色的房贷产品。以中国农业银行为例，其个人住房贷款业务有个人一手住房贷款、个人二手住房贷款、个人住房接力贷款、个人住房循环贷款等 10 余种贷款形式，贷款利率方面有浮动利率、固定利率、混合利率 3 种方式可供选择，更有多样的贷款偿还方式，如到期一次还本付息还款法、等额本息还款法、等额本金还款法、等额递增还款法、等额递减还款法、等比递增还款法等。

PH 公司员工王明月薪 5 000 元，现已工作 1 年。他的女朋友小李，大学毕业后找到了一份月薪 2 500 元的工作，现已工作 2 年，目前月工资 4 000 元。两人毕业后一直租房生活，现生活已基本稳定，于是决定买一套房子为结婚做准备。他们看中了一套面积 90 平方米的现房，每平方米的价格是 10 000 元人民币，销售商提供了两种付款方式：一次性付款和银行贷款。如果采用第一种方式，销售商将提供房价款 3%的折扣优惠。两人考虑到他们现在自有存款 5 万元，从双方父母及亲戚朋友处可筹集 40 万元，仍无法凑足房款，于是决定采用银行贷款的方式分期偿付房款。

在贷款金额方面，银行规定建筑面积在 90 平方米以上的，最高贷款金额为所购住房成交价格的 70%；建筑面积在 90 平方米及以下的，最高贷款金额为所购住房成交价格的 80%。两人现有 5 万元的存款，王明的父母可以为他们垫付 15 万元，于是两人决定首付 20 万元，向银行贷款 70 万元。接下来涉及的问题是贷款利率、贷款期和还款方式的选择了。在还款方式上，银行提供了多种可供选择的方法，如等额本息法、等额本金法、等额/等比递增法、等额/等比递减法及其他还款方法。在利率上，银行规定实施的住房贷款利率是中国人民银行规定的同期同档次贷款利率，有浮动利率、固定利率、混合利率 3 种具体方式可供选择。

不同还款方式下,支付的利息和还款额的对比如下。

①支付的利息。等额本息还款法下,由于每月还款金额相等,所以利息相对来说较高;等额本金还款法下,每月还款金额由高到低逐渐递减,因而利息相对来说较低;由于对银行资金占用时间不同,等额/等比递增还款法下,需要支付的利息总额较高,甚至要高于同样条件的贷款在等额本息还款法下的利息总额;等额/等比递减还款法下,需要支付的利息总额较低,甚至要低于同样条件的贷款在等额本金还款法下的利息总额。

②还款额。等额本息还款法下,每期的还款额相同,负担相对较轻;等额本金还款法下,每期还款额逐渐递减,因而负担由重到轻;等额/等比递增法下,每期还款额是由少至多的,故负担是由轻逐渐加重的;等额/等比递减法恰好相反。

不同还款方式下,王明他们的还款额见表 1-2。

表 1-2 不同还款方式下的还款额 单位:元

贷款期	还款方式	月还款额	还款总额	利息总额
15 年	等额本息还款法	5 907.00	1 063 259.60	363 259.60
	等额本金还款法	7 388.90	1 016 750.00	316 750.00
20 年	等额本息还款法	5 015.02	1 203 604.18	503 604.18
	等额本金还款法	6 416.67	1 121 750.00	421 750.00
25 年	等额本息还款法	4 510.11	1 353 032. 94	653 032.94
	等额本金还款法	5 833.33	1 226 730.00	526 750.00

注:等额本息还款法的月还款额各期相等,等额本金还款法的月还款额为首期还款额。

贷款期为 15 年、20 年、25 年三种情况下,此后每期减少分别为 19.4 元、14.6 元、11.7 元。

1)要求

①王明和小李该如何选择还款方式和贷款期?请你给出建议。

②采用等额本金法所还利息总额要比采用等额本息法所还利息总额要少,这时一些人就得出采用等额本金法比等额本息法划算的结论,这样的结论到底对不对呢?

2)解析

①首先,从表 1-2 中可以了解到在不同的贷款期下两种还款方式各自的月还款额。两人估算了一下他们的还款能力。在还款期前两年,他们的月收入总计为 9 000 元(王明,5 000 元;小李,4 000 元),每月的支出大概为 2 500 元(王明,1 000 元;小李,1 500 元)。此后,随着工作年限的增加,他们的收入会有一定的增长,但同时他们抚养小孩、赡养父母的费用支出也会相应增加,因此预期在近期内他们的还款能力将维持在 6 500 元(9 000 元–2 500 元)左右。在贷款期方面,银行规定贷款期最长不超过 30 年;借款人年龄与贷款期之和最大不超过 70。两人权衡考虑后,觉得选择 20 年这样一个时间长度适中、还款额与偿还能力基本相匹配的还款期比较合适。

②在等额本息还款法和等额本金还款法下,银行都是按照借款人实际占用贷款额和规

定的利率计算应收取的利息的。如果不考虑时间因素，将每月还本付息额简单累加，在整个贷款期内，等额本息法下借款人共付利息 503 604.18 元，而等额本金还款法下共付利息 421 750 元，两者相比，等额本金还款法下少付 81 854.18 元。但考虑到货币时间价值因素，以给定的利率将两种还款方式下每月还本付息额贴现到贷款发放日，则两者相等。即从静态看，两种还款方式存在着利息差，但从动态看，在考虑了货币时间价值因素的情况下，两种还款方式完全不存在差异。正因为忽略了货币时间价值因素，很多借款人误以为自己选择等额本息还款法多付了利息。

（六）货币时间价值的应用——偿债基金和资本回收额

（1）资料一

PH 公司向银行借入一笔借款，拟于 5 年后一次性还清所欠债务 100 000 元，假定银行利率为 10%，5 年期、利率为 10%的年金终值系数为 6.105 1，5 年期、利率为 10%的年金现值系数为 3.790 8。

1）要求

PH 公司应从现在起每年末等额存入银行多少元？

2）解析

属于已知普通年金终值求年金，故答案为 100 000/6.105 1=16 379.75 元。

（2）资料二

PH 公司于某年年初向银行贷款 100 万元，年利率为 6%，按年复利计息，贷款期为 5 年，5 年内每年年末等额偿还。PH 公司拟使用这 100 万元进行一项投资，目前支付的投资额是 100 万元，预计在未来 6 年内收回投资。

1）要求

①PH 公司 6 年内每年收回的投资属于什么？

②在年利率 6%的情况下，为了使该项投资是合算的，那么 PH 公司每年至少应当收回多少钱？

2）解析

①属于资本回收额。

②每年的资本回收额为 $100/(P/A, 6\%, 6)=20.34$ 万元。

（七）货币时间价值的计算——收益率

PH 公司拟投资某理财项目，一次性投入 104 万元，以后 10 年每年收回 5 万元，第 10 年年末额外收回 100 万元。

1）要求

计算此项理财项目的投资收益率是多少？

2）解析

第一步列出关系式：

$$5\times(P/A, i, 10)+100\times(P/F, i, 10)=104（万元）$$

第二步逐步测试

$i_1=5\%$时，$5\times(P/A, 5\%, 10)+100\times(P/F, 5\%, 10)=100$（万元）

$i_2=4\%$时，$5\times(P/A, 4\%, 10)+100\times(P/F, 4\%, 10)=108.11$（万元）

第三步利用插值法进行计算：

(104−100)/(108.11−100)=(*i*−5%)/(4%−5%)

i=4.51%

【提示】逐步测试的规律：现值系数随着 i 变大而变小，终值系数随着 i 变大而变大。

(八)Excel 软件在货币时间价值计算中的应用

1. 实训目的

①能够熟练利用 Excel 软件进行终值的计算；

②能够熟练利用 Excel 软件进行现值的计算；

③能够熟练利用 Excel 软件进行年金的计算；

④能够熟练利用 Excel 软件进行利率的计算。

2. 项目资料

(1)资料一

WH 公司 2022 年投资了某一项目，投资额 1 000 万元，项目寿命期限 15 年。该项目第一年可带来收益 200 万元，以后每年增长 5%。

1)要求

预计投资 15 年后一共可以取得多少收益？(收益不考虑货币时间价值)

2)解析

投资 15 年后可以取得 4 315.712 718 万元收益。计算过程如图 1-1 至图 1-3 所示。

图 1-1

B3　=B2*(1+B1)

	A	B	C	D
1	收益增长率	5%		
2	第1年收益	200		
3	第2年收益	210		
4	第3年收益			
5	第4年收益			
6	第5年收益			
7	第6年收益			
8	第7年收益			
9	第8年收益			
10	第9年收益			
11	第10年收益			
12	第11年收益			
13	第12年收益			
14	第13年收益			
15	第14年收益			
16	第15年收益			
17	收益总和			
18				

图 1-2

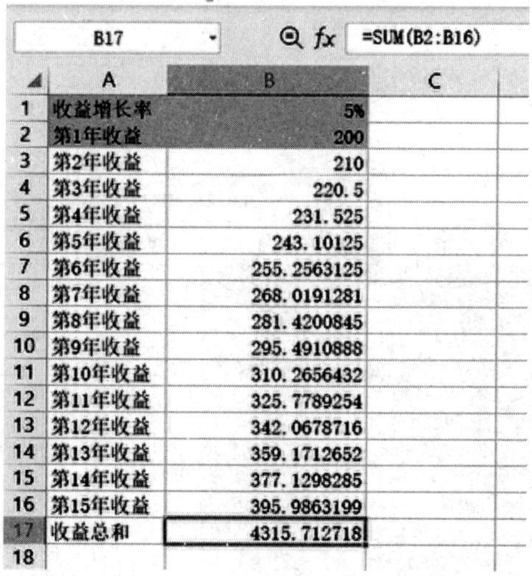

B17　=SUM(B2:B16)

	A	B	C
1	收益增长率	5%	
2	第1年收益	200	
3	第2年收益	210	
4	第3年收益	220.5	
5	第4年收益	231.525	
6	第5年收益	243.10125	
7	第6年收益	255.2563125	
8	第7年收益	268.0191281	
9	第8年收益	281.4200845	
10	第9年收益	295.4910888	
11	第10年收益	310.2656432	
12	第11年收益	325.7789254	
13	第12年收益	342.0678716	
14	第13年收益	359.1712652	
15	第14年收益	377.1298285	
16	第15年收益	395.9863199	
17	收益总和	4315.712718	
18			

图 1-3

（2）资料二

王经理为自己孩子买了一份理财型保险，从孩子出生时开始交费，每年交保费 2 500 元，交满 14 年。18 岁时可连本带利全部取出。承诺保本收益率不低于 3.5%，每年按复利计息。

1）要求

孩子 18 岁时最少可取出多少钱？

2）解析

孩子 18 岁时最少可取出 52 486.79 元。计算过程如图 1-4 至图 1-6 所示。

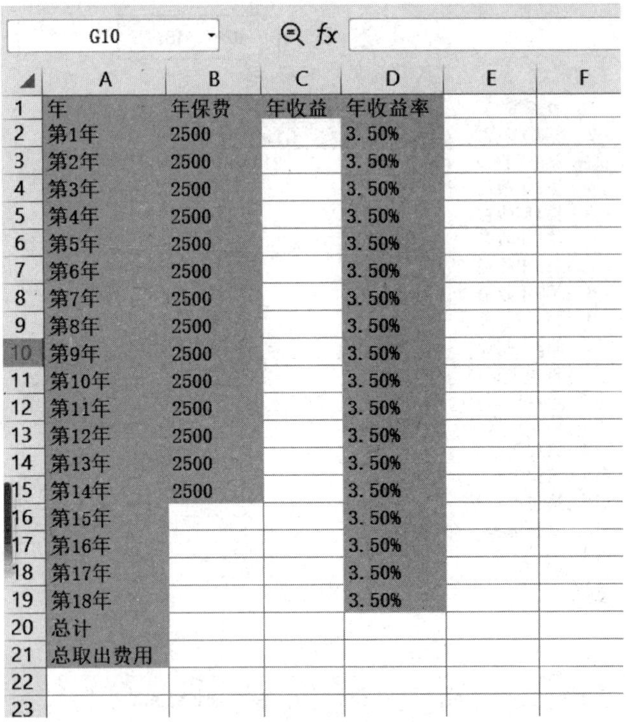

G10

	A	B	C	D
1	年	年保费	年收益	年收益率
2	第1年	2500		3.50%
3	第2年	2500		3.50%
4	第3年	2500		3.50%
5	第4年	2500		3.50%
6	第5年	2500		3.50%
7	第6年	2500		3.50%
8	第7年	2500		3.50%
9	第8年	2500		3.50%
10	第9年	2500		3.50%
11	第10年	2500		3.50%
12	第11年	2500		3.50%
13	第12年	2500		3.50%
14	第13年	2500		3.50%
15	第14年	2500		3.50%
16	第15年			3.50%
17	第16年			3.50%
18	第17年			3.50%
19	第18年			3.50%
20	总计			
21	总取出费用			

图 1-4

C4 =(SUM(B$2:B4)+SUM(C$2:C3))*D4

	A	B	C	D
1	年	年保费	年收益	年收益率
2	第1年	2500	87.5	3.50%
3	第2年	2500	178.063	3.50%
4	第3年	2500	271.795	3.50%
5	第4年	2500		3.50%
6	第5年	2500		3.50%
7	第6年	2500		3.50%
8	第7年	2500		3.50%
9	第8年	2500		3.50%
10	第9年	2500		3.50%
11	第10年	2500		3.50%
12	第11年	2500		3.50%
13	第12年	2500		3.50%
14	第13年	2500		3.50%
15	第14年	2500		3.50%
16	第15年			3.50%
17	第16年			3.50%
18	第17年			3.50%
19	第18年			3.50%
20	总计			
21	总取出费用			

图 1-5

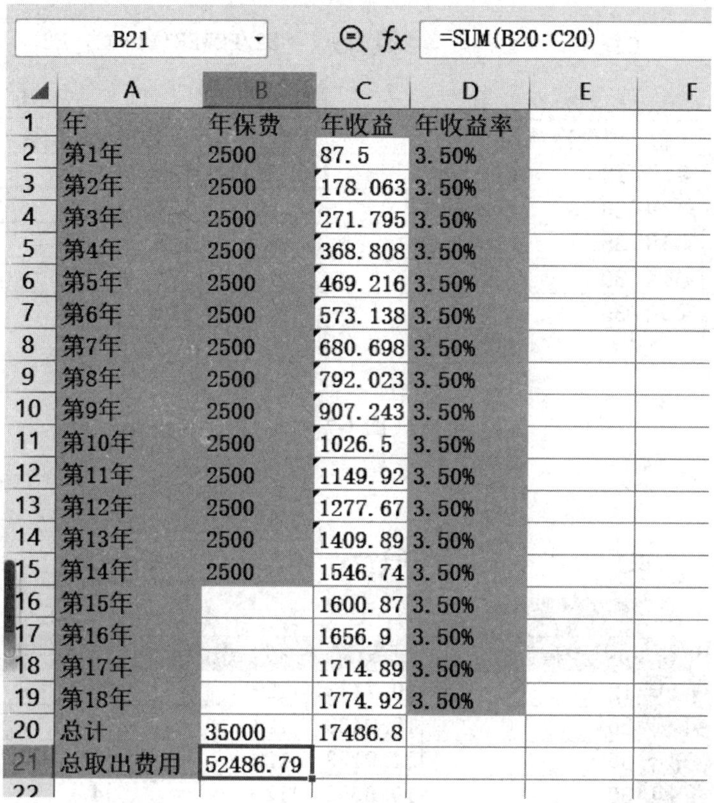

B21　=SUM(B20:C20)

	A	B	C	D	E	F
1	年	年保费	年收益	年收益率		
2	第1年	2500	87.5	3.50%		
3	第2年	2500	178.063	3.50%		
4	第3年	2500	271.795	3.50%		
5	第4年	2500	368.808	3.50%		
6	第5年	2500	469.216	3.50%		
7	第6年	2500	573.138	3.50%		
8	第7年	2500	680.698	3.50%		
9	第8年	2500	792.023	3.50%		
10	第9年	2500	907.243	3.50%		
11	第10年	2500	1026.5	3.50%		
12	第11年	2500	1149.92	3.50%		
13	第12年	2500	1277.67	3.50%		
14	第13年	2500	1409.89	3.50%		
15	第14年	2500	1546.74	3.50%		
16	第15年		1600.87	3.50%		
17	第16年		1656.9	3.50%		
18	第17年		1714.89	3.50%		
19	第18年		1774.92	3.50%		
20	总计	35000	17486.8			
21	总取出费用	52486.79				

图 1-6

(3)资料三

某投资项目需投资 100 万元,该项目投资后可运营 5 年,每年带来的现金净流量见表 1-3。

表 1-3　项目现金净流量表　　单位:万元

年份	现金净流量	现值
第 1 年	12	$12/(1+12\%)$
第 2 年	20	$20/(1+12\%)^2$
第 3 年	35	$35/(1+12\%)^3$
第 4 年	30	$30/(1+12\%)^4$
第 5 年	35	$35/(1+12\%)^5$

1)要求

假设等风险投资要求的必要报酬率为 12%,请判断该项目是否值得投资。

2)解析

未来现金净流量现值的计算如图 1-7、图 1-8 所示。

C2 　 =B2/POWER((1+D2),E2)

	A	B	C	D	E
1	年份	现金净流量	现值	必要报酬	年限
2	第1年	12	10.7143	12%	1
3	第2年	20		12%	2
4	第3年	35		12%	3
5	第4年	30		12%	4
6	第5年	35		12%	5
7					
8					

图 1-7

B11

	A	B	C	D	E
1	年份	现金净流量	现值	必要报酬率	年限
2	第1年	12	10.7143	12%	1
3	第2年	20	15.9439	12%	2
4	第3年	35	24.9123	12%	3
5	第4年	30	19.0655	12%	4
6	第5年	35	19.8599	12%	5
7	总计		90.4960		
8					
9					

图 1-8

90.496−100=−9.504 万元，小于 0，故该项目不值得投资。

（4）资料四

某人从 2016 年 1 月 1 日起开始向某银行存入现金，以 2016 年 1 月 1 日为期初，此时点并未存款，存款均于每年底存入，存款金额每次为 1 000 元（共 4 笔）。

1）要求

计算此人在 2020 年 12 月 31 日能从银行取出的金额。

2）解析

在如图 1-9 所示表格中的 B7 单元格输入“=FV（B1，B2，B3，B4，B5）”，可计算出存款的未来值，即 4 506.11 元。

B7　=FV(B1, B2, B3, B4, B5)

	A	B	C	D
1	年利率:	8.0%		
2	期数(年):	4		
3	每年存款额:	-1000		
4	初始存款:	0		
5	存款类型(期末)　:	0		
6				
7	未来值:	¥4506.11		

图 1-9

(5)资料五

PH 公司向银行贷款 2 400 000 元,贷款期限为 30 年,年利率为 8%。

1)要求

计算每月等额还款额。

2)解析

在图 1-10 所示表格中的 B4 单元格输入“=PMT(B1/12,B2*12,B3)”,可计算出每月等额还款额,即 17 610.35 元。

B4　fx　=PMT(B1/12, B2*12, B3)

	A	B	C	D	E
1	贷款年利率	8%			
2	贷款期限(年)	30			
3	贷款金额	2400000			
4	每月等额还款额	¥-17610.34977			
5					
6					

图 1-10

(6)资料六

PH 公司购买了 G 公司发行的债券,每份购买价格为 1 080 元,面值为 1 000 元。债券票面利率为 10%。债券期限为 10 年。PH 公司拟打算持有该债券至到期。

1)要求

计算该债券持有至到期的收益率。

2)解析

计算过程如图 1-11 所示。

B16 =IRR(B5:B15)

	A	B	C
1	本金	1000	
2	现值	1080	
3	年限	10	
4	票面利率	10%	
5	投资额	-1080	
6	第1年利息	100	
7	第2年利息	100	
8	第3年利息	100	
9	第4年利息	100	
10	第5年利息	100	
11	第6年利息	100	
12	第7年利息	100	
13	第8年利息	100	
14	第9年利息	100	
15	第10年本利和	1100	
16	到期收益率	0.0877	
17			

图 1-11

任务二　风险的衡量与风险报酬的计算

一、理论回顾

(一)风险的概念及衡量

1. 风险的概念

风险一般是指某一行动的结果具有多种可能。某一投资行为的结果具有多种可能而不能确定,就叫作有风险。

2. 风险的分类

①按能否分散,风险可分为不可分散风险和可分散风险。

②按形成原因,风险可分为经营风险与财务风险。

3. 风险的衡量

风险客观存在,广泛影响着企业的财务和经营活动,因此正视风险并将风险程度予以量化,成为企业财务管理中的一项重要工作。衡量风险大小需要使用概率和统计方法。

(1)概率

概率是用百分数或小数来表示随机事件发生的可能性大小,或出现某种结果的可能性大小的量,一般用 P_i 表示,它的取值范围是 0~1。

（2）期望值

期望值（$\bar{E}$）是一个概率分布中的所有可能结果以其概率为权数进行加权平均得到的加权平均数，反映事件的集中趋势。其计算公式为：

$$\bar{E}=\sum_{i=1}^{n}P_iX_i$$

式中 X_i 为第 i 种结果出现的预期收益（或预期收益率），P_i 为第 i 种结果出现的概率，n 为所有可能出现的结果的数目。

（3）标准差

标准差（σ）是各种可能的收益（或收益率）偏离期望收益（或收益率）的综合差异，是反映离散程度的一种量度。计算公式如下：

$$\sigma=\sqrt{\sum_{i=1}^{n}\left[\left(X_i-\bar{X}\right)^2P_i\right]}$$

在期望值相等的情况下，标准差越大，意味着风险越大。

（4）标准差率

标准差率（V）是标准差同期望值的比值。其计算公式如下：

$$V=\frac{\sigma}{\bar{E}}$$

标准差率越大，风险程度就越大。在期望值不相等的情况下，应用标准差率比较风险大小。

（二）风险与报酬对等原则

（1）风险报酬的概念

风险报酬是指投资者由于冒风险进行投资而获得的高出货币时间价值的额外收益，又称投资风险收益或投资风险价值，可以用风险报酬额或风险报酬率来反映。风险报酬额与投资额的比率即风险报酬率。

（2）风险报酬的计算

风险与报酬的关系是风险越大要求的报酬率越高。其用公式表示如下：

$$K=无风险报酬率+风险报酬率=R_f+bV$$

式中 K 为期望投资报酬率，R_f 为无风险报酬率，b 为风险报酬系数，V 为标准差率。

计算风险报酬的关键是确定风险报酬系数 b。风险报酬系数是个经验数据，它可以根据对历史资料的分析、统计回归、专家评议获得，或者由政府等专门机构公布。

（3）风险与报酬对等

风险-报酬权衡原则是指风险和报酬之间存在一种对等关系，投资人必须对报酬和风险做出权衡，为追求较高报酬而承担较大风险，或者为减少风险而接受较低的报酬。所谓对等关系，是指高收益的投资机会必然伴随着巨大风险，风险小的投资机会也必然只有较低的收益。

（三）风险对策

1. 风险对策的种类

风险对策包括规避风险、减少风险、转移风险、接受风险，见表 1-4。

表 1-4　风险对策的含义及应用

风险对策	含义	应用
规避风险	当资产风险所造成的损失不能由该资产可能获得的收益予以抵销时，应当放弃该资产，以规避风险	拒绝与不守信用的厂商的业务往来；放弃可能导致明显亏损的投资项目；新产品在试制阶段出现诸多问题，应果断停止试制
减少风险	①控制风险因素，降低风险发生概率； ②控制风险发生的频率和降低风险损害程度	进行准确的预测；对决策进行多方案优选和替代；及时与政府部门沟通获取政策信息；在开发新产品前，进行充分的市场调研；采用多领域、多地域、多项目、多品种的经营或投资以分散风险
转移风险	对可能给企业带来灾难性损失的资产，企业应以一定代价，采取某种方式转移风险	向保险公司投保；采取合资、联营、联合开发等措施实现风险共担；通过技术转让、租赁经营和业务外包等实现风险转移
接受风险	风险自担和风险自保	风险自担——风险损失发生时，直接将损失摊入成本或费用，或冲减利润；风险自保——企业预留一笔风险金或随着生产经营的进行，有计划地计提资产减值准备等

2. 不同风险偏好者对待风险的态度

不同风险偏好者对待风险的态度是不同的，见表 1-5。

表 1-5　不同风险偏好者对待风险的态度

类型	对待风险的态度
风险回避者	选择资产的态度是当预期收益率相同时，偏好具有低风险的资产，而对于具有同样风险的资产则偏好具有高预期收益的资产
风险追求者	风险追求者通常主动追求风险，喜欢收益的动荡胜于喜欢收益的稳定。他们选择资产的原则是当预期收益相同时，选择风险大的，因为这会给他们带来更大的效用
风险中立者	风险中立者通常既不回避风险也不主动追求风险。他们选择资产时衡量的唯一因素是预期收益，而不管风险状况如何

（四）投资组合的风险与收益

1. 投资组合理论

投资组合理论即若干种证券组成的投资组合，其收益是这些证券收益的加权平均数，但是其风险不是这些证券风险的加权平均风险。投资组合能降低非系统性风险。

美国经济学家马科维茨（Markowitz）于 1952 年首次提出投资组合理论（portfolio theory），并进行了系统、深入而卓有成效的研究，他因此获得了诺贝尔经济学奖。投资组合理论被定义为最佳风险管理的定量分析理论。无论分析的是家庭、公司，还是其他经济组织，为了找到最优的行动方案，在减少风险的成本与收益之间进行权衡，并对这些内容进行阐述和估计的过程，即投资组合理论的应用。

2. 资产组合的预期收益率

资产组合的预期收益率就是组成资产组合的各种资产的预期收益率的加权平均数。

$$E(R_p)=\sum_{i=1}^{n} W_i E(R_i)$$

式中 $E(R_p)$表示资产组合的预期收益率，W_i 表示第 i 项资产在整个组合中所占的价值比例，$E(R_i)$表示第 i 项资产的预期收益率，n 为资产组合中不同资产的总数。

3. 证券资产组合的风险及其衡量

两项证券资产组合的期望报酬率的标准差的计算公式为：

$$\sigma_p=\sqrt{(W_1\sigma_1)^2+(W_2\sigma_2)^2+2W_1\sigma_1\rho_{1,2}W_2\sigma_2}$$

式中 σ_p 表示证券资产组合的标准差，σ_1 、σ_2 分别表示组合中两项资产的标准差，$\rho_{1,2}$ 反映两项资产收益率的相关程度。

①当相关系数 $\rho_{1,2}=1$，即完全正相关时，组合不能消除任何风险。

$$\sigma_p=\sqrt{(W_1\sigma_1)^2+(W_2\sigma_2)^2+2W_1\sigma_1\rho_{1,2}W_2\sigma_2}$$

$$=W_1\sigma_1+W_2\sigma_2\text{（等于单项资产加权平均标准差）}$$

②当相关系数 $\rho_{1,2}=-1$，即完全负相关时，标准差甚至可能是零，组合可以最大限度地消除风险。

$$\sigma_p=\sqrt{(W_1\sigma_1)^2+(W_2\sigma_2)^2+2W_1\sigma_1\rho_{1,2}W_2\sigma_2}=|W_1\sigma_1-W_2\sigma_2|$$

③当相关系数 $\rho_{1,2}<1$，即不完全正相关时，资产组合可以分散风险，不能完全消除风险。

$$\sigma_p=\sqrt{(W_1\sigma_1)^2+(W_2\sigma_2)^2+2W_1\sigma_1\rho_{1,2}W_2\sigma_2}<W_1\sigma_1+W_2\sigma_2$$

由此可见，只要两项证券资产的期望报酬率的相关系数小于1，证券组合期望报酬率的标准差就小于各证券期望报酬率标准差的加权平均数。

4. 组合风险的分类

（1）系统风险与非系统风险

资产组合的风险可分为系统风险与非系统风险，见表1-6。

表1-6　资产组合风险的分类

种类	含义	致险因素	与资产数量之间的关系
非系统风险	指某种特定原因对某特定资产收益率造成影响的可能性，它是可以通过有效的资产组合来消除掉的风险	它是特定企业或特定行业所特有的	当组合中资产的个数足够多时这部分风险可以被完全消除（多样化投资可以分散）
系统风险	是影响所有资产的、不能通过资产组合来消除掉的风险	它是影响整个市场的风险因素引起的	不能随着组合中资产个数的增加而消失，它是始终存在的（多样化投资不可以分散）

在风险分散过程中，不应当过分夸大资产多样性和资产个数的作用。一般来讲，随着资

产组合中资产个数的增加,资产组合的风险会被逐渐降低,当资产的个数增加到一定程度时,组合风险将降低得非常缓慢直到不再降低。

(2)非系统风险的种类及含义

非系统风险又可分为经营风险和财务风险,见表 1-7。

表 1-7 非系统风险的种类及其含义

种类	含义
经营风险	是指因生产经营方面的原因给企业目标带来不利影响的可能性
财务风险	又称筹资风险,是指由于举债而给企业目标带来不利影响的可能性

(3)单项资产的系统风险系数(β 系数)

β 系数是反映单项资产收益率与市场平均收益率之间变动关系的一个量化指标,它表示单项资产收益率的变动受市场平均收益率变动的影响的程度。

当 $\beta=1$ 时,表示该项资产的收益率与市场平均收益率呈相同比例的变化,其风险情况与市场组合的风险情况一致;

如果 $\beta>1$,说明该项资产收益率的变动幅度大于市场组合收益率的变动幅度,该项资产的风险大于整个市场组合的风险;

如果 $\beta<1$,说明该项资产收益率的变动幅度小于市场组合收益率的变动幅度,该项资产的风险小于整个市场组合的风险。

需要注意以下两个问题。

①绝大多数资产的系统风险系数 $\beta>0$:资产收益率的变化方向与市场平均收益率的变化方向是一致的,只是变化幅度不同而导致系数不同。

②极个别资产的系统风险系数 $\beta<0$:资产收益率与市场平均收益率的变化方向相反,当市场平均收益率增加时这类资产的收益率却在减少。

(五)资本资产定价模型(CAPM)

1. 资本资产定价模型的基本表达式

根据风险与收益的一般关系——必要收益率=无风险收益率+风险附加率,可得出资本资产定价模型的表达式:

$$R=R_f+\beta(R_m-R_f)$$

式中(R_m-R_f)表示市场风险溢酬,反映市场整体对风险的平均容忍程度(或厌恶程度)。

2. 资产组合的必要收益率

资产组合的必要收益率的表达式为:

$$R=R_f+\beta_p(R_m-R_f)$$

式中 β_p 是资产组合的 β 系数。

3. 资本资产定价模型的有效性和局限性

(1)有效性

资本资产定价模型和证券市场线(SML)最大的贡献在于提供了对风险与收益的关系

的一种实质性的表述，CAPM 和 SML 首次将“高收益伴随着高风险”这样一种直观认识用简单的关系式表达出来。

到目前为止,CAPM 和 SML 是对现实中风险与收益关系的最为贴切的表述。

(2)局限性

①某些资产或企业的 β 值难以估计,特别是一些缺乏历史数据的新兴行业的资产或企业;

②经济环境的不确定性和不断变化,使得依据历史数据估算出来的 β 值对未来的指导作用必然要打折扣;

③CAPM 是建立在一系列假设之上的,其中一些假设与实际情况存在较大偏差,使得 CAPM 的有效性受到质疑。这些假设包括:市场是均衡的,市场不存在摩擦,市场参与者都是理性的,不存在交易费用,税收不影响资产的选择和交易等。

二、实训目标

①理解风险与报酬对等这个重要的财务管理原则,并且通过对资本市场历史数据的简单分析,了解现实经济生活中的投资风险和收益。

②通过实训,使学生进一步认识财务管理中的风险问题,明确企业风险管理的重要性,熟悉企业风险的种类,掌握企业风险的应对策略,并灵活运用资本资产定价模型。

三、实训项目

(一)风险的衡量

C 公司近些年陷入经营困境,原有饮水机产品因市场竞争激烈、消费者喜好发生变化等开始滞销。为改变产品结构,开拓新的市场领域,该公司拟开发两种新产品。

第一种产品是净水器。

随着人们生活水平的提高,越来越多的人开始关注生活的健康品质,饮水健康成为大众关注的焦点。我国的净水器行业进入了发展的快车道,净水器市场不断扩大,品牌数量也在不断增长。根据市场的统计,国内家用净水器品牌多达 3 000 多个,但真正有实力且质量好的品牌却不多。

相关预测资料见表 1-8。

表 1-8 净水器产品的相关预测数据

市场销路	概率	预计年利润
好	60%	150 万元
一般	20%	60 万元
差	20%	-10 万元

第二种产品是纯净水。

目前,我国主要饮水类型为自来水、桶装水、分质供水和自动售水机售水。有关报告显示，截至 2021 年中国桶装水的销售额已经突破了 1 000 亿大关，占据了整个饮用水行业 40%的销售额，桶装水的销售规模连续多年保持着每年近 13%的增长速度，而选择桶装水的城市居民更是高达 88%，其中纯净水总份额最大，占到了 71%。

相关预测资料见表 1-9。

表 1-9 纯净水产品的相关预测数据

市场销路	概率	预计年利润
好	50%	180 万元
一般	20%	85 万元
差	30%	–25 万元

1）要求

①什么是风险？其产生的原因是什么？

②如果你是 C 公司的经理，你会如何估量两种产品开发方案的收益与风险，并进行方案评价。

2）解析

①财务管理中的风险主要指预期收益的不确定性。这种风险主要是由经营风险导致的，经营风险又受产品需求、价格、固定成本和变动成本的影响。

②首先，计算两种产品的期望收益。

开发净水器的期望收益=60% × 150+20% × 60+20% ×（–10）=100（万元）

开发纯净水的期望收益=50% × 180+20% × 85+30% ×（–25）=99.5（万元）

从两种产品的预期收益来看，开发净水器的期望收益比开发纯净水的要多 0.5 万元。

其次，计算两种产品的期望收益方差。

$$\mathrm{Var}(X)=\sum_{i=1}^{n}[(X_i-\bar{X})^2P_i]$$

$$\mathrm{SD}(X)=\sqrt{\mathrm{Var}(X)}$$

Var（净水器）$=0.6\times(150-100)^2+0.2\times(60-100)^2+0.2\times(-10-100)^2=4\ 240$

Var（纯净水）$=0.5\times(180-99.5)^2+0.2\times(85-99.5)^2+0.3\times(-25-99.5)^2=7\ 932.25$

SD（净水器）≈65.115

SD（纯净水）≈89.063

预期收益的方差和标准差越大，风险越大。所以，应选择净水器项目。

（二）风险应对策略——规避风险

（1）资料一

王博欲在医院设立大屏幕药品广告播放系统，合作医院已经找到，药品生产厂家也十分愿意投放产品广告。该项目正在紧锣密鼓地实施过程中，却遭遇了相关执法部门的制止。

1）要求

分析该项目存在的风险及规避方法。

2)解析

不熟悉相关政策、法律、法规将有一定的法律风险。不熟悉《中华人民共和国药品管理法》,是该项目失败的直接原因。

规避办法:不管从事哪一行业,必须先了解相关的政策、法律、法规,这是项目可行性分析首先要研究的问题。

(2)资料二

张凡与开发出计算机远程控制全色护栏灯的朋友合作,注册了一家A公司,拟进行产品推广。刚刚做出样机,就有客户上门,客户看到计算机模拟演示效果后,便与张凡他们签订了一个很大的工程订单。由于工期较紧,A公司便直接开始大批量生产,并将产品投入工程安装。但产品抗干扰性能不过关,导致客户退货,造成了巨大的经济损失。

1)要求

分析该项目存在的风险及规避方法。

2)解析

如果对产品技术的成熟度了解不深入,将有一定风险。A公司没有进行充分的产品可靠性试验,尤其是缺乏模拟现场工况的试验,是该项目失败的主要原因。

规避办法:凡是在创业时选择新发明、应用新技术或投资高科技新产品的时候,产品的可靠性、技术的成熟度是必须进行重点考核的可行性指标。此外,在产品投入市场之前必须进行产品质量的相关测试,做出产品质量检测报告,如有条件应将产品提供给部分客户试用,以便做出客户试用报告,将客户的试用情况全面、客观地反映出来,帮助决策者正确地做出是否可以投入市场的决定,有效避免贸然进入市场带来的经济风险和信用风险。

(3)资料三

吴畏研制出一种矿泉水直饮机,该产品水质好,使用方便且成本低,但须自建营销渠道。由于没有一个好的营销策略,又缺乏营销渠道的建设经验及资金,市场始终没有打开。公司勉强坚持了两年,最终还是倒闭了。

1)要求

分析该项目存在的风险及规避方法。

2)解析

对营销渠道建设的难度估计不足,将有一定风险。没有一个好的市场营销方案,是该项目失败的原因。市场营销渠道建设是一件似易实难的事,项目持有人或产品发明人在创业时常常会漠视渠道建设的难度而盲目创业,最终失败。这样的案例比比皆是。

规避办法:如果企业创办人没有市场营销方面的经验,就一定要吸纳一位有市场营销经验的人加入创业团队,如果没有合适的人选,就一定要请教专业咨询机构,在营销策划上投入是十分必要的。但是,现实中却有很多企业为节省营销投入而倒在渠道建设的路上。

(4)资料四

陈先生在农产品市场租了一个摊位做菌类销售生意,开始有稳定低价的货源,市场销路很好。不久,为其供货的菌农在批发市场租了一个摊位,导致陈先生的供货渠道中断,经营陷入了困境。

1)要求

分析该项目存在的风险及规避方法。

2)解析

上游供应链不稳定,存在风险。仅仅依赖一两个供应商,没有及时开发新的供货渠道是其经营出现问题的主要原因。

规避办法:经营者必须要有居安思危的意识,尤其是在产品销路好的时候,一定要及时开发新的供应商,搞好供应链建设,只有这样才能使自己处于优势地位,立于不败之地。

(三)风险应对策略

(1)资料一

C公司拟投资成立一家新的子公司G公司。该公司负责饮用水市场的开拓。对于新生企业来说,刚起步必定需要大量的人力、物力、财力作为公司运作和发展的基本保证。但是由于G公司初入商业市场,就门路、人脉及信用形象而言,筹资将会遇到一定困难。因此,G公司运营前期很可能会遇到财力不足的问题,而这一点也将会在很大程度上制约其商业计划的实施、公司的正常运转、各部门职能的充分发挥以及潜在市场的进一步开拓。

1)要求

分析G公司面临的风险及其应采取的应对措施。

2)解析

G公司存在的主要是经营不确定性带来的筹资问题。应对策略如下。

一是优化公司员工组成。在保证公司能够正常运转的前提下减少工作人员,对公司员工进行企业文化及工作技能的教育培训,尽可能激发他们的潜力和工作能力,做到人尽其才、物尽其用,提高公司员工的工作效率。

二是改善企业结构。裁撤不必要的部门,避免公司结构庞大造成的管理不善、组织涣散、效率低下,减少企业资源的浪费和不必要的支出。提高企业资金的利用率,使每一分钱都实现它应有的价值。

三是争取政府投资。由于G公司的宗旨、发展目标及生产的产品均有利于社会主义现代化建设,有利于环境保护、资源节约与循环利用和民生改善,符合社会主义市场的要求,符合政策要求。故G公司可以自身的行动和产品来争取政府投资。

四是吸引风险投资。优化企业管理,提高企业产品质量,加大企业宣传力度,让风险投资人看到公司的发展潜力和投资的回报所在,吸引海内外投资基金。

五是向银行申请贷款。当资金链出现问题引资困难,处境不尽如人意之时,企业可向银行申请贷款以渡过难关。

(2)资料二

G公司成立早期,由于决策人员和管理人员创业经验不足,可能出现机构重叠、部门办事效率低下、各部门职能分配不合理等问题,并将导致职能部门互相牵制,基层意见不能有效地反映到管理层等一系列管理方面的问题出现。

1)要求

分析G公司面临的风险及其应采取的应对措施。

2)解析

G公司面临的风险属于经营风险。应对策略如下。

一是建立储备基金账户。

二是构建有效的基层向高层反映情况的体制机制。

三是精简机构,选拔、培训人才。在公司内部组建管理小组。小组成员应尽可能选择敢于创新、善于沟通、严谨细致、处乱不惊、具有亲和力,熟知公司和本行业内外部环境的经验丰富的管理人员和有较高业务素质的专业人员。

(四)投资组合

小李工作5年,银行存款达到50万元,想要拿出15万元投资股票。同事老张投资股票多年,当初10万元的本金早已收回,一直在用股市赚的钱继续投资。小李向老张请教股票投资事宜,老张告诉他:“不要把所有的鸡蛋放进同一个篮子,也就是说不要只买一家公司的股票,而要分散投资。”小李便选择了5只股票,见表1-10。

表1-10 小李选择的股票

序号	股票代码	名称	股价/(元/股)
1	601069	西部黄金	12.77
2	600547	山东黄金	25.00
3	002237	恒邦股份	11.20
4	000506	中润资源	4.13
5	601899	紫金矿业	11.39

小李让老张帮忙看一下他选择的股票是否合适,老张一看,笑了起来,说:“这样选择股票可不行。”

1)要求

请解释为什么老张觉得小李选择的投资组合不行,并给出小李选择投资组合的建议。

2)解析

小李选择的股票同属于金属板块,同行业风险相似,相关性比较大,风险分散的作用较小。小李在选择股票时,应选择不同行业且行业相关性为负相关的投资组合。

(五)期望收益率

某投资者投资收益率分别为20%和10%的A和B两种股票。

1)要求

①如将自有资金10 000元等比例投资于两种股票上,则该投资者的期望收益率是多少?

②如先卖空B股票得到16 000元,然后用所得资金与自有资金10 000元购买A股票,则该投资者的期望收益率是多少?

2)解析

①将资金等比例投资在两种股票上时,根据投资组合预期收益率公式可得,该投资者的期望收益率为:

$E(R_p)$ =50% × 20%+50% × 10%=15%

②第二种情况下投资在 A 股票和 B 股票上的资金的比例分别为：

W_A =26 000/10 000 × 100%=260%

W_B =−16 000/10 000 × 100%=−160%

该投资者的期望收益率为：

$E(R_p)$ =260% × 20%+(−160%)× 10%=36%

任务三 财务管理的目标

一、理论回顾

（一）企业财务管理目标理论

1. 利润最大化

利润最大化目标的优缺点见表 1-11。

表 1-11 利润最大化目标的优缺点

优点	缺点
①利润可以直接反映企业创造的剩余产品的多少； ②有利于企业资源的合理配置，有利于企业整体经济效益的提高	①没有考虑利润实现时间和货币时间价值； ②没有考虑风险问题； ③没有反映创造的利润与投入的资本之间的关系； ④可能导致企业短期财务决策倾向影响企业长远发展

2. 每股收益最大化

利润最大化的另一种表现方式是每股收益最大化。除了能反映创造的利润与投入的资本之间的关系外，每股收益最大化目标与利润最大化目标的缺点基本相同，见表 1-12。

表 1-12 每股收益最大化目标的优缺点

优点	缺点
将所获利润与投入资本联系起来	①没有考虑利润实现时间和货币时间价值； ②没有考虑风险问题； ③可能导致企业短期财务决策倾向影响企业长远发展

3. 股东财富最大化

股东财富最大化目标的优缺点见表 1-13。

表 1-13　股东财富最大化目标的优缺点

优点	缺点
①考虑了风险因素； ②在一定程度上能规避企业短期行为； ③对上市公司而言，股东财富最大化目标比较容易量化，便于考核和奖惩	①非上市公司难以适用； ②股价受众多因素的影响，股价不能完全准确反映企业财务管理状况； ③强调得更多的是股东的利益，而对其他利益相关者的重视不够

【提示】在已上市的股份公司中，股东财富是由其所拥有的股票数量和股票市场价格两方面因素决定的。在股票数量一定时，股票市场价格达到最高，股东财富也就实现了最大化。

4. 企业价值最大化

企业价值最大化目标的优缺点见表 1-14。

表 1-14　企业价值最大化目标的优缺点

优点	缺点
①考虑了获得报酬的时间，并用货币时间价值原理进行了计量； ②考虑了风险与报酬的关系； ③能克服企业在追求利润上的短期行为； ④用价值代替价格，克服了过多外界市场因素的干扰，有效地规避了企业的短期行为	过于理论化，不易操作

【提示】从财务管理的角度看，企业价值不是账面资产的总价值，可以被理解为企业所有者权益和债权人的市场价值，是企业所能创造的预计未来现金流量的现值。

5. 利益相关者利益最大化

企业的利益相关者不仅包括股东，还包括债权人、企业经营者、客户、供应商、员工、政府等。

利益相关者利益最大化目标的优点包括：

①有利于企业长期稳定发展；

②体现了合作共赢的价值理念；

③这一目标本身是一个多元化、多层次的目标体系，较好地兼顾了各利益主体的利益；

④实现了前瞻性和现实性的统一。

利润最大化、每股收益最大化、企业价值最大化以及利益相关者利益最大化等各种财务管理目标都是以股东财富最大化为基础的。

（二）利益冲突与协调

1. 经营者与所有者的利益冲突及协调

经营者与所有者的利益冲突的表现及协调方式见表 1-15。

表 1-15　经营者与所有者的利益冲突及协调

利益集团	目标	与股东的冲突的表现	协调方式
经营者	增加报酬 增加闲暇 规避风险	道德风险（不作为） 逆向选择	监督（获取更多信息）、激励（分享财富）。最佳的方法是使监督成本、激励成本和偏离股东目标的损失之和最小

2. 债权人与所有者的利益冲突的表现及协调方式

债权人与所有者的利益冲突的表现及协调方式见表 1-16。

表 1-16　债权人与所有者的利益冲突的表现及协调方式

冲突的表现	协调方式
①所有者改变举债资金的原定用途，增大偿债的风险，降低了债权人的负债价值； ②举借新债，增大偿债的风险，致使原有债权的价值降低	①限制性借债：在借款合同中加入限制条款，如规定借款的用途、规定借款的信用条件，要求提供借款担保等； ②收回借款或停止借款，当债权人发现企业有侵蚀其债权价值的意图时，采取收回债权和不再给予新的借款的措施，保护自身权益

3. 企业的社会责任

企业的社会责任的基本内容见表 1-17。

表 1-17　企业的社会责任的基本内容

含义	企业的社会责任是指企业在谋求所有者或股东权益最大化之外所负有的维护和增进社会利益的义务
基本内容	①对员工的责任； ②对债权人的责任； ③对消费者的责任； ④对社会公益的责任； ⑤对环境和资源的责任

二、实训目标

①通过实训，使学生理解财务管理目标的准确含义，理解财务管理决策与财务管理目标的关系。

②通过实训，使学生理解企业财务管理中存在的财务冲突，并掌握其协调方法。

三、实训项目

（一）财务管理目标

2008 年 9 月 15 日，拥有 158 年悠久历史的曾为美国第四大投资银行的雷曼兄弟（Lehman Brothers）公司正式申请依据以重组为前提的《美国联邦破产法》第 11 章所规定的程序破产，即所谓破产保护。

雷曼兄弟公司正式成立于 1850 年，在成立初期，公司主要从事利润比较丰厚的棉花等商品的贸易，公司为家族企业且规模相对较小，其财务管理目标自然是利润最大化。在雷曼兄弟公司从经营干洗、兼营小件寄存的小店逐渐转型为金融投资公司的同时，公司也从一个地道的家族企业逐渐成长为在美国乃至世界都名声显赫的上市公司。由于公司性质的变化，其财务管理目标也由利润最大化转变为股东财富最大化。其原因有：①美国是一个市场经济比较成熟的国家，建立了完善的市场经济制度和资本市场体系，因此以股东财富最大化为财务管理目标能够获得更好的外部环境支持；②与利润最大化的财务管理目标相比，股东财富最大化考虑了不确定性、货币时间价值和股东资金的成本，无疑更为科学和合理；③与企业价值最大化的财务管理目标相比，股东财富可以直接通过资本市场股价确定，比较容易量化，操作更为便捷。因此，从某种意义上讲，股东财富最大化是雷曼兄弟公司财务管理目标的现实选择。

在股东财富最大化的财务管理目标指引之下，雷曼兄弟公司开始转型从事美国当时最有利可图的大宗商品期货交易，其后，公司又开始涉足股票承销、证券交易、金融投资等业务。在1899年至1906年的7年间，雷曼兄弟公司从一个金融门外汉成长为纽约当时最有影响力的股票承销商之一。其每一次业务转型都是资本追逐利润的结果，然而由于公司在过度追求利润的同时忽视了对经营风险的控制，为其破产埋下了伏笔。为了使本公司的股票在一个比较高的价位上运行，雷曼兄弟公司自2000年始连续7年将公司税后利润的92%用于购买自己的股票，此举虽然对抬高其股价有所帮助，但同时也减少了其现金持有量，降低了其应对风险的能力。另外，将税后利润的92%全部用于购买自己公司而不是其他公司的股票，无疑是“把鸡蛋放在同一个篮子里”的投资决策，不利于分散公司的投资风险；过多关注公司股价短期的涨和跌，也必将使公司在实务经营上的精力投入不足，经营重心发生偏移，使股价失去高位运行的经济基础。同时，公司内部形成了股东阶层（所有者）与职业经理阶层（经营者），股东委托职业经理人代为经营公司，其财务管理目标是股东财富最大化，并通过会计报表获取相关信息，了解受托者的受托责任履行情况以及理财目标的实现程度。上市之后的雷曼兄弟公司，实现了14年连续赢利的突出经营业绩和10年间高达1 103%的股东回报率。

为了提高集团公司的整体竞争力，1993年，雷曼兄弟公司进行了战略重组，改革了管理体制。和中国大多数企业上市一样，雷曼兄弟的母公司（美国运通公司）为了支持其上市，将有盈利能力的优质资产剥离后注入上市公司，而将大量不良资产甚至可以说是包袱留给集团公司，在业务上实行核心业务和非核心业务分开、上市公司和非上市公司分立运行。

1）要求

①利用财务管理目标理论分析雷曼兄弟公司破产的原因。

②该资料给了我们什么启示？

2）解析

①破产原因有以下几个。

第一，过度追求利润而忽视对经营风险的控制是雷曼兄弟公司破产的直接原因。其破产从表面上看源于美国过度的金融创新和乏力的金融监管所导致的全球性金融危机，但从实质上看则是其一味地追求股东财富最大化，而忽视了对经营风险的有效控制的结果。对合成CDO（担保债务凭证）和CDS（信用违约互换）市场深度参与，而忽视了CDS市场相当于4倍美国GDP（国内生产总值）的巨大风险，是雷曼兄弟公司轰然倒塌的直接原因。

第二，追求股东财富最大化，过多关注股价而偏离了经营重心是雷曼兄弟公司破产的推进器。股东财富最大化目标的追求者认为，股东是企业的所有者，其创办企业的目的是扩大财富，因此企业的发展理所当然应该追求股东财富最大化。在股份制经济条件下，股东财富由其所拥有的股票数量和股票市场价格两方面因素决定，而在股票数量一定的前提下，股东财富最大化就表现为股票价格最高化，即当股票市场价格达到最高时，股东财富实现最大化。因此，追求股东财富最大化，过多关注股价而偏离了经营重心是雷曼兄弟公司破产的推进器。

第三，将股东财富最大化作为目标，仅强调股东的利益而忽视其他利益相关者的利益是雷曼兄弟公司破产的内在原因。现代企业是多种契约关系的集合体，利益相关者不仅包括股东，还包括债权人、经理层、职工、顾客、政府等利益主体。股东财富最大化片面强调了股东利益的至上性，而忽视了其他利益相关者的利益，导致内部各利益主体的矛盾冲突频繁爆发，公司职工的积极性不高，虽然其职工持股比例高达37%，但主人翁意识淡薄。另外，雷曼兄弟公司选择股东财富最大化目标，导致公司过多关注股东利益，而忽视了一些公司应该承担的社会责任，加剧了其与社会之间的矛盾，这也是雷曼兄弟公司破产的原因之一。

第四，股东财富最大化目标仅适用于上市公司是雷曼兄弟公司破产的又一原因。这种上市方式注定了其上市之后无论是在内部公司治理方面，还是在外部市场运作方面，都无法彻底地与集团公司保持独立。因此，在考核和评价其业绩时，必须站在整个集团公司的高度，而不能仅从上市公司这一个子公司甚至是孙公司的角度来分析和评价其财务状况和经营成果。由于只有上市公司才有股价，因此股东财富最大化的财务管理目标只适用于上市公司，而集团公司中的母公司及其他子公司并没有上市，因而股东财富最大化的财务管理目标也无法引导整个集团公司进行正确的财务决策，还可能导致集团公司中非上市公司的财务管理目标缺失、财务管理活动混乱等。因此，股东财富最大化目标仅适用于上市公司是雷曼兄弟公司破产的又一原因。

②启示如下。

第一，关于财务管理目标的重要性。企业财务管理目标是企业从事财务管理活动的根本指导，是企业财务管理活动所要达到的根本目的，是企业财务管理活动的出发点和归宿。财务管理目标决定了企业建立什么样的财务管理组织、遵循什么样的财务管理原则、运用什么样的财务管理方法和建立什么样的财务指标体系。财务管理目标是财务决策的基本依据，每一项财务管理活动都是为了实现财务管理目标，因此无论从理论意义还是从实践需要的角度看，制定并选择合适的财务管理目标都是十分重要的。

第二，关于财务管理目标的制定原则。雷曼兄弟公司破产给我们的第二个启示是，企业在制定财务管理目标时，须遵循如下原则。首先是价值导向和风险控制原则。财务管理目标必须能激励企业创造更多的利润和价值，但同时也必须时刻提醒经营者要控制经营风险。其次是兼顾更多利益相关者的利益而不偏袒少数人的利益的原则。企业是一个多方利益相关者利益的载体，财务管理的过程就是一个协调各方利益关系的过程，而不是激化矛盾的过程。再次是兼顾适宜性和普遍性原则。选择财务管理目标既要考虑可操作性，又要考虑适用范围。最后是相对稳定原则。财务管理目标既要保持一定的稳定性，以便企业制定长期发展战略，同时又要及时调整，以使企业适应环境的变化。

第三，关于财务管理目标的选择。无论是雷曼兄弟公司追求的股东财富最大化，还是其他的财务管理目标，如利润最大化、企业价值最大化，甚至包括非主流财务管理目标——利益相关者利益最大化，都存在诸多优点，同时也存在一些自身无法克服的缺点。

投资者创立公司的目的是营利。公司固然有改善职工待遇、改善工作条件、扩大市场份额、提高产品质量、减少环境污染等多种目标，但营利是其最基本、最重要的目标。财务管理目标的选择也要兼顾公司的营利、成长和可持续发展。公司财务管理的目标与公司的目标是一致的，公司必须结合自身的实际情况，兼顾各方利益，选择最有利于自身发展的财务管理目标，以有效地协调财务、资源与环境的关系。

（二）不同利益相关者的冲突与协调

1. 实训目的

掌握不同利益相关者的冲突的协调方法。

2. 项目资料

HW公司是一家从事IT（互联网技术）产品开发的企业。由3位志同道合的朋友共同出资100万元，3人平分股权共同创立。公司发展初期，创始股东以公司的长远发展为目标，关注公司的持续发展能力，所以他们注重加大研发投入，不断开发新产品，这些措施有力地提高了公司的竞争力，使公司实现了营业收入的高速增长。在开始的几年间，销售业绩以每年60%的递增速度提升。然而，随着利润的不断快速增长，3位创始股东在收益分配上产生了分歧。股东王力、张伟倾向于分红，而股东赵勇则认为应将公司获得的利益用于扩大再生产，以提高公司的持续发展能力，实现长远利益的最大化。由此产生的矛盾不断升级，最终导致坚持公司长远发展目标的赵勇被迫出让持有的1/3股份而离开。但是，此结果引起了与HW公司有密切联系的广大供应商和分销商的不满，因为他们许多人的业务发展都与HW公司密切相关，他们深信HW公司的扩大再生产将为他们带来更多的机会。于是，他们威胁如果赵勇离开，他们将断绝与HW公司的业务往来。面对这一情况，其他两位股东提出，他们可以离开，条件是赵勇必须收购他们的股份。赵勇的长期发展战略需要较多投资，这样做将导致公司陷入没有资金维持生产的境地。这时，众多供应商和分销商伸出援手，他们或主动延长应收账款的期限，或预付货款，最终赵勇回到了HW公司，成为公司的掌门人。

经历了股权变更风波后，HW公司在赵勇的领导下，不断加大投入，实现了公司的规模化发展，在同行业中处于领先地位，竞争力和价值不断提升。

1）要求

①赵勇坚持以企业长远发展为目标，而其他股东要求更多的分红，你认为赵勇的目标是否与股东财富最大化的目标相矛盾？

②拥有控制权的大股东与供应商和客户等利益相关者之间的利益是否矛盾，如何协调？

③像HW公司这样的企业，其所有权与经营权是合二为一的，这对企业的发展有什么利与弊？

④重要利益相关者能否对企业的控制权产生影响？

2）解析

①赵勇坚持以企业长远发展为目标，恰是股东财富最大化目标的具体体现。

②拥有控制权的股东王力、张伟与供应商和分销商等利益相关者的利益取向不同，可以通过股权转让或协商的方式解决。

③所有权与经营权合二为一，虽然在一定程度上可以避免股东与管理层之间的委托代理冲突，但从企业的长远发展来看，不利于公司治理结构的完善，会限制公司规模的扩大。

④重要利益相关者可能会对企业的控制权产生一定影响。只有企业以股东财富最大化为目标，增加企业的整体财富，利益相关者的利益才会得到有效保障；反之，利益相关者则会为维护自身利益而对控股股东施加影响，从而可能导致企业的控制权发生变更。

任务四　财务管理的环境

一、理论回顾

（一）经济环境

1. 地位

在影响财务管理的各种外部环境中，经济环境是最为重要的。

2. 内容

经济环境涉及的内容十分广泛，包括经济体制、经济周期、经济发展水平、宏观经济政策及社会通货膨胀水平等。

3. 不同经济周期下的财务管理策略

不同经济周期下的财务管理策略见表1-18。

表1-18　不同经济周期下的财务管理策略

策略	经济周期			
	复苏	繁荣	衰退	萧条
设备投资	增加厂房设备，实行长期租赁	增加厂房设备	停止扩张，出售多余设备	建立投资标准，放弃次要利益
存货储备	增加存货储备	继续增加存货	削减存货，停止长期采购	削减存货
人力资源	增加劳动力	增加劳动力	停止扩招雇员	裁减雇员
产品策略	开发新产品	提高产品价格，制定营销规划	停产无竞争力产品	保持市场份额，压缩管理费用

4. 通货膨胀对财务管理的影响及企业应对措施

（1）通货膨胀对企业财务活动的影响

①引起资金占用量的大量增加，从而增加企业的资金需求。

②引起企业利润虚增，造成企业资金由于利润分配而流失。

③引起利润上升，加大企业的权益资金成本。

④引起有价证券价格下降，增加企业的筹资难度。

⑤引起资金供应紧张，增加企业的筹资难度。

（2）应对措施

对于通货膨胀，企业可采取不同应对措施，见表 1-19。

表 1-19　企业应对通货膨胀的措施

所处阶段	措施
通货膨胀初期	①进行投资，可以规避货币贬值风险，实现资本保值； ②签订长期购货合同，以减少物价上涨造成的损失； ③取得长期负债，保持资本成本稳定
通货膨胀持续期	①采用比较严格的信用条件，减少企业债权； ②调整财务政策，防止和减少企业资本流失等

（二）法律环境

法律环境是指企业与外部发生经济关系时应遵守的相关法律法规和规章制度，主要包括《中华人民共和国公司法》《中华人民共和国证券法》《中华人民共和国民法典》《企业财务通则》《企业内部控制基本规范》《管理会计基本指引》等和税法。法律环境一方面可以保护企业的合法行为，另一方面也可以约束企业的违法行为。

法律环境对企业的影响是多方面的，涉及企业的组织形式、治理结构、投融资活动、日常经营、收益分配等。

（三）金融环境

1. 金融工具

金融工具又称有价证券，是金融市场交易活动中体现交易双方债权债务关系的凭证，是金融市场中的交易对象。基本金融工具主要包括货币、票据、债券、股票，衍生金融工具主要包括远期合约、互换、期货、期权等。金融工具具有流动性、风险性和收益性。

2. 金融市场的分类

按期限划分，金融市场可分为货币市场（短期金融市场）和资本市场（长期金融市场），货币市场包括同业拆借市场、票据市场、大额定期存单市场和短期债券市场。资本市场包括债券市场、股票市场和租赁市场等。

按功能划分，金融市场可分为发行市场（一级市场）和流通市场（二级市场）。发行市场主要处理金融工具的发行与最初购买者之间的交易，流通市场主要处理现有金融工具转让和变现的交易。

按融资对象划分，金融市场可分为资本市场、外汇市场和黄金市场。

3. 利率

利率=纯利率+通货膨胀附加率+风险附加率

（四）技术环境

财务管理的技术环境，是指财务管理得以实现的技术手段和技术条件，它决定着财务管理的效率和效果。

二、实训目标

①通过实训,使学生熟悉企业的财务管理环境,能够对企业做决策时的财务环境进行分析,找出其中存在的风险。

②帮助学生掌握企业财务管理环境分析的方法。

三、实训项目

1. 实训目的

通过实训,熟悉企业财务管理环境分析的内容。

2. 项目资料

BY 公司是一家汽车制造公司,该公司以生产家庭用燃油型小汽车为主营业务。虽然汽车行业竞争激烈,但该公司以其优质的产品和售后服务在汽车制造领域占据一席之地。近年来,随着新能源汽车的兴起,该公司销量和销售收入大幅度下滑。公司管理层意识到公司要想继续发展下去,必须进行变革。因此,该公司决定投资新能源汽车。

1)要求

请对以下问题进行分析。

①若 BY 公司要投资新能源汽车,应如何筹资?

② BY 公司投资新能源汽车将面临哪些有利条件和不利条件?

③ BY 公司投资新能源汽车在法律方面应注意什么?

④ BY 公司投资新能源汽车的技术环境如何?

2)解析

①在进行筹资决策时,企业应在重点考虑财务状况、融资成本、产业状况及相关政策等的基础上,对可用的融资方式进行比较和筛选,从而选择最佳的融资方式。因为 BY 公司的融资项目是新能源汽车投资,故其应对绿色金融市场多加关注,充分利用绿色金融相关政策,获取优惠,然后再结合自身特点选择合适的融资方式。

②有利条件主要表现在以下几个方面。

首先,政策支持方面。新能源汽车是国家大力支持和发展的领域,政府出台了一系列的政策措施,例如税收优惠等,这些政策措施将会对新能源汽车市场产生积极影响。

其次,市场需求方面。随着公众环保意识的提高和国家对新能源汽车产业的鼓励支持,新能源汽车的市场需求将会不断增长。

再次,产业链方面。新能源汽车产业链比较完善,涉及电池、电机、电控、充电设施、智能化技术等多个领域,国内外企业都在不断加大投入,加快技术研发,完善产业链,这将会对新能源汽车市场的发展产生积极的推动作用。

最后,技术方面。随着技术的不断进步,新能源汽车的性能和安全性将会不断提高,这将会对消费者购买意愿产生积极影响。同时,随着电池技术、电机控制技术、整车控制技术等的不断发展,新能源汽车的成本也将会不断降低,这将提高消费者的购买力。

不利条件主要有市场竞争加剧、头部聚集效应明显等。此外,随着新能源汽车补贴退出历史舞台、传统车企悉数加码新能源领域，市场分化加剧。

③新能源汽车行业的发展要遵守环境保护法规和相关排放标准，以确保可持续发展和环境友好性；新能源汽车项目的建设许可和用地手续需要符合法律法规，否则可能面临停工、被处罚或拆除等风险；新能源汽车项目的融资和投资涉及复杂的法律合同，如融资合同、投资协议，面临多重风险，如股权交易风险等；新能源技术的创新和研发需要有效的知识产权保护，否则会面临被侵权等风险，对企业的利益造成损害；新能源产品和服务直接关系消费者权益，若产品存在质量或安全问题、虚假宣传等，可能会被消费者投诉，甚至面临法律诉讼；新能源汽车行业依赖大量数据，包括用户个人信息、能源生产和消费数据等，数据安全和隐私保护也成为重要问题。

④新能源汽车的关键技术包括电池技术、电机控制技术、整车控制技术、充电技术和智能化技术等。目前，新能源汽车在技术和产业链方面，仍存在一些安全隐患和稳定性问题，需要进一步改进和完善。智能化技术是新能源汽车未来发展的趋势之一，包括自动驾驶、车联网、人工智能等。BY 公司应准确把握市场发展趋势，找准定位，提高自身汽车产品的性能和竞争力。

任务五　实训技能考核

一、考核目标

①通过考核案例分析，使学生能够在了解财务管理相关概念、内容和原则的基础上，对企业的财务管理环境做出正确的分析；

②借助考核案例，在教师的指导下，引导学生独立思考和分析所给案例资料；再结合有关理论，通过对案例的加工、整理与分析，拓展思维能力；根据企业的不同情况和要求，对企业财务管理状况做出正确的判断和预测，掌握应有的专业知识和技能。

二、考核要求

本次考核总分为 100 分，具体评分细则为：

①遵守考核纪律，学习积极主动，与现场考勤考查结合（20 分）；

②能够熟练进行货币时间价值、风险和报酬的计算，完成考核要求（40 分）；

③实训总结（40 分）。

三、考核案例

①如果你突然收到一张事先不知道的 1 255 亿美元的账单，你一定会大吃一惊。而这件事就发生在瑞士的田纳西镇的居民身上。该账单源于 1966 年的一笔存款。斯兰黑不动产公司在田纳西镇的一个银行存入 6 亿美元的存款。存款协议要求银行按 1%的周利率复利付息。1994 年，纽约布鲁克林法院做出判决：从存款日到田纳西镇对该银行进行清算的 7 年中，这笔存款应按每周 1%的复利计息，而在银行清算后的 21 年中，每年按 8.54%的复利

计息。请说明 1 255 亿美元是如何计算出来的并思考该案例的启示。

②某人持有一份 10 年公司债券，在取得的时候忘记了支付的金额，但是已知本年度截止日可以得到的本金和利息之和为 124 800 元，票面利率为 9.2%。请计算该公司债券的票面金额。

③王先生准备与朋友投资一个新项目，按照规定，王先生提供项目所需的 150 万元资金，但是不享受公司股份，只享受未来公司给其分配的固定收益，收益额为每年 30 万元，期限为 8 年，已知王先生如果不做这个项目，可以获得的最低投资报酬率为 18%。请分析王先生是否应该投资此项目。

④如果你有 100 万元的现金，有人愿意向你借钱，其承诺未来 10 年每年还款 17 万元，而同期的年平均收益率为 12%，不考虑借款人的风险差异。请考虑是否应该借钱给他。

⑤某公司持有甲、乙、丙 3 种股票构成的证券组合，3 种股票的 β 系数分别为 2、1.3 和 0.7，它们的投资额分别为 60 万元、30 万元和 10 万元。股票市场平均收益率为 10%，无风险收益率为 5%。假定资本资产定价模型成立。

要求：

Ⅰ. 确定证券组合的预期收益率；

Ⅱ. 若公司为了降低风险，出售部分甲股票，使甲、乙、丙 3 种股票在证券组合中的投资额分别为 10 万元、30 万元和 60 万元，其余条件不变。试计算此时的风险收益率和预期收益率。

⑥某公司拟在现有的甲股票的基础上，从乙、丙两种股票中选择一种风险较小的股票与甲股票组成一个证券组合，资金比例为 6 : 4，有关的资料见表 1-20。

表 1-20 甲、乙、丙 3 种股票的收益率的预测信息

可能情况的概率	甲股票的收益率	乙股票的收益率	丙股票的收益率
0.5	15%	20%	8%
0.3	10%	10%	14%
0.2	5%	-10%	12%

要求：

Ⅰ. 应该选择哪一种股票进行组合？

Ⅱ. 假定资本资产定价模型成立。如果股票市场平均收益率是 12%，无风险利率是 5%，请计算所选择的组合的预期收益率和 β 系数。

第二篇　财务管理职能

模块二　财务预测实训

导言

财务预测是估计企业未来融资需求的行为,广义的财务预测包括编制全部的预计财务报表。财务预测体现财务管理的前瞻性,其目的是帮助财务人员认识和控制未来的不确定性,并将这种不确定性降到最低限度,使财务计划的预期目标适应可能发生变化的周围环境和经济条件,使财务人员对财务计划的实施效果做到心中有数。财务预测是经营决策的重要依据,财务预测有利于企业合理安排收支,提高资金使用效率。财务预测是提高企业管理水平的重要手段。财务预测是财务决策的前提。

任务一　财务预测方法

一、理论回顾

(一)因素分析法

因素分析法又称分析调整法,是以有关项目基期年度的平均资金需要量为基础,根据预测年度的生产经营任务和资金周转加速的要求进行分析调整,来预测资金需要量的一种方法。这种方法计算简便,容易掌握,但预测结果不太精确。它通常适用于品种繁多、规格复杂、资金用量较小的项目。

因素分析法的计算公式为:

资金需要量=(基期资金平均占用额−不合理资金占用额)×(1+预测期销售增长率)÷(1+预测期资金周转加速)

(二)销售百分比法

1. 基本原理(销售→资产→资金)

企业的销售规模扩大时,要相应增加流动资产;如果销售规模扩大很多,还必须增加长期资产。为获得扩大销售规模所需增加的资产,企业需要筹措资金。因此,企业需要预先知道自己的筹资需求,以便制订筹资计划。

2. 假设条件

(1)线性关系假设

销售百分比法假设了经营资产和经营负债与营业收入之间的关系是正比例的线性关系。

(2)经营负债为自发性债务假设

若经营资产增加,相应的经营短期债务也会增加,可为企业提供暂时性资金。

外部融资额与财务报表如图 2-1 所示。

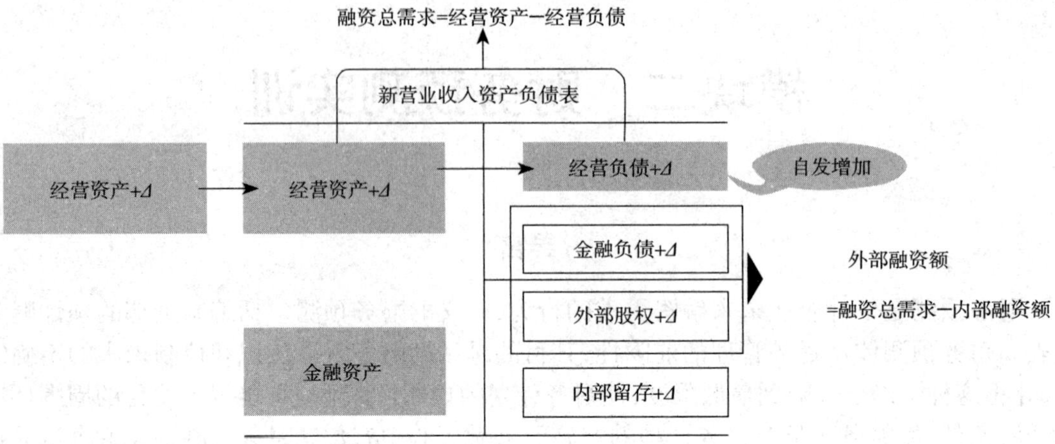

图 2-1

3. 分析步骤

(1)分析营业收入与资产负债表上各项目的关系,区分受营业收入影响的敏感性项目和不受营业收入影响的非敏感性项目

通常敏感性项目(随营业收入变动而变动)有:货币资金、应收账款、存货等流动资产;应付费用、应付账款等流动负债。

非敏感性项目有:固定资产、对外投资;长期负债、所有者权益。

大部分流动资产是变动资产(敏感性资产),固定资产等长期资产视情况而定,当生产能力有剩余时,营业收入增加不需要增加固定资产;当生产能力饱和时,营业收入增加需要增加固定资产,但不一定按比例增加。

部分流动负债是变动负债(敏感性负债)。

(2)确定敏感性项目与营业收入的百分比

敏感性项目的销售百分比=基期敏感性资产(或负债)/基期营业收入

(3)计算预计营业收入额下的资产与负债

预计资产(负债)=预计营业收入×资产(负债)项目的销售百分比+不随营业收入变动的资产(负债)项目的金额

(4)计算预计留存收益额

留存收益额=预计营业收入×计划营业净利率×(1−股利支付率)

(5)确定企业外部融资额

企业外部融资额=预计资产−预计负债−预计所有者权益

4. 测算步骤

第一步:计算融资总需求。

融资总需求=经营资产−经营负债=净经营资产(NOA)

第二步:计算内部融资额。

内部融资额=预计可动用的金融资产+预计增加的留存收益

第三步:计算外部融资额。

外部融资额=融资总需求–内部融资额

（三）资金习性预测法

资金习性预测法是指根据资金习性预测未来资金需要量的一种方法。所谓资金习性，是指资金的变动同产销量的变动之间的依存关系。按照它们的依存关系，资金可分为不变资金、变动资金和半变动资金。

资金习性预测法一般根据历史上企业资金占用总额与产销量之间的关系，把资金分为不变资金和变动资金两部分，然后结合预计的销售量来预测资金需要量。设产销量为自变量 x，资金占用为因变量 y，它们之间的关系可用下式表示：

$$y=a+bx$$

式中 a 为不变资金，b 为单位产销量所需变动资金。

【提示】a 和 b 可用高低点法或回归直线法求出。

1. 高低点法

根据资金习性模型 $y=a+bx$，利用历史数据中业务量最高和业务量最低的两期资料联立方程组，解出 a 和 b。

b=（最高收入期资金占用量–最低收入期资金占用量）/（最高销售收入–最低销售收入）

a=最高收入期资金占用量–b × 最高销售收入

或　a=最低收入期资金占用量–b × 最低销售收入

2. 回归直线法

回归直线法是根据相关历史资料，根据最小二乘法原理，用回归方程求得资金需要量的方法。其回归方程为：

$$y=a+bx$$

根据最小二乘法原理运算、整理可得：

$$a=\frac{\sum x_i^2\sum y_i-\sum x_i\sum x_iy_i}{n\sum x_i^2-\left(\sum x_i\right)^2}$$

$$b=\frac{n\sum x_iy_i-\sum x_i\sum y_i}{n\sum x_i^2-\left(\sum x_i\right)^2}$$

式中 y_i 为第 i 期的资金占用量，x_i 为第 i 期的产销量。

二、实训目标

通过实训，使学生在进一步熟悉财务报表的基础之上掌握销售、资产与资金之间的钩稽关系。通过对资金需要量的预测，提高学生分析问题与解决问题的能力、独立思考能力、实际操作能力及合作能力。

三、实训项目

(一)资金需要量的预测——销售百分比法

(1)资料一

B 公司是一家上市公司,2020 年的相关资料见表 2-1。

表 2-1　2020 年 12 月 31 日 B 公司资产负债表(简表)　单位:万元

资产	期末数	负债及所有者权益	期末数
货币资金	10 000	短期借款	3 750
应收账款	6 250	应付账款	11 250
存货	15 000	预收款项	7 500
固定资产	20 000	应付债券	7 500
无形资产	250	股本	15 000
资产合计	51 500	留存收益	6 500
		负债及所有者权益合计	51 500

该公司 2020 年的营业收入为 62 500 万元,营业净利率为 12%,股利支付率为 50%。经测算,2021 年该公司营业收入会增长 20%,营业净利率和股利支付率不变,无形资产保持不变。但是由于生产经营的需要,增加生产设备 1 台,价值 2 500 万元。经分析,流动资产项目与流动负债项目(短期借款除外)随营业收入同比例增减。

1)要求

①计算 2020 年末的敏感性资产占营业收入的百分比。

②计算 2020 年末的敏感性负债占营业收入的百分比。

③计算 B 公司 2021 年增加的资金需要量。

④计算 B 公司 2021 年外部融资额。

2)解析

①根据公式可得:

敏感性资产销售百分比=(10 000+6 250+15 000)/62 500 × 100%=50%

②根据公式可得:

敏感性负债销售百分比=(11 250+7 500)/62 500 × 100%=30%

③根据公式可得:

2020 年的营业收入增加额=62 500 × 20%=12 500(万元)

增加的资金需要量=12 500 ×(50%–30%)+2 500=5 000(万元)

④根据公式可得:

留存收益增加提供的资金=62 500 ×(1+20%)× 12% ×(1–50%)=4 500(万元)

外部融资额=5 000–4 500=500(万元)

(2)资料二

PH 公司 2021 年 12 月 31 日的资产负债表以及有关项目与营业收入之间的变动关系见

表 2-2。

表 2-2　2021 年 12 月 31 日 PH 公司资产负债表(简表)　单位：万元

资产	期末数	负债及所有者权益	期末数
现金	5 000	应付费用	10 000
应收账款	15 000	应付账款	5 000
存货	30 000	短期借款	25 000
固定资产	30 000	公司债券	10 000
资产合计	80 000	实收资本	20 000
		留存收益	10 000
		负债及所有者权益合计	80 000

假定 PH 公司 2021 年的营业收入为 100 000 万元，营业净利率为 10%，股利支付率为 60%，该公司现有生产能力尚未饱和，增加销售无须追加固定资产投资。经预测，2022 年 PH 公司营业收入将提高到 120 000 万元，其营业净利率和利润分配政策不变。

经过分析，PH 公司流动资产各项目随营业收入的变动而变动，流动负债中应付费用和应付账款随营业收入的变动而变动。

1)要求

①计算变动资产和变动负债占基期营业收入的比率。

②确定预计变动资产和预计变动负债。

③根据有关财务指标的约束条件，确定外部融资额。

2)解析

①变动资产(敏感性资产)包括现金、应收账款、存货，变动负债(敏感性负债)包括应付费用、应付账款。

现金/基期营业收入=5 000/100 000=5%

应收账款/基期营业收入=15 000/100 000=15%

存货/基期营业收入=30 000/100 000=30%

变动资产/基期营业收入=(5 000+15 000+30 000)/100 000=50%

应付费用/基期营业收入=10 000/100 000=10%

应付账款/基期营业收入=5 000/100 000=5%

变动负债/基期营业收入=(10 000+5 000)/100 000=15%

②首先，根据公式可得：

预计变动资产=120 000 × 50%=60 000(万元)

其中：

预计现金=120 000 × 5%=6 000(万元)

预计应收账款=120 000 × 15%=18 000(万元)

预计存货=120 000 × 30%=36 000(万元)

其次，根据公式可得：

预计变动负债=120 000 × 15%=18 000（万元）

其中：

预计应付费用=120 000 × 10%=12 000（万元）

预计应付账款=120 000 × 5%=6 000（万元）

③根据公式和以上计算结果可得：

预计留存收益增加额=120 000 × 10% ×（1–60%）=4 800（万元）

预计所有者权益=20 000+10 000+4 800=34 800（万元）

预计资产=60 000+30 000=90 000（万元）

预计负债=25 000+10 000+18 000=53 000（万元）

计算出外部融资额。

外部融资额=90 000–53 000–34 800=2 200（万元）

或　外部融资额=新增营业收入 ×（敏感性资产占营业收入的百分比–敏感性负债占营业收入的百分比）–预计营业收入 × 营业净利率 × 留存收益率

=（120 000–100 000）×（50%–15%）–120 000 × 10% ×（1–60%）

=2 200（万元）

（二）资金需要量的预测——高低点法

PH 公司 2021 年销售收入与资产、负债情况见表 2-3。

表 2-3　PH 公司 2021 年销售收入与资产、负债情况　　单位：万元

时间	销售收入	现金	应收账款	存货	固定资产	流动负债
第一季度	600	1 400	2 100	3 500	6 500	1 080
第二季度	500	1 200	1 900	3 100	6 500	930
第三季度	680	1 620	2 560	4 000	6 500	1 200
第四季度	700	1 600	2 500	4 100	6 500	1 230
合计	2 480	5 820	9 060	14 700	6 500	4 440

1）要求

采用高低点法分项建立资金预测模型，并预测当 2022 年销售收入为 2 700 万元时 PH 公司的资金需要总量。

【提示】我们选择高点和低点的依据是业务量，而非资金占用量。

2）解析

$$b=\frac{最高收入期资金占用量-最低收入期资金占用量}{最高销售收入-最低销售收入}$$

$$a=最高收入期资金占用量-b\times 最高销售收入$$

或　$$a=最低收入期资金占用量-b\times 最低销售收入$$

本题的最高点及最低点分别是销售收入为 700 万元和 500 万元的两行。

现金的模型：

b_1=(1 600−1 200)/(700−500)=2

a_1=1 600−2 × 700=200(万元)

应收账款的模型：

b_2=(2 500−1 900)/(700−500)=3

a_2=2 500−3 × 700=400(万元)

存货的模型：

b_3=(4 100−3 100)/(700−500)=5

a_3=4 100−5 × 700=600(万元)

固定资产的模型：

a_4=6 500(万元)

流动负债的模型：

b_5=(1 230−930)/(700−500)=1.5

a_5=1 230−1.5 × 700=180(万元)

因此，总资金预测模型为：

$a_{总}$=200+400+600+6 500−180=7 520(万元)

$b_{总}$=2+3+5−1.5=8.5

因此，资金需要量模型为：y=7 520+8.5x

2022 年预计资金需要总量=7 520+8.5 × 2 700=30 470(万元)

(三)资金需要量的预测——回归直线法

PH 公司 2017 年至 2021 年的产销量和资金需要量见表 2-4，预测其 2022 年的预计产销量为 7.8 万吨。

表 2-4　PH 公司产销量与资金需要量表

年份	产销量(x)/万吨	资金需要量(y)/万元
2017 年	6.0	500
2018 年	5.5	475
2019 年	5.0	450
2020 年	6.5	520
2021 年	7.0	550

1)要求

试建立资金的回归直线方程，并预测 2022 年的资金需要量。

2)解析

回归直线法是根据有关历史资料，根据最小二乘法原理，用回归方程求得资金需要量的方法。其回归方程为：

$$y=a+bx$$

根据最小二乘法原理运算、整理可得：

$$a=\frac{\sum x_i^2\sum y_i-\sum x_i\sum x_iy_i}{n\sum x_i^2-\left(\sum x_i\right)^2}$$

$$b=\frac{n\sum x_iy_i-\sum x_i\sum y_i}{n\sum x_i^2-\left(\sum x_i\right)^2}$$

式中 y_i 为第 i 期的资金占用量；x_i 为第 i 期的产销量。所需各计算量的值见表 2-5。

表 2-5 各计算量的值

年份	x_i	y_i	x_i^2	x_iy_i
2017 年	6	500	36	3 000
2018 年	5.5	475	30.25	2 612.5
2019 年	5	450	25	2 250
2020 年	6.5	520	42.25	3 380
2021 年	7	550	49	3 850
合计	30	2 495	182.5	15 092.5

$$a=\frac{182.5\times2\ 495-30\times15\ 092.5}{5\times182.5-30\times30}=205$$

$$b=\frac{5\times15\ 092.5-30\times2\ 495}{5\times182.5-30\times30}=49$$

因此，资金需要量模型为：

$y=205+49x$

2022 年预计资金需要量=205+49 × 7.8=587.2（万元）

任务二 实训技能考核

一、考核目标

通过考核案例分析，使学生学会运用销售百分比法来预测资金需要量。

二、考核要求

本次实训总分为 100 分，具体评分细则为：

①遵守考核纪律，学习积极主动，与现场考勤考查结合（40 分）；

②资金预测情况分析报告（60 分）。

三、考核案例

①案例分析。

根据甲、乙两个企业的相关资料,分别对两个企业进行相关计算分析,资料如下。

甲企业 2017—2021 年现金占用量与销售收入见表 2-6。

表 2-6 现金占用与销售收入变化情况表 单位:万元

年份	销售收入	现金占用量
2017 年	9 750	700
2018 年	9 000	750
2019 年	10 750	875
2020 年	11 500	813
2021 年	10 250	1 125

乙企业 2021 年 12 月 31 日的资产负债表(简表)见表 2-7。

表 2-7 乙企业 2021 年 12 月 31 日资产负债表(简表) 单位:万元

资产	金额	负债及所有者权益	金额
现金	1 125	应付账款	375
应收账款	1 125	其他应付款	800
存货	2 250	短期借款	1 575
固定资产	3 000	应付债券	2 000
资产合计	7 500	实收资本	2 000
		留存收益	750
		负债及所有者权益合计	7 500

该企业 2022 年的相关预测数据为:销售收入 10 000 万元,新增留存收益 62.5 万元;不变现金总额 625 万元,每元销售收入占用变动现金 0.06 元,其他与销售收入变化有关的资产负债表项目的预测数据见表 2-8。

表 2-8 其他项目与销售收入变化情况表

项目	年度不变资金/万元	每元销售收入占用变动资金/元
应收账款	425	0.18
存货	1 250	0.25
固定资产	3 000	0
应付账款	125	0.06
其他应付款	250	0.13

要求如下。

根据甲企业相关资料,运用高低点法测算下列指标:

Ⅰ.每元销售收入占用变动现金;

Ⅱ.销售收入占用不变现金总额。

根据乙企业的相关资料完成下列任务:

Ⅰ.按步骤建立总资金需求模型;

Ⅱ.测算2022年资金需求总量;

Ⅲ.测算2022年外部融资额。

②请撰写实训基地单位资金预测情况分析报告。

模块三　财务预算实训

导言

“凡事预则立，不预则废。”预算是以数量化方式表述的对某一主体或项目的未来一个时期的计划或预测，是设定目标、促进对后续业绩的评价的活动。财务预算管理是企业为实现既定的经济目标，通过预算编制、内部控制、业绩考核所进行的一系列财务管理活动，它贯穿于企业财务预算编制和执行全过程，预算管理的质量直接关系到企业总体目标的实现。

任务一　业务预算编制

一、理论回顾

1. 预算的编制方法对比

根据不同的标准，预算的编制方法可分为不同类别，见表 3-1。

表 3-1　预算的编制方法对比

分类标准	编制方法	含义和特征	评价
出发点特征	增量预算法	又称调整预算法，是指以历史期实际经济活动及其预算为基础，结合预算期经济活动及相关影响因素的变动情况，通过调整历史期经济活动项目及其金额形成预算的预算编制方法	优点：编制工作量小； 缺点：当预算期的情况发生变化，预算数额会受到历史期不合理因素的干扰，可能导致预算的不准确，不利于调动各部门达成预算目标的积极性
	零基预算法	是指企业不以历史期经济活动及其预算为基础，而是以零为起点，从实际需要出发分析预算期经济活动的合理性，经综合平衡，形成预算的预算编制方法。零基预算适用于企业各项预算的编制，特别是不经常发生的预算项目或预算编制基础变化较大的预算项目	优点：不受前期费用项目和费用水平的制约，能调动各部门降低费用的积极性； 缺点：编制工作量大
业务量基础的数量特征	固定预算法/静态预算法	在编制预算时，只将预算期内正常、可实现的某一固定的业务量（如生产量、销售量等）的水平作为唯一基础来编制预算的方法。固定预算法适用于经营业务稳定、生产产品产销量稳定、能准确预测产品需求及产品成本的企业，也可用于编制固定费用预算	适应性差，可比性差

续表

分类标准	编制方法	含义和特征	评价
业务量基础的数量特征	弹性预算法/动态预算法	在成本性态分析的基础上,依据业务量、成本和利润之间的联动关系,按照预算期内相关的业务量(如生产量、销售量、工时等)的水平计算其相应预算项目所消耗资源的预算编制方法。弹性预算法适用于编制全面预算中所有与业务量有关的预算,但实务中主要用于编制成本费用预算和利润预算	适用范围较广,便于预算执行的评价和考核
预算期的时间特征	定期预算法	以固定不变的会计期间(如年度、季度、月度)作为预算期间编制预算的方法	优点:保证预算期间与会计期间在时期上配比,便于依据会计报告的数据与预算进行比较,利于考核和评价预算的执行结果; 缺点:不利于前后各个期间的预算衔接,不能适应连续不断的业务活动过程的预算管理
	滚动预算法或连续/永续预算法	在上期预算完成情况的基础上,调整和编制下期预算,并将预算期间逐期连续向后滚动推移,使预算期间保持一定的时期跨度的方法	优点:能保持预算的连续性,有利于考虑未来业务活动;结合企业近期目标和长期目标,使预算随时间的推进不断加以调整和修订,能使预算与实际情况更适应,有利于充分发挥预算的指导和控制作用。 缺点:编制工作量大

2. 预算编制的一般过程

预算编制的一般过程如图 3-1 所示。

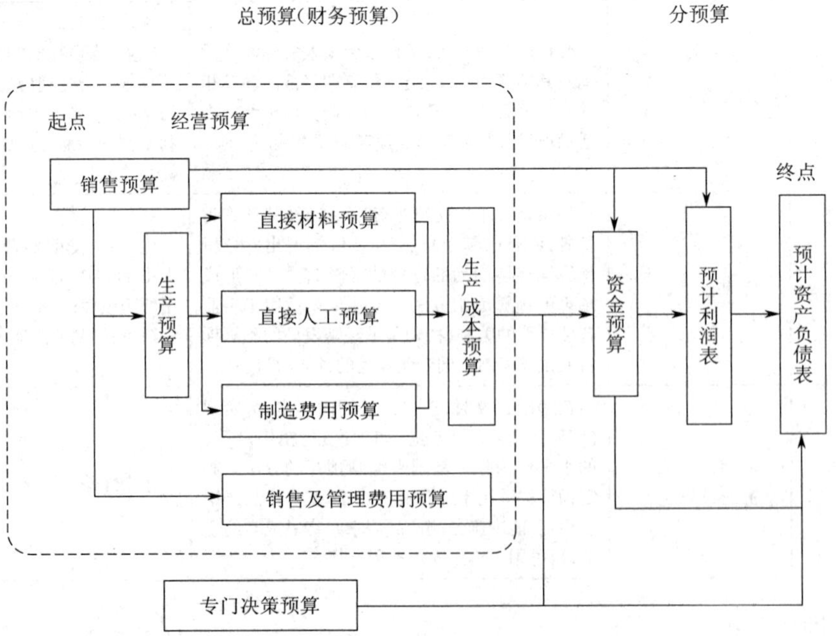

图 3-1

3. 业务预算

不同类型的预算的业务预算和现金预算见表 3-2。

表 3-2　不同类型的预算的业务预算和现金预算

类型	业务预算	现金预算
销售预算	销售收入=销售单价×销售数量	销售现金收入=当期现销+收回前期应收账款
生产预算	预计生产量=预计销售量+预算期末产成品存货–预算期初产成品存货	—
直接材料预算	预计采购金额=预计采购量×采购单价，其中预计采购量=生产需用量+期末材料存量–期初材料存量	材料采购支出=当期现购支出+支付前期的应付账款
直接人工预算	人工总成本=人工总工时×每小时人工成本	直接计入现金预算
制造费用预算	①变动制造费用：以生产预算为基础编制； ②固定制造费用：需要逐项进行预计，通常与本期产量无关	制造费用支出=预算数–非付现成本（折旧费用）
产品成本预算	销售预算、生产预算、直接材料预算、直接人工预算、制造费用预算的汇总，其主要内容是产品的单位成本和总成本	—
销售及管理费用预算	①销售费用预算：以销售预算为基础； ②管理费用预算：多属于固定成本	销售、管理费用支出=预算数–非付现成本

二、实训目标

通过实训，使学生进一步把握企业业务预算的编制方法和预算编制的一般过程；熟悉 Excel 软件在业务预算中的一般操作方法以及相关工具的运用；通过业务预算的编制，进一步认识 Excel 软件电子表在财务管理中的重要性及其在解决实际工作中的相关问题方面的作用，培养学生严谨求实的工作作风。

三、实训项目

1. 实训目的

通过业务预算之间钩稽关系的分析，能够根据所给定的条件，进行业务预算编制。

2. 项目资料

（1）资料一

SL 公司 2022 年末的简明资产负债表见表 3-3。

表 3-3　SL 公司 2022 年末的简明资产负债表　　单位：元

项目	期末数	项目	期末数
现金 应收账款 原材料 产成品 固定资产 累计折旧	30 000 121 000 71 600 49 342 509 000 （175 000）	短期借款 应付账款 应付税金 实收资本 未分配利润	20 000 98 000 51 942 370 000 66 000
资产合计	605 942	负债及所有者权益合计	605 942

SL 公司计划年度（2023 年）产销甲、乙两种产品，预计销售情况见表 3-4。

表 3-4　SL 公司计划年度甲、乙两种产品情况预计销售情况

项目	甲产品/件	乙产品/件
预计第一季度销售量	1 500	800
预计第二季度销售量	1 200	1 000
预计第三季度销售量	1 000	1 200
预计第四季度销售量	1 300	1 000

甲产品每件预计售价 230 元，乙产品每件预计售价 260 元，每季的产品销售收入在当季收回 60%，其余部分在下季收讫。

根据存货管理要求，SL 公司计划年度甲、乙两种产品的库存情况见表 3-5。

表 3-5　SL 公司计划年度甲、乙两种产品库存情况

项目	甲产成品/件	乙产成品/件
计划期初存量	180	100
预计第一季度末存量	800	180
预计第二季度末存量	1 000	200
预计第三季度末存量	1 000	150
预计第四季度末存量	1 100	100

SL 公司计划年度甲、乙两种产品的材料消耗定额见表 3-6。

表 3-6　SL 公司计划年度甲、乙两种产品材料消耗定额

项目	甲产品单耗/（千克/件）	乙产品单耗/（千克/件）
A 材料	20	18
B 材料	12	10

根据存货管理要求，SL 公司计划年度各种材料的预计结余情况见表 3-7。

表 3-7　SL 公司计划年度各种材料预计结余情况

项目	A 材料/千克	B 材料/千克
计划期初存量	12 000	8 000
第一季度末存量	11 000	1 500
第二季度末存量	9 000	2 500
第三季度末存量	8 000	2 200
第四季度末存量	10 000	2 000

A 材料每千克采购价为 2.5 元，B 材料每千克采购价为 5.2 元，每季的购料款当季支付 50%，其余在下季度支付。

SL 公司生产的甲、乙两种产品计划年度内所需直接人工都只有一个工种，预计单位工时定额分别为 10 小时/件和 15 小时/件，每小时工资率 5 元。

SL 公司计划年度预计制造费用总额为 160 000 元，具体构成如下：甲、乙产品分别承担折旧费 15 000 元和 10 000 元，管理、保险、维护等其他固定制造费用分别为甲产品 14 200 元、乙产品 16 560 元，变动制造费用分配率分别为甲产品 0.95 元/小时、乙产品 0.8 元/小时。

SL 公司计划年度的销售及管理费用总额预计为 120 000 元，具体构成为：甲、乙产品的固定费用分别为 10 000 元和 80 000 元，单位变动费用分别为 1 元和 6.25 元。

1）要求

完成业务预算编制，将相关表格填写完整。

①编制销售预算表，见表 3-8（a）。

表 3-8（a）　2023 年销售预算表

<table>
<tr><td colspan="2" rowspan="2">摘要</td><td colspan="2">第一季度</td><td colspan="2">第二季度</td><td colspan="2">第三季度</td><td colspan="2">第四季度</td><td colspan="2" rowspan="2">合计</td></tr>
<tr><td>甲</td><td>乙</td><td>甲</td><td>乙</td><td>甲</td><td>乙</td><td>甲</td><td>乙</td></tr>
<tr><td colspan="2">预计销售量/件
销售单价/（元/件）</td><td></td><td></td><td></td><td></td><td></td><td></td><td></td><td></td><td>甲</td><td>乙</td></tr>
<tr><td colspan="2">预计销售额/元</td><td></td><td></td><td></td><td></td><td></td><td></td><td></td><td></td><td></td><td></td></tr>
<tr><td rowspan="7">预计现金收入</td><td>期初应收账款余额/元</td><td colspan="2"></td><td colspan="2"></td><td colspan="2"></td><td colspan="2"></td><td colspan="2"></td></tr>
<tr><td>第一季度销售收入/元</td><td colspan="2"></td><td colspan="2"></td><td colspan="2"></td><td colspan="2"></td><td colspan="2"></td></tr>
<tr><td>第二季度销售收入/元</td><td colspan="2"></td><td colspan="2"></td><td colspan="2"></td><td colspan="2"></td><td colspan="2"></td></tr>
<tr><td>第三季度销售收入/元</td><td colspan="2"></td><td colspan="2"></td><td colspan="2"></td><td colspan="2"></td><td colspan="2"></td></tr>
<tr><td>第四季度销售收入/元</td><td colspan="2"></td><td colspan="2"></td><td colspan="2"></td><td colspan="2"></td><td colspan="2"></td></tr>
<tr><td>合计/元</td><td colspan="2"></td><td colspan="2"></td><td colspan="2"></td><td colspan="2"></td><td colspan="2"></td></tr>
<tr><td>期末应收账款余额/元</td><td colspan="10"></td></tr>
</table>

②编制生产预算表，见表 3-9（a）和表 3-10（a）。

表 3-9(a) 2023 年甲产品生产预算表

单位:件

项目	第一季度	第二季度	第三季度	第四季度	合计
预计销售量					
加:期末存货					
减:期初存货					
预计生产量					

表 3-10(a) 2023 年乙产品生产预算表

单位:件

项目	第一季度	第二季度	第三季度	第四季度	合计
预计销售量					
加:期末存货					
减:期初存货					
预计生产量					

③编制材料采购预算表和应付账款预算表,见表 3-11(a)、表 3-12(a)和表 3-13(a)。

表 3-11(a) 2023 年 A 材料采购预算表

项目	第一季度	第二季度	第三季度	第四季度	全年
甲产品产量/件					
甲产品单耗/(千克/件)					
甲产品材料耗用量/千克					
乙产品产量/件					
乙产品单耗/(千克/件)					
乙产品材料耗用量/千克					
合计材料耗用量/千克					
加:期末存货/千克					
减:期初存货/千克					
预计购料量/千克					
计划单价/(元/千克)					
预计采购金额/元					

表 3-12(a)　2023 年 B 材料采购预算表

项目	第一季度	第二季度	第三季度	第四季度	全年
甲产品产量/件					
甲产品单耗/(千克/件)					
甲产品材料耗用量/千克					
乙产品产量/件					
乙产品单耗/(千克/件)					
乙产品材料耗用量/千克					
合计材料耗用量/千克					
加:期末存货/千克					
减:期初存货/千克					
预计购料量/千克					
计划单价/(元/千克)					
预计采购金额/元					
甲乙采购金额合计/元					

表 3-13(a)　2023 年应付账款预算表　单位:元

项目	金额及发生额	第一季度	第二季度	第三季度	第四季度
期初应付账款余额					
第一季度采购额					
第二季度采购额					
第三季度采购额					
第四季度采购额					
期末应付账款余额					
合计					

④编制直接人工预算表,见表 3-14(a)至表 3-16(a)。

表 3-14(a)　2023 年甲产品直接人工预算表

摘要	全年甲产品	第一季度	第二季度	第三季度	第四季度
预计生产量/件 标准工时/(小时/件)					
预计工时/小时 标准工资率/(元/小时)					
直接人工成本总额/元					

表 3-15(a) 2023 年乙产品直接人工预算表

摘要	全年乙产品	第一季度	第二季度	第三季度	第四季度
预计生产量/件 标准工时/(小时/件)					
预计工时/小时 标准工资率/(元/小时)					
直接人工成本总额/元					

表 3-16(a) 2023 年直接人工总预算表

摘要	甲产品	乙产品	全年
预计生产量/件 标准工时/(小时/件)			
预计工时/小时 标准工资率/(元/小时)			
直接人工成本总额/元			

⑤编制制造费用预算表,见表 3-17(a)至表 3-19(a)。

表 3-17(a) 2023 年制造费用预算表(方法 1)

项目		甲产品	乙产品	合计
变动费用	预计工时/小时			
	标准分配率/(元/小时)			
	小计/元			
固定费用/元				
合计/元				
减:折旧费/元				
付现费用/元				
制造费用预计每季现金支出总额/元				

表 3-18(a) 2023 年甲产品制造费用预算表(方法 2)

甲产品		第一季度	第二季度	第三季度	第四季度	全年
变动费用	预计工时/小时					
	标准分配率/(元/小时)					
	小计/元					
固定费用/元						
合计/元						
减:折旧费/元						

续表

甲产品	一季度	二季度	三季度	四季度	全年
付现费用/元					
制造费用预计/元					

表 3-19(a) 2023 年乙产品制造费用预算表(方法 2)

<table>
<tr><td colspan="2">乙产品</td><td>第一季度</td><td>第二季度</td><td>第三季度</td><td>第四季度</td><td>全年</td></tr>
<tr><td rowspan="3">变动费用</td><td>预计工时/小时</td><td></td><td></td><td></td><td></td><td></td></tr>
<tr><td>标准分配率/(元/小时)</td><td></td><td></td><td></td><td></td><td></td></tr>
<tr><td>小计/元</td><td></td><td></td><td></td><td></td><td></td></tr>
<tr><td colspan="2">固定费用/元</td><td></td><td></td><td></td><td></td><td></td></tr>
<tr><td colspan="2">合计/元</td><td></td><td></td><td></td><td></td><td></td></tr>
<tr><td colspan="2">减:折旧费/元</td><td></td><td></td><td></td><td></td><td></td></tr>
<tr><td colspan="2">付现费用/元</td><td></td><td></td><td></td><td></td><td></td></tr>
<tr><td colspan="2">制造费用预计/元</td><td></td><td></td><td></td><td></td><td></td></tr>
<tr><td colspan="2">甲乙合计现金支出/元</td><td></td><td></td><td></td><td></td><td></td></tr>
</table>

⑥编制产品成本预算及期末存货预算表,见表 3-20(a)。

表 3-20(a) 2023 年产品成本预算及期末存货预算表

<table>
<tr><td colspan="2">成本项目</td><td colspan="4">甲产品</td><td colspan="4">乙产品</td></tr>
<tr><td rowspan="3">直接材料</td><td>项目</td><td>单耗/(千克/件)</td><td>单价/(元/千克)</td><td>单位成本/(元/件)</td><td>生产成本/元</td><td>单耗/(千克/件)</td><td>单价/(元/千克)</td><td>单位成本/(元/件)</td><td>生产成本/元</td></tr>
<tr><td>A材料</td><td></td><td></td><td></td><td></td><td></td><td></td><td></td><td></td></tr>
<tr><td>B材料</td><td></td><td></td><td></td><td></td><td></td><td></td><td></td><td></td></tr>
<tr><td colspan="2" rowspan="2">直接人工</td><td>标准工时/(小时/件)</td><td>标准工资率/(元/小时)</td><td>单位成本/(元/件)</td><td>成本/元</td><td>标准工时/(小时/件)</td><td>标准工资率/(元/小时)</td><td>单位成本/(元/件)</td><td>成本/元</td></tr>
<tr><td></td><td></td><td></td><td></td><td></td><td></td><td></td><td></td></tr>
<tr><td colspan="2" rowspan="2">变动制造费用</td><td>标准工时/(小时/件)</td><td>标准分配率/(元/小时)</td><td>单位成本/(元/件)</td><td>成本/元</td><td>标准工时/(小时/件)</td><td>标准分配率/(元/小时)</td><td>单位成本/(元/件)</td><td>成本/元</td></tr>
<tr><td></td><td></td><td></td><td></td><td></td><td></td><td></td><td></td></tr>
<tr><td colspan="2">合计</td><td></td><td></td><td></td><td></td><td></td><td></td><td></td><td></td></tr>
</table>

续表

期末存货预算	摘要	甲产品	乙产品	合计
	期末存货数量/件			
	标准成本/(元/件)			
	期末存货金额/元			

⑦编制销售及管理费用预算表，见表 3-21(a)至表 3-23(a)。

表 3-21(a) 2023 年销售及管理费用预算表(方法 1)

摘要	甲产品	乙产品	合计
预计销售量/件			
单位变动费用/元			
预计变动费用/元			
预计固定费用/元			
合计/元			
预计每季现金支出总额/元			

表 3-22(a) 2023 年甲产品销售及管理费用预算表(方法 2)

甲产品	第一季度	第二季度	第三季度	第四季度	全年
预计销售量/件					
单位变动费用/元					
预计变动费用/元					
预计固定费用/元					
合计/元					
预计每季现金支出总额/元					

表 3-23(a) 2023 年乙产品销售及管理费用预算表(方法 2)

乙产品	第一季度	第二季度	第三季度	第四季度	全年
预计销售量/件					
单位变动费用/元					
预计变动费用/元					
预计固定费用/元					
合计/元					
预计每季现金支出总额/元					
甲乙合计/元					

2）解析

各业务预算表的具体内容见表 3-8（b）至表 3-23（b）。

①销售预算表。

表 3-8（b）　2023 年销售预算表

<table>
<tr><td colspan="2" rowspan="2">摘要</td><td colspan="2">第一季度</td><td colspan="2">第二季度</td><td colspan="2">第三季度</td><td colspan="2">第四季度</td><td colspan="2" rowspan="2">合计</td></tr>
<tr><td>甲</td><td>乙</td><td>甲</td><td>乙</td><td>甲</td><td>乙</td><td>甲</td><td>乙</td></tr>
<tr><td colspan="2">预计销售量/件
销售单价/
（元/件）</td><td>1 500
230</td><td>800
260</td><td>1 200
230</td><td>1 000
260</td><td>1 000
230</td><td>1 200
260</td><td>1 300
230</td><td>1 000
260</td><td>甲</td><td>乙</td></tr>
<tr><td colspan="2">预计销售额/元</td><td>345 000</td><td>208 000</td><td>276 000</td><td>260 000</td><td>230 000</td><td>312 000</td><td>299 000</td><td>260 000</td><td>1 150 000</td><td>1 040 000</td></tr>
<tr><td rowspan="7">预计现金收入</td><td>期初应收账款余额/元</td><td colspan="2">121 000</td><td colspan="2"></td><td colspan="2"></td><td colspan="2"></td><td colspan="2">121 000</td></tr>
<tr><td>第一季度销售收入/元</td><td colspan="2">331 800</td><td colspan="2">221 200</td><td colspan="2"></td><td colspan="2"></td><td colspan="2">553 000</td></tr>
<tr><td>第二季度销售收入/元</td><td colspan="2"></td><td colspan="2">321 600</td><td colspan="2">214 400</td><td colspan="2"></td><td colspan="2">536 000</td></tr>
<tr><td>第三季度销售收入/元</td><td colspan="2"></td><td colspan="2"></td><td colspan="2">325 200</td><td colspan="2">216 800</td><td colspan="2">542 000</td></tr>
<tr><td>第四季度销售收入/元</td><td colspan="2"></td><td colspan="2"></td><td colspan="2"></td><td colspan="2">335 400</td><td colspan="2">335 400</td></tr>
<tr><td>合计/元</td><td colspan="2">452 800</td><td colspan="2">542 800</td><td colspan="2">539 600</td><td colspan="2">552 200</td><td colspan="2">2 087 400</td></tr>
<tr><td>期末应收账款余额/元</td><td colspan="10">223 600</td></tr>
</table>

②生产预算表。

表 3-9（b）　2023 年甲产品生产预算表　单位：件

项目	第一季度	第二季度	第三季度	第四季度	合计
预计销售量	1 500	1 200	1 000	1 300	5 000
加：期末存货	800	1 000	1 000	1 100	1 100
减：期初存货	180	800	1 000	1 000	180
预计生产量	2 120	1 400	1 000	1 400	5 920

表 3-10(b) 2023 年乙产品生产预算表 单位:件

项目	第一季度	第二季度	第三季度	第四季度	合计
预计销售量	800	1 000	1 200	1 000	4 000
加:期末存货	180	200	150	100	100
减:期初存货	100	180	200	150	100
预计生产量	880	1 020	1 150	950	4 000

③材料采购预算表和应付账款预算表。

表 3-11(b) 2023 年 A 材料采购预算表

项目	第一季度	第二季度	第三季度	第四季度	全年
甲产品产量/件	2 120	1 400	1 000	1 400	5 920
甲产品单耗/(千克/件)	20	20	20	20	20
甲产品材料耗用量/千克	42 400	28 000	20 000	28 000	118 400
乙产品产量/件	880	1 020	1 150	950	4 000
乙产品单耗/(千克/件)	18	18	18	18	18
乙产品材料耗用量/千克	15 840	18 360	20 700	17 100	72 000
合计材料耗用量/千克	58 240	46 360	40 700	45 100	190 400
加:期末存货/千克	11 000	9 000	8 000	10 000	10 000
减:期初存货/千克	12 000	11 000	9 000	8 000	12 000
预计购料量/千克	57 240	44 360	39 700	47 100	188 400
计划单价/(元/千克)	2.5	2.5	2.5	2.5	2.5
预计采购金额/元	143 100	110 900	99 250	117 750	471 000

表 3-12(b) 2023 年 B 材料采购预算表

项目	第一季度	第二季度	第三季度	第四季度	全年
甲产品产量/件	2 120	1 400	1 000	1 400	5 920
甲产品单耗/(千克/件)	12	12	12	12	12
甲产品材料耗用量/千克	25 440	16 800	12 000	16 800	71 040
乙产品产量/件	880	1 020	1 150	950	4 000
乙产品单耗/(千克/件)	10	10	10	10	10
乙产品材料耗用量/千克	8 800	10 200	11 500	9 500	40 000
合计材料耗用量/千克	34 240	27 000	23 500	26 300	111 040
加:期末存货/千克	1 500	2 500	2 200	2 000	2 000
减:期初存货/千克	8 000	1 500	2 500	2 200	8 000
预计购料量/千克	27 740	28 000	23 200	26 100	105 040

续表

项目	一季度	二季度	三季度	四季度	全年
计划单价/(元/千克)	5.2	5.2	5.2	5.2	5.2
预计采购金额/元	144 248	145 600	120 640	135 720	546 208
甲乙采购金额合计/元	287 348	256 500	219 890	253 470	1 017 208

表 3-13(b)　2023 年应付账款预算表　单位:元

项目	金额及发生额	第一季度	第二季度	第三季度	第四季度
期初应付账款余额	98 000	98 000			
第一季度采购额	287 348	143 674	143 674		
第二季度采购额	256 500		128 250	128 250	
第三季度采购额	219 890			109 945	109 945
第四季度采购额	253 470				126 735
期末应付账款余额	126 735				
合计	988 473	241 674	271 924	238 195	236 680

④直接人工预算表。

表 3-14(b)　2023 年甲产品直接人工预算表

摘要	全年甲产品	第一季度	第二季度	第三季度	第四季度
预计生产量/件 标准工时/(小时/件)	5 920 10	2 120 10	1 400 10	1 000 10	1 400 10
预计工时/小时 标准工资率/(元/小时)	59 200 5	21 200 5	14 000 5	10 000 5	14 000 5
直接人工成本总额/元	296 000	106 000	70 000	50 000	70 000

表 3-15(b)　2023 年乙产品直接人工预算表

摘要	全年乙产品	第一季度	第二季度	第三季度	第四季度
预计生产量/件 标准工时/(小时/件)	4 000 15	880 15	1 020 15	1 150 15	950 15
预计工时/小时 标准工资率/(元/小时)	60 000 5	13 200 5	15 300 5	17 250 5	14 250 5
直接人工成本总额/元	300 000	66 000	76 500	86 250	71 250

表 3-16(b) 2023 年直接人工总预算表

摘要	甲产品	乙产品	全年
预计生产量/件	5 920	4 000	
标准工时/(小时/件)	10	15	
预计工时/小时	59 200	60 000	119 200
标准工资率/(元/小时)	5	5	5
直接人工成本总额/元	296 000	300 000	596 000

⑤制造费用预算表。

表 3-17(b) 2023 年制造费用预算表(方法 1)

项目		甲产品	乙产品	合计
变动费用	预计工时/小时	59 200	60 000	
	标准分配率/(元/小时)	0.95	0.8	
	小计/元	56 240	48 000	104 240
固定费用/元		29 200	26 560	55 760
合计/元		85 440	74 560	160 000
减:折旧费/元		15 000	10 000	25 000
付现费用/元		70 440	64 560	135 000
制造费用预计每季现金支出总额/元		33 750		

表 3-18(b) 2023 年甲产品制造费用预算表(方法 2)

甲产品		第一季度	第二季度	第三季度	第四季度	全年
变动费用	预计工时/小时	21 200	14 000	10 000	14 000	59 200
	标准分配率/(元/小时)	0.95	0.95	0.95	0.95	0.95
	小计/元	20 140	13 300	9 500	13 300	56 240
固定费用/元		7 300	7 300	7 300	7 300	29 200
合计/元		27 440	20 600	16 800	20 600	85 440
减:折旧费/元		3 750	3 750	3 750	3 750	15 000
付现费用/元		23 690	16 850	13 050	16 850	70 440
制造费用预计/元		23 690	16 850	13 050	16 850	70 440

表 3-19(b) 2023 年乙产品制造费用预算表(方法 2)

乙产品		第一季度	第二季度	第三季度	第四季度	全年
变动费用	预计工时/小时	13 200	15 300	17 250	14 250	60 000
	标准分配率/(元/小时)	0.8	0.8	0.8	0.8	0.8
	小计/元	10 560	12 240	13 800	11 400	48 000

续表

乙产品	一季度	二季度	三季度	四季度	全年
固定费用/元	6 640	6 640	6 640	6 640	26 560
合计/元	17 200	18 880	20 440	18 040	74 560
减：折旧费/元	2 500	2 500	2 500	2 500	10 000
付现费用/元	14 700	16 380	17 940	15 540	64 560
制造费用预计/元	14 700	16 380	17 940	15 540	64 560
甲乙合计现金支出/元	38 390	33 230	30 990	32 390	135 000

⑥产品成本预算及期末存货预算表。

表 3-20(b) 2023 年产品成本预算及期末存货预算表

成本项目		甲产品				乙产品			
直接材料	项目	单耗/（千克/件）	单价/（元/千克）	单位/成本（元/件）	生产成本/元	单耗/（千克/件）	单价/（元/克）	单位/成本（元/件）	生产成本/元
	A材料	20	2.5	50	296 000	18	2.5	45	180 000
	B材料	12	5.2	62.4	369 408	10	5.2	52	208 000
直接人工		标准工时/（小时/件）	标准工资率/（元/小时）	单位成本/（元/件）	成本/元	标准工时/（小时/件）	标准工资率/（元/小时）	单位成本/（元/件）	成本/元
		10	5	50	296 000	15	5	75	300 000
变动制造费用		标准工时/（小时/件）	标准分配率/（元/小时）	单位成本/（元/件）	成本/元	标准工时/（小时/件）	标准分配率/（元/小时）	单位成本/（元/件）	成本/元
		10	0.95	9.5	56 240	15	0.8	12	48 000
合计				171.9	1 017 648			184	736 000

期末存货预算	摘要	甲产品	乙产品	合计
	期末存货数量/件	1 100	100	
	标准成本/（元/件）	171.9	184	
	期末存货金额/元	189 090	18 400	207 490

⑦销售及管理费用预算表。

表 3-21(b) 2023 年销售及管理费用预算表(方法 1)

摘要	甲产品	乙产品	合计
预计销售量/件	5 000	4 000	
单位变动费用/元	1	6.25	
预计变动费用/元	5 000	25 000	30 000
预计固定费用/元	10 000	80 000	90 000
合计/元	15 000	105 000	120 000
预计每季现金支出总额/元	30 000		

表 3-22(b) 2023 年甲产品销售及管理费用预算表(方法 2)

甲产品	第一季度	第二季度	第三季度	第四季度	全年
预计销售量/件	1 500	1 200	1 000	1 300	5 000
单位变动费用/元	1	1	1	1	1
预计变动费用/元	1 500	1 200	1 000	1 300	5 000
预计固定费用/元	2 500	2 500	2 500	2 500	10 000
合计/元	4 000	3 700	3 500	3 800	15 000
预计每季现金支出总额/元	4 000	3 700	3 500	3 800	15 000

表 3-23(b) 2023 年乙产品销售及管理费用预算表(方法 2)

乙产品	第一季度	第二季度	第三季度	第四季度	全年
预计销售量/件	800	1 000	1 200	1 000	4 000
单位变动费用/元	6.25	6.25	6.25	6.25	6.25
预计变动费用/元	5 000	6 250	7 500	6 250	25 000
预计固定费用/元	20 000	20 000	20 000	20 000	80 000
合计/元	25 000	26 250	27 500	26 250	105 000
预计每季现金支出总额/元	25 000	26 250	27 500	26 250	105 000
甲乙合计/元	29 000	29 950	31 000	30 050	120 000

(2)资料二

1)销售预算

HS 公司只生产甲产品一种产品，经预测，2023 年甲产品每个季度的销售量依次为 2 000 件、2 500 件、3 000 件、3 500 件，甲产品的销售单价为 200 元/件。根据以往的经验，每季度销售收入的 50%可于当季收到，其余的 50%于下一季度收到。假定 2022 年底应收账款的金额为 30 000 元。

a. 要求

①根据以上资料，编制销售预算表。

②计算 2023 年末应收账款。

b. 解析

①编制销售预算表,见表 3-24。

表 3-24　销售预算表

摘要		第一季度	第二季度	第三季度	第四季度	全年
预计销售量/件		2 000	2 500	3 000	3 500	11 000
预计销售单价/(元/件)		200	200	200	200	200
预计销售收入/元		400 000	500 000	600 000	700 000	2 200 000
预计现金收入	年初应收账款余额/元	30 000				30 000
	第一季度销售收入/元	200 000	200 000			400 000
	第二季度销售收入/元		250 000	250 000		500 000
	第三季度销售收入/元			300 000	300 000	600 000
	第四季度销售收入/元				350 000	350 000
	现金收入合计/元	230 000	450 000	550 000	650 000	1 880 000

②计算 2023 年末应收账款。

2023 年末应收账款=700 000 × 50%=350 000(元)

2)生产预算

HS 公司各季末产成品的存货量按下季度销售量的 10%计算,各季度期初存货量与上季度期末存货量相等,2023 年初的产品存货为 200 件,2024 年第一季度的预计销售量为 4 000 件。

a. 要求

根据销售预算表和上述资料编制生产预算表。

b. 解析

编制生产预算表,见表 3-25。

表 3-25　生产预算表　　单位:件

摘要	第一季度	第二季度	第三季度	第四季度	全年
预计销售量	2 000	2 500	3 000	3 500	11 000
加:预计期末存货量	250	300	350	400	400
预计需要量合计	2 250	2 800	3 350	3 900	11 400
减:期初存货量	200	250	300	350	200
预计生产量	2 050	2 550	3 050	3 550	11 200

3)直接材料预算

HS 公司生产甲产品只需耗用 A 材料,假定单位产品耗用 A 材料 8 千克,每单位材料的成本为 10 元。根据以往经验,季末材料存货量相当于下季生产用量的 10%,每季度材料采购款的 50%于当季支付，其余的 50%于下季支付，预计 2023 年初、年末材料库存量分别为 2 000 千克和 3 200 千克，预计 2023 内各季期初材料库存量与上季末材料库存量相同，2023 年初应付材料账款为 55 000 元，在第一季度全部支付。

a. 要求

①根据生产预算表及上述资料，编制直接材料预算表。

②计算 2023 年末应付账款。

b. 解析

①编制直接材料预算表，见表 3-26。

表 3-26　直接材料预算表

摘要		第一季度	第二季度	第三季度	第四季度	全年
预计生产量/件		2 050	2 550	3 050	3 550	11 200
材料单耗定额/(千克/件)		8	8	8	8	8
生产用量/千克		16 400	20 400	24 400	28 400	89 600
加：预计期末库存量/千克		2 040	2 440	2 840	3 200	3 200
材料需要量/千克		18 440	22 840	27 240	31 600	92 800
减：预计期初库存量/千克		2 000	2 040	2 440	2 840	2 000
材料采购量/千克		16 440	20 800	24 800	28 760	90 800
材料单位成本/(元/千克)		10	10	10	10	10
预计材料采购金额/元		164 400	208 000	248 000	287 600	908 000
预计现金支出	年初应付账款余额/元	55 000				55 000
	第一季度采购支出/元	82 200	82 200			164 400
	第二季度采购支出/元		104 000	104 000		208 000
	第三季度采购支出/元			124 000	124 000	248 000
	第四季度采购支出/元				143 800	143 800
	现金支出合计/元	137 200	186 200	228 000	267 800	819 200

②计算 2023 年末应付账款。

2023 年末应付账款=287 600 × 50%=143 800(元)

4)直接人工预算

2023 年，HS 公司生产甲产品，假定只有一个工种，单位产品的工时定额为 5 小时，单位工时的工资率为 10 元。

a. 要求

根据生产预算表及上述资料，编制直接人工预算表。

b. 解析

编制直接人工预算表，见表 3-27。

表 3-27 直接人工预算表

摘要	第一季度	第二季度	第三季度	第四季度	全年
预计生产量/件	2 050	2 550	3 050	3 550	11 200
单位产品工时定额/(小时/件)	5	5	5	5	5
需用直接人工总工时/小时	10 250	12 750	15 250	17 750	56 000
小时工资率/(元/小时)	10	10	10	10	10
预计直接人工成本总额/元	102 500	127 500	152 500	177 500	560 000

5)制造费用预算

2023 年 HS 公司按照变动成本法编制制造费用预算。其中变动制造费用根据预算期(2023 年)的产量、产品单位工时定额和每小时费用标准计算，折旧以外的各项制造费用均于当季付现，固定制造费用在各季平均支付。预算编制的有关定额资料见表 3-28。

表 3-28 预算编制的有关定额资料

变动制造费用	标准耗用量/(小时/件)	标准金额/(元/小时)	固定制造费用	金额/元
间接人工	5	0.2	管理人员工资	36 000
间接材料	5	0.3	保险费	28 000
维修费	5	0.12	维修费	16 000
水电费	5	0.24	折旧费	96 000

a. 要求

根据直接人工预算表及上述资料，编制制造费用预算表。

b. 解析

编制制造费用预算表，见表 3-29。

表 3-29 制造费用预算表

项目				第一季度	第二季度	第三季度	第四季度	全年
人工总工时/小时				10 250	12 750	15 250	17 750	56 000
变动制造费用	标准金额/(元/小时)	间接人工	0.2	2 050	2 550	3 050	3 550	11 200
		间接材料	0.3	3 075	3 825	4 575	5 325	16 800
		维修费	0.12	1 230	1 530	1 830	2 130	6 720
		水电费	0.24	2 460	3 060	3 660	4 260	13 440
		小计	0.86	8 815	10 965	13 115	15 265	48 160

续表

项目		第一季度	第二季度	第三季度	第四季度	全年
固定制造费用	管理人员工资/元	9 000	9 000	9 000	9 000	36 000
	保险费/元	7 000	7 000	7 000	7 000	28 000
	维修费/元	4 000	4 000	4 000	4 000	16 000
	折旧费/元	24 000	24 000	24 000	24 000	96 000
	小计/元	44 000	44 000	44 000	44 000	176 000
制造费用合计/元		52 815	54 965	57 115	59 265	224 160
减:折旧费/元		24 000	24 000	24 000	24 000	96 000
预计现金支出/元		28 815	30 965	33 115	35 265	128 160

6)产品成本预算

HS 公司按变动成本法计算财务成果,单位产品成本只包括直接材料、直接人工和变动制造费用,固定制造费用作为期间费用计入当期损益。

a. 要求

根据以上各个预算资料,编制单位产品成本预算表。

b. 解析

编制单位产品成本预算表,见表 3-30 至表 3-32。

表 3-30 单位产品生产成本预算表

成本项目	价格标准	用量标准	单位项目成本
直接材料	10 元/千克	8 千克/件	80 元/件
直接人工	10 元/小时	5 小时/件	50 元/件
变动制造费用	0.86 元/小时	5 小时/件	4.3 元/件
单位产品成本			134.3 元/件

表 3-31 期末库存产成品成本预算表

季度	第一季度	第二季度	第三季度	第四季度
期末库存量/件	250	300	350	400
单位成本/(元/件)	134.3	134.3	134.3	134.3
期末库存产品成本/元	33 575	40 290	47 005	53 720

表 3-32 生产成本及销售成本预算表 单位:元

项目	第一季度	第二季度	第三季度	第四季度	全年
直接材料	164 000	204 000	244 000	284 000	896 000
直接人工	102 500	127 500	152 500	177 500	560 000

续表

项目	第一季度	第二季度	第三季度	第四季度	全年
变动制造费用	8 815	10 965	13 115	15 265	48 160
生产成本合计	275 315	342 465	409 615	476 765	1 504 160
加:期初库存产品成本	26 860	33 575	40 290	47 005	26 860
减:期末库存产品成本	33 575	40 290	47 005	53 720	53 720
销售成本合计	268 600	335 750	402 900	470 050	1 477 300

7)销售及管理费用预算

HS公司有关销售及管理费用的定额资料见表3-33。

表3-33　销售及管理费用定额资料

变动销售及管理费用	标准价格/(元/件)	固定销售及管理费用	金额/元
销售佣金	1.6	行政管理人员工资	72 000
交通运输费	1	广告费	40 000
销售人员工资	0.4	保险费	16 000
其他	0.2	其他	8 000

a. 要求

根据生产预算表及上述资料,编制销售及管理费用预算表。

b. 解析

编制销售及管理费用预算表,见表3-34。

表3-34　销售及管理费用预算表

项目		第一季度	第二季度	第三季度	第四季度	全年
预计销售量/件		2 000	2 500	3 000	3 500	11 000
变动销售及管理费用	销售佣金/元	3 200	4 000	4 800	5 600	17 600
	交通运输费/元	2 000	2 500	3 000	3 500	11 000
	销售人员工资/元	800	1 000	1 200	1 400	4 400
	其他/元	400	500	600	700	2 200
	小计/元	6 400	8 000	9 600	11 200	35 200
固定销售及管理费用	行政管理人员工资/元	18 000	18 000	18 000	18 000	72 000
	广告费/元	10 000	10 000	10 000	10 000	40 000
	保险费/元	4 000	4 000	4 000	4 000	16 000
	其他/元	2 000	2 000	2 000	2 000	8 000
	小计/元	34 000	34 000	34 000	34 000	136 000
销售及管理费用合计/元		40 400	42 000	43 600	45 200	171 200

续表

项目	第一季度	第二季度	第三季度	第四季度	全年
减:折旧费/元	0	0	0	0	0
预计现金支出/元	40 400	42 000	43 600	45 200	171 200

任务二 专门决策预算编制

一、理论回顾

专门决策预算主要是长期投资预算(又称资本支出预算)。专门决策预算通常是指与项目投资决策相关的专门预算,它往往涉及长期建设项目的资金投放与筹集,并经常跨越多个年度。编制专门决策预算的依据是项目财务可行性分析资料以及企业筹资决策资料。

专门决策预算能准确反映项目资金投资支出与筹资计划,它同时也是编制现金预算和预计资产负债表的依据。

二、实训目标

通过实训,使学生进一步把握企业专门决策预算的编制基础;通过专门决策预算的编制,进一步认识 Excel 电子表在财务管理中的重要性及其在解决实际工作中的相关问题方面的作用,培养学生严谨求实的工作作风。

三、实训项目

1. 实训目的

能够根据给定的条件,进行专门决策预算编制。

2. 项目资料

(1)资料一

SL 公司的业务预算资料见任务一的资料一。SL 公司的其他现金收支情况如下。

①第一季度末支付上年度(2022 年)应付所得税 71 942 元,计划年度(2023 年)各季度末预付当季所得税 20 000 元。

②第三季度购置固定设备 1 台,价值 50 000 元,预计可使用 5 年。

1)要求

完成专门决策预算编制,将表 3-35(a)填写完整(部分数据需从任务三资料一给定资料中获得)。

表 3-35(a) 2023 年专门决策预算表 单位:元

项目	第一季度	第二季度	第三季度	第四季度	合计
购入固定资产					

续表

项目	第一季度	第二季度	第三季度	第四季度	合计
支付所得税					
偿还借款					
支付利息					
短期投放					
银行借款					

2)解析

填写完整的专门决策预算表见表 3-35(b)。

表 3-35(b)　2023 年专门决策预算表

单位:元

项目	第一季度	第二季度	第三季度	第四季度	合计
购入固定资产	0	0	50 000	0	50 000
支付所得税	71 942	20 000	20 000	20 000	131 942
偿还借款	20 000	40 000	30 000	50 000	140 000
支付利息	1 750	1 500	1 000	625	4 875
短期投放	0	0	0	50 000	50 000
银行借款	120 000	0	0	0	120 000

(2)资料二

HS 公司的业务预算资料见任务一的资料二。HS 公司为提高产品的产量和质量,经决策分析,决定于 2023 年第一季度购置可使用 5 年的车床 1 台,计 40 000 元,期满残值 2 000 元;第三季度购置可使用 10 年的磨床 3 台,合计 70 000 元,每台期满残值 1 000 元;第四季度购置使用年限 10 年的铣床 1 台,计 30 000 元,期满残值 1 500 元。

1)要求

根据以上资料,编制资本支出预算表。

2)解析

编制资本支出预算表,见表 3-36。

表 3-36　资本支出预算表

资本支出项目	第一季度	第二季度	第三季度	第四季度	全年
车床(1 台)/元	40 000	0	0	0	40 000
磨床(3 台)/元	0	0	70 000	0	70 000
铣床(1 台)/元	0	0	0	30 000	30 000
合计/元	40 000	0	70 000	30 000	140 000

任务三 财务预算编制

一、理论回顾

1. 现金预算的编制

现金预算是以业务预算和专门决策预算为依据编制的,是专门反映预算期内预计现金收入与现金支出情况以及为满足理想现金余额而进行筹资或归还借款等的预算。现金预算由可供使用现金、现金支出、现金余缺、现金筹措与运用4部分构成。

可供使用现金=期初现金余额+现金收入

现金余缺=可供使用现金-现金支出

期末现金余额=现金余缺+现金筹措-现金运用

其中,期初现金余额是在编制预算时预计的,下一季度的期初现金余额等于上一季度的期末现金余额,全年的期初现金余额指的是年初的现金余额,所以等于第一季度的期初现金余额。现金收入的主要来源是销货取得的现金收入,销货取得的现金收入数据来自销售预算。现金支出部分包括预算期的各项现金支出。相关数据来自直接材料预算、直接人工预算、制造费用预算、销售及管理费用预算等。此外,现金支出还包括所得税费用、股利分配等,相关数据分别来自另行编制的专门预算。

2. 利润表预算的编制

预计利润表用来综合反映企业在预算期的预计经营成果,是企业最主要的财务预算表之一。通过编制利润表预算,企业可以了解预期的盈利水平。如果预算利润与目标利润有较大的不一致,就需要调整部门预算,设法达到目标,或者经企业领导同意后修改目标利润。编制预计利润表的依据是各业务预算、专门决策预算和现金预算。

其中,销售收入项目的数据来自销售预算;销售成本项目的数据来自产品成本预算;毛利项目的数据是前两个项目的数据的差额;销售及管理费用项目的数据来自销售及管理费用预算;利息项目的数据来自现金预算。

另外,所得税费用项目是在利润规划时估计的,并已列入现金预算。它通常不是根据利润总额和所得税税率计算出来的,因为有诸多纳税调整的事项存在。此外,从预算编制程序上看,如果根据利润总额和所得税税率重新计算所得税,就需要修改现金预算,引起信贷计划修订,进而改变利息,最终又要修改利润总额,从而陷入数据的修改循环。

3. 资产负债表预算的编制

预计资产负债表用来反映企业在预算期末的预计财务状况。编制预计资产负债表的目的在于判断预算反映的财务状况的稳定性和流动性。如果通过对预计资产负债表的分析,发现某些财务比率不佳,必要时就可修改有关预算,以改善财务状况。预计资产负债表的编制需以预算期开始日的资产负债表为基础,结合预算期各项业务预算、专门决策预算、现金预算和利润表预算进行编制。它是编制全面预算的终点。

二、实训目标

通过实训,使学生进一步掌握财务预算的编制方法,熟悉 Excel 软件在财务预算中的一般操作方法以及相关工具的运用;进一步认识 Excel 电子表格在财务管理中的重要性及其在解决实际工作中的相关问题方面的作用,培养学生严谨求实的工作作风。

三、实训项目

1. 实训目的

能够根据给定的条件,进行财务预算编制。

2. 项目资料

(1)资料一

SL 公司的相关预算资料同任务一、任务二中的资料一。SL 公司的其他现金收支情况如下。

①基期年末资产负债表上的银行借款 20 000 元,期限为 6 个月,于计划年度(2023 年)的第一季度末到期,年利率为 5%。

②SL 公司要求的现金最低存量为 20 000 元,不足可向银行借款,借款利率按 5%计算,在还款时付息(假定所有借款都发生在每季初,而所有还款均发生在每季末,银行借款的还款以 10 000 元为起点)。

③根据计划年度的现金收支情况,预计第一季度须向银行借款 120 000 元,第二、三、四季度分别可归还借款 40 000 元、30 000 元和 50 000 元,第四季度尚有剩余资金 50 000 元用于对外进行短期投资。

④所有旧设备计划年度计提的折旧为 22 500 元。

1)要求

完成财务预算编制,将表 3-37(a)至表 3-39(a)填写完整。

表 3-37(a)　2023 年现金预算表　　单位:元

项目	第一季度	第二季度	第三季度	第四季度	合计
期初现金余额 加:现金收入 可动用现金合计					
减:现金支出 采购材料 支付工资 制造费用 销售及管理费用 购置固定设备 支付所得税 现金支出合计					
收支相抵					

续表

项目	第一季度	第二季度	第三季度	第四季度	合计
融通资金： 向银行借款 归还借款 支付利息 短期投资 融通资金合计					
期末现金余额					

表 3-38(a) 2023 年预计利润表 单位：元

项目	金额
销售收入	
减：变动成本 变动生产成本 变动销售及管理费用	
贡献边际总额	
减：固定成本 固定制造成本 固定销售及管理费用	
息税前利润	
减：利息费用	
税前利润	
减：所得税	
税后利润	

表 3-39(a) 2023 年预计资产负债表 单位：元

资产项目	金额	权益项目	金额
现金 应收账款 原材料 产成品 短期投资 固定资产 累计折旧		 短期借款 应付账款 应付税金 实收资本 未分配利润	
资产合计		权益合计	

2）解析

编制财务预算，见表 3-37(b)至表 3-39(b)。

表 3-37(b)　2023 年现金预算表

单位:元

项目	第一季度	第二季度	第三季度	第四季度	合计
期初现金余额	30 000	28 044	27 740	29 905	30 000
加:现金收入	452 800	542 800	539 600	552 200	2 087 400
可动用现金合计	482 800	570 844	567 340	582 105	2 117 400
减:现金支出					
采购材料	241 674	271 924	238 195	236 680	988 473
支付工资	172 000	146 500	136 250	141 250	596 000
制造费用	38 390	33 230	30 990	32 390	135 000
销售及管理费用	29 000	29 950	31 000	30 050	120 000
购置固定设备	0	0	50 000	0	50 000
支付所得税	71 942	20 000	20 000	20 000	131 942
现金支出合计	553 006	501 604	506 435	460 370	2 021 415
收支相抵	(70 206)	69 240	60 905	121 735	95 985
融通资金:					
向银行借款	120 000				120 000
归还借款	20 000	40 000	30 000	50 000	140 000
支付利息	1 750	1 500	1 000	625	4 875
短期投资				5 0000	50 000
融通资金合计	98 250	(41 500)	(31 000)	(100 625)	(74 875)
期末现金余额	28 044	27 740	29 905	21 110	21 110

表 3-38(b)　2023 年预计利润表

单位:元

项目	金额
销售收入	2 190 000
减:变动成本	1 625 500
变动生产成本	1 595 500
变动销售及管理费用	30 000
贡献边际总额	564 500
减:固定成本	145 760
固定制造成本	55 760
固定销售及管理费用	90 000
息税前利润	418 740
减:利息费用	4 875
税前利润	413 865
减:所得税	80 000
税后利润	333 865

表 3-39(b) 2023 年预计资产负债表 单位:元

资产项目	金额	权益项目	金额
现金	21 110		
应收账款	223 600	短期借款	0
原材料	35 400	应付账款	126 735
产成品	207 490	应付税金	0
短期投资	50 000	实收资本	370 000
固定资产	559 000	未分配利润	399 865
累计折旧	(200 000)		
资产合计	896 600	权益合计	896 600

(2)资料二

1)现金预算

相关预算资料同任务一、任务二中的资料二。

HS 公司按照年分季编制现金预算,假设 2023 年初现金余额为 50 000 元,最低现金限额为 10 000 元。另外,获得银行 3 月期贷款授信额度 500 000 元,年利率为 10%,贷款额为 10 000 的倍数,每季初借入,下季末归还 40%的本金及对应利息,剩余 60%本金和利息在最后一个季末支付,假设每季度预交所得税为 10 000 元,预付股利为 10 000 元。

a. 要求

根据以上资料,编制现金预算表。

b. 解析

编制现金预算表,见表 3-40。

表 3-40 现金预算表 单位:元

摘要	资料来源	第一季度	第二季度	第三季度	第四季度	全年
期初现金余额		50 000	11 085	12 420	15 205	50 000
加:销售现金收入	表 3-24	230 000	450 000	550 000	650 000	1 880 000
可动用现金合计		280 000	461 085	562 420	665 205	1 968 710
减:现金支出						
直接材料	表 3-26	137 200	186 200	228 000	267 800	819 200
直接人工	表 3-27	102 500	127 500	152 500	177 500	560 000
制造费用	表 3-29	28 815	30 965	33 115	35 265	128 160
销售及管理费用	表 3-34	40 400	42 000	43 600	45 200	171 200
资本支出	表 3-36	40 000	0	70 000	30 000	140 000
支付所得税		10 000	10 000	10 000	10 000	40 000
支付股利		10 000	10 000	10 000	10 000	40 000
现金支出合计		368 915	406 665	547 215	575 765	1 898 560
现金余缺		−88 915	54 420	15 205	89 440	70 150
向银行借款(年利率 10%)		100 000				100 000

续表

摘要	资料来源	第一季度	第二季度	第三季度	第四季度	全年
归还借款			40 000		60 000	100 000
支付借款利息			2 000		6 000	8 000
期末现金余额		11 085	12 420	15 205	23 440	23 440

2)预计利润表

HS公司的预计利润表按照变动成本法编制(贡献式损益表),2023年业务预算及专门决策预算相关数据见表3-24至表3-27、表3-29、表3-32、表3-34及表3-40。

a.要求

根据以上资料,编制预计利润表。

b.解析

编制预计利润表,见表3-41。

表3-41　预计利润表　　单位:元

摘要	资料来源	第一季度	第二季度	第三季度	第四季度	全年
预计销售收入	表3-24	400 000	500 000	600 000	700 000	2 200 000
减:变动成本						
变动生产成本	表3-32	268 600	335 750	402 900	470 050	1 477 300
变动销售及管理费用	表3-34	6 400	8 000	9 600	11 200	35 200
小计		275 000	343 750	412 500	481 250	1 512 500
边际贡献总额		125 000	156 250	187 500	218 750	687 500
减:固定成本						
固定制造费用	表3-29	44 000	44 000	44 000	44 000	176 000
固定销售及管理费用	表3-34	34 000	34 000	34 000	34 000	136 000
小计		78 000	78 000	78 000	78 000	312 000
营业利润		47 000	78 250	109 500	140 750	375 500
减:利息	表3-40		2 000		6 000	8 000
税前利润		47 000	76 250	109 500	134 750	367 500
减:所得税		10 000	10 000	10 000	10 000	40 000
净利润		37 000	66 250	99 500	124 750	327 500

3)预计资产负债表

HS公司预算期初(2022年)的资产负债表见表3-42。

表 3-42　2022 年资产负债表(简表)　单位:元

资产		负债	
项目	金额	项目	金额
流动资产:		流动负债:	
货币资金	50 000	应付账款	55 000
应收账款	30 000		
材料存货	20 000		
产成品存货	26 860		
合计	126 860	合计	55 000
固定资产:		所有者权益:	
土地	250 000	普通股股本	400 000
房屋及折旧	550 000	留存收益	271 860
累计折旧	−200 000		
合计	600 000	合计	671 860
资产总计	726 860	负债及所有者权益总计	726 860

a. 要求

根据以上资料,编制预计资产负债表。

b. 解析

编制预计资产负债表,见表 3-43。

表 3-43　预计资产负债表　单位:元

资产		负债	
项目	金额	项目	金额
流动资产:		流动负债:	
货币资金	23 440	应付账款	143 800
应收账款	350 000		
材料存货	32 000		
产成品存货	53 720		
合计	459 160	合计	143 800
固定资产:		所有者权益:	
土地	250 000	普通股股本	400 000
房屋及折旧	690 000	留存收益	559 360
累计折旧	−296 000		
合计	644 000	合计	959 360
资产总计	1 103 160	负债及所有者权益总计	1 103 160

任务四　实训技能考核

一、考核目标

结合案例资料有效进行资金需求量的预测，提高学生分析问题与解决问题的能力、独立思考能力、实际操作能力及合作能力。

二、考核要求

本次考核总分为100分，具体评定细则为：

①遵守考核纪律，学习积极主动，与现场考勤与考查结合（10分）；

②掌握Excel软件的基本操作，现场逐人考查基本操作（10分）；

③能用Excel软件编制全面预算，电子表格设计合理、数据正确，现场逐人考查基本操作（80分）。

三、考核案例

（一）业务预算

1. 背景资料

H集团是一家仪器设备生产企业，有若干子公司，其中H仪器设备有限公司（以下简称"H公司"）是H集团的一个投资中心，专门负责教学仪器设备的生产。

2021年12月，H公司财务、管理、销售、生产等部门拟编制2022年度预算底稿。具体资料如下。

（1）管理层决策

2022年H公司只生产一种产品，售价为500元/件。鉴于该产品仍处于新产品投放阶段，预计同类产品差别不大，需求弹性大、市场前景光明，所以定价较低，以便产品迅速占领市场，争取客户。

（2）销售部测算

该产品预计全年销量2 600件，每季度分别为500件、500件、800件、800件。2022年年初应收账款余额为98 000元，第一季度收回。预计计划年度的销售收入当季收现60%，下一季度收现40%。

（3）生产部测算

①公司历年各季度期末产成品存货数量按照下季度销售量的10%确定，预计2022年末结存产成品100件。

②公司历年各季度期末材料用量根据下季度生产需要量的10%确定，预计2022年末结存生产材料1 000千克。材料定额单耗为10千克/件，材料单价为15元/千克，2022年初材料应付账款余额为40 000元，第一季度偿付。计划年度的材料款当季支付60%，下一季度支付剩下的40%。

③预计单位产品用工 10 小时/件，工资率为 15 元/小时。预计单位产品变动制造费用为：间接人工，3 元/件；间接材料，2 元/件；修理费，1 元/件；水电费，1 元/件。预计固定制造费用耗费明细为：修理费，1 200 元/季度；车间主管人员工资，12 000 元/季度；租赁费，1 825 元/季度；折旧费，第一、二、三季度均为 4 750 元/季度，第四季度为 5 150 元/季度。变动制造费用和固定制造费用均按照生产工人工时分配。

④因生产需要，2022 年 9 月底计划购入不需要安装的设备 1 台，价值 24 000 元，预计使用年限为 15 年，净残值率为零。

（4）销售及管理部门测算

销售人员工资，42 000 元/年；广告费，10 000 元/年；运输费，10 220 元/年。管理人员工资，100 000 元/年；福利费，12 000 元/年；保险费，24 000 元/年；办公费，12 000 元/年。预计销售和管理费用在年度内均匀发生。

此外，预测 2021 年末材料的采购单价采用的数据与 2022 年材料的采购单价预算一致，预测 2021 年末产成品的直接材料、直接人工、制造费用的单位产品成本采用的数据和 2022 年产品成本预算的单位产品成本一致。

预计 2022 年需要支付的直接人工、制造费用、销售及管理费用、设备购置费均于当季支付。

2. 要求

①请根据销售部的测算，完成 2022 年销售预算的编制（表 3-44）。

表 3-44 销售预算及预计现金收入表

季度	一	二	三	四	全年
预计销售量/件					
预计单位售价/（元/件）					
销售收入/元					
上年应收账款收现/元					
第一季度销售收现/元					
第二季度销售收现/元					
第三季度销售收现/元					
第四季度销售收现/元					
现金收入合计/元					

②请根据生产部的测算，完成 2022 年生产预算的编制（表 3-45）。

表 3-45 生产预算表

单位：件

季度	一	二	三	四	全年
预计销售量					
预计期末产成品存货					

续表

季度	一	二	三	四	全年
预计期初产成品存货					
预计生产量					

③请根据生产部的测算，完成2022年直接材料预算的编制（表3-46）。

表3-46　直接材料预算表

季度	一	二	三	四	全年
预计生产量/件					
单位产品材料耗用量/（千克/件）					
生产需用量/千克					
预计期末存量/千克					
预计期初存量/千克					
预计材料采购量/千克					
材料单价/（元/千克）					
预计采购金额/元					
上年应付账款付现/元					
第一季度购料付现/元					
第二季度购料付现/元					
第三季度购料付现/元					
第四季度购料付现/元					
现金支出合计/元					

④请根据生产部的测算，完成2022年直接人工预算、制造费用预算的编制（表3-47、表3-48）。

表3-47　直接人工预算表

季度	一	二	三	四	全年
预计生产量/件					
单位产品工时/（小时/件）					
人工总工时/小时					
每小时人工成本/（元/小时）					
人工总成本/元					

表 3-48 制造费用预算表

单位:元

季度	一	二	三	四	全年
间接人工费					
间接材料					
修理费					
水电费					
变动制造费用小计					
修理费					
折旧					
主管人员工资					
租赁费					
固定制造费用小计					
制造费用合计					
付现制造费用					

⑤请根据生产部的测算,完成 2022 年产品成本预算的编制(表 3-49、表 3-50)。

表 3-49 产品信息表

项目	单位价格	价格单位	单位投入量	投入量单位	单位产品成本/(元/件)
直接材料					
直接人工					
变动制造费用					
固定制造费用					
合计(仅需填写最后一列)					

表 3-50 产品成本预算表

项目	单位产品成本/(元/件)	年初产品成本/元	本年生产成本/元	本年销货成本/元	年末产品成本/元
直接材料					
直接人工					
变动制造费用					
固定制造费用					
合计					

⑥请根据销售及管理部门的测算,完成 2022 年销售及管理费用预算的编制(表 3-51)。

表 3-51　销售及管理费用预算表　单位:元

项目	一	二	三	四	全年
销售人员工资					
广告费					
运输费					
销售费用小计					
管理人员工资					
福利费					
保险费					
办公费					
管理费用小计					
合计					

(二)财务预算

1. 背景资料

①因生产经营需要，H 公司每季末现金余额不能低于 10 万元。当季末现金余额低于 10 万元时,向银行借入流动资金,借款金额为 1 万元的整数倍。借款季初取得,每季末支付当季利息,季度利率为 2%。当季末现金余额高于 10 万元时,高出部分按 1 万元的整数倍偿还流动资金借款,季末偿还。预计 H 公司 2022 年初现金余额为 124 000 元。

②预计 H 公司 2022 年每季度缴纳所得税费用为 10 379 元。

③H 公司 2022 年长期借款期初余额为 50 000 元,系 2021 年 1 月 1 日向银行借入的为期 4 年的借款,每年末付息,到期归还本金,银行借款年利率为 10%。

④根据股东会的决议，H 公司预计在 2022 年 4 月份向股东发放 2021 年已宣告但尚未发放的现金股利 50 000 元。

⑤H 公司 2022 年初固定资产账面原价为 680 000 元,系 2017 年 12 月底购入的房屋建筑物及一批机器设备。其中房屋建筑物账面原价 600 000 万元,预计使用年限为 40 年;机器设备账面原价为 80 000 元,预计使用年限为 20 年。房屋建筑物及机器设备净残值率均为零,按照直线法折旧。且该房屋建筑物和机器设备此前未计提过减值准备,未发生过固定资产处置及盘亏盘盈相关业务。

⑥预计 2022 年实收资本年初和年末的金额均为 650 000 元,盈余公积年初余额为 13 200 元,预计按照净利润的 10%提取盈余公积。

2. 要求

①请在业务预算的基础上,结合背景资料相关信息,完成现金预算的编制(表 3-52)。

表 3-52　现金预算表　单位:元

季度	一	二	三	四	全年
期初现金余额					

续表

季度	一	二	三	四	全年
销货现金收入					
可使用现金					
直接材料					
直接人工					
制造费用					
销售及管理费用					
所得税费用					
购买设备					
支付股利					
支出合计					
现金多余或不足					
向银行借款					
还银行借款					
支付借款利息					
期末现金余额					

②请在业务预算的基础上,结合背景资料相关信息,基于完全成本法完成预计利润表的编制(表 3-53)。

表 3-53 预计利润表 单位:元

项目	一	二	三	四	金额
营业收入					
减:营业成本					
销售费用					
管理费用					
财务费用					
利润总额					
减:所得税费用					
净利润					

③请在业务预算的基础上,结合背景资料相关信息,完成预计资产负债表的编制(表 3-54)。

表 3-54　预计资产负债表　　单位:元

资产	年初余额	年末余额	负债及所有者权益	年初余额	年末余额
货币资金			应付票据及应付账款		
应收票据及应收账款			其他应付款		
存货			流动负债合计		
流动资产合计			长期借款		
			非流动负债合计		
			负债合计		
			实收资本		
			盈余公积		
固定资产			未分配利润		
非流动资产合计			所有者权益合计		
资产合计			负债及所有者权益合计		

模块四　项目投资决策实训

导言

企业的各级决策者经常要做出与资本投资相关的重大决策。在进行投资决策时，他们必须在不同方案之间做出某些选择。在激烈的市场竞争下，任何选择都具有一定的风险。因此，项目策划和决策阶段的工作是项目投资的首要环节和重要方面，对投资项目的经济、社会效益有着关键性的影响。而且建设项目一般周期较长、投资较多、风险也较大，且具有不可逆转性，一旦投资下去，工程建起来了，设备安装起来了，即使发现错了，也很难更改，损失难以挽回。

任务一　项目现金流量估计

一、理论回顾

（一）项目投资概述

项目投资是对选定项目所进行的一种长期投资行为。项目投资又可分为新建项目投资和更新改造项目投资两大类型。新建项目投资以新增生产能力为目的，基本属于外延式扩大再生产；更新改造项目投资以恢复和改善生产能力为目的，基本属于内涵式扩大再生产。

1. 项目计算期及其构成

项目计算期（记作 n），是指项目从开始投资建设到最终清理结束的整个过程的全部时间，即项目的有效持续时间。项目计算期通常以年为计算单位。

项目计算期、建设期（记作 s）和营业期（记作 p）之间存在以下关系：

$$n=s+p$$

2. 项目投资资金的确定及其投入方式

反映项目投资金额的指标主要有原始投资和投资总额。原始投资是反映项目所需现实资金的价值指标。从项目投资的角度看，原始投资等于企业为使项目完全具备设计生产能力、开展正常经营活动而投入的全部现实资金。投资总额是反映项目投资总体规模的价值指标，它等于原始投资与建设期资本化利息之和。其中，建设期资本化利息是指在建设期发生的与购建项目所需的固定资产、无形资产等长期资产有关的借款利息。

项目资金的投入分为一次投入和分次投入两种方式。一次投入方式是指集中在项目计算期第一个年度的年初或年末一次性发生的投资行为；分次投入方式是指涉及两个或两个以上年度分次发生的投资行为（只涉及一个年度但分别在该年的年初和年末发生的，也属于分次投入方式）。

3. 项目投资的特点

投资数额大，投资回收时间较长；投资风险高；具有不可逆转性；项目投资决策必须严格遵守相应的投资程序。

4. 项目投资决策程序

项目投资的一般程序包括提出、可行性分析、决策评价、实施4个步骤。

（二）项目投资的现金流量及其估算

1. 现金流量的含义

由一项长期投资方案所引起的在未来一定期间所发生的现金收支，叫作现金流量（cash flow），包括现金流入量、现金流出量和现金净流量。

【提示】①在一般情况下，投资决策中的现金流量通常指现金净流量（net cash flow，NCF）；②广义现金，既指库存现金、支票、银行存款等货币性资产，也可以指相关非货币性资产（如原材料、设备等）的变现价值。

2. 考虑所得税的现金净流量

（1）基本概念

税后付现成本=营业成本−非付现成本（折旧、摊销）

税后营业收入=营业收入×（1−所得税税率）

非付现成本抵税=非付现成本（折旧、摊销）×所得税税率

折旧抵税=折旧×所得税税率

（2）考虑所得税后的新建项目的现金净流量

1）建设期现金净流量

建设期现金净流量=−原始投资

原始投资包括长期资产投资和营运资金垫支。

营运资金在建设期末投入，项目结束收回。其主要是企业生产需要的流动周转资金，这些资金是循环周转使用的，项目结束时，如数收回，因此其是垫支的。

2）营业现金净流量

营业现金净流量=营业收入−付现成本−所得税
=（营业收入−营业成本）×（1−所得税税率）+折旧
=净利润+折旧
=营业收入×（1−所得税税率）−付现成本×（1−所得税税率）+折旧×所得税税率

3）终结点现金净流量

终结点现金净流量主要包括以下几项内容：回收垫支的营运资金；固定资产残值收入；固定资产变现净损益对现金净流量的影响。

固定资产变现净损益对现金净流量的影响可用如下公式表示。

固定资产变现净损益对现金净流量的影响=（账面价值−变价净收入）×所得税税率

如果（账面价值−变价净收入）>0，则意味着发生了变现净损失，可以抵税；如果（账面价值−变价净收入）<0，则意味着发生了变现净收益，需要纳税。

【提示】如果变现时，按照税法的规定，折旧已经全部计提，则变现时固定资产账面价值

等于税法规定的净残值；如果变现时，按照税法的规定，折旧没有全部计提，则变现时固定资产账面价值等于税法规定的净残值与剩余的未计提折旧之和。

二、实训目标

通过实训，使学生加深对投资项目的周期、现金流出量和现金流入量构成的理解，熟练掌握项目建设期（投资期）、营业期和终结点现金流量的构成。

三、实训项目

（1）资料一

PH公司新建一条生产线，预计投产后第一年末、第二年末流动资产分别为40万元和50万元，结算性流动负债分别为15万元和20万元。该投资项目第三年的营业收入为60万元，付现成本为40万元，折旧额为10万元，所得税税率为25%。该公司原有A项目资产变价净收入为30万元，账面价值为40万元，所得税税率为25%。本年末PH公司正在考虑卖掉现有的1台闲置设备。该设备于8年前以5万元购入，税法规定的折旧年限为10年，按直线法计提折旧，预计净残值率为10%，目前售价为1.5万元，假设所得税税率为25%。

1）要求

①第二年新增的营运资金是多少？

②第三年的营业现金净流量是多少？

③该公司原有项目的终结点的现金净流量如何变化？

④卖出现有设备对本期现金净流量的影响是怎样的？

2）解析

①第二年新增的营运资金的计算如下。

第一年的营运资金=40–15=25（万元）

第二年的营运资金=50–20=30（万元）

第二年新增的营运资金=30–25=5（万元）

②第三年的营业现金净流量的计算如下。

第三年的营业现金净流量=（营业收入–营业成本）×（1–所得税税率）+折旧

=（60–40–10）×（1–25%）+10

=17.5（万元）

③PH公司原有项目的终结点的现金净流量变化分析如下。

变现净损益对现金净流量的影响=（账面价值–变价净收入）×所得税税率

=（40–30）×25%

=2.5（万元）

现金净流量=30+2.5=32.5（万元）

所以，该公司原有项目的终结点发生了变现净损失，损失抵税，现金净流量将增加2.5万元。

④首先，计算按税法规定折旧后的账面价值。

年折旧额=5×（1–10%）/10=0.45（万元）

累计折旧额=0.45 × 8=3.6(万元)

账面价值=5−3.6=1.4(万元)

其次,计算卖出现有设备对本期现金净流量的影响。

计算卖出现有设备对本期现金净流量的影响 = 1.5−(1.5−1.4)× 25% = 1.475(万元)

(2)资料二

某投资项目需要 3 年建成,每年初投入建设资金 90 万元,共投入 270 万元。建成投产之时,须投入营运资金 140 万元,以满足日常经营活动需要。

项目投产后,估计每年可获税后营业利润 60 万元。固定资产使用年限为 7 年,使用后第 5 年预计进行一次改良,估计改良支出为 80 万元,分两年平均摊销。

固定资产使用期满后,估计有残值净收入 11 万元,采用直线法计提折旧。项目期满时,垫支营运资金全额收回。

投资项目现金流量见表 4-1。

表 4-1 投资项目现金流量 单位:万元

项目	0	1	2	3	4	5	6	7	8	9	20	总计
固定资产价值	(90)	(90)	(90)									(270)
固定资产折旧					37	37	37	37	37	37	37	259
改良支出									(80)			(80)
改良支出摊销										40	40	80
税后营业利润					60	60	60	60	60	60	60	420
残值净收入											11	11
营运资金				(140)							140	0
总计	(90)	(90)	(90)	(140)	97	97	97	97	17	137	288	420

1)要求

计算项目各期的现金流量。

2)解析

①由于每年初投入 90 万元的资金,建设期为 3 年,故 0、1、2 这 3 期的现金流出量均为 90 万元。

②建成投产之时,须投入营运资金 140 万元,所以第 3 期现金流出量为 140 万元。

③固定资产共投入 270 万元,使用年限为 7 年,残值净收入 11 万元,使用平均年限法折旧,每年折旧额为(270−11)/7=37 万元。

项目投产后,估计每年可获税后营业利润 60 万元。

营业现金净流量=税后营业利润+非付现成本=60+37=97(万元)

所以,4、5、6、7这4期的现金流入量均为97万元。

④使用后第5年预计进行一次改良,估计改良支出为80万元,所以第8期的现金净流量为60+37−80=17万元。

⑤估计改良支出为80万元,分两年平均摊销,所以第9期营业现金净流量为60+37+40=137万元。

⑥预计残值收入为11万元,回收营运资金共计140万元,所以第10期现金净流量为60+37+40+11+140=288万元。

(3)资料三

PH公司计划增添一条生产流水线,以扩充生产能力,公司所得税税率为25%。现有甲、乙两个方案可供选择。

甲方案需要投资50万元,预计生产线使用寿命为5年,采用直线法计提折旧,预计残值为2万元。预计年销售收入为100万元,第1年付现成本为66万元,以后在此基础上每年增加维修费1万元。项目投入营运时,甲方案须垫支营运资金20万元。

乙方案需要投资75万元,预计生产线使用寿命为5年,采用直线法计提折旧,预计残值为3万元。预计年销售收入为140万元,年付现成本为105万元。项目投入营运时,乙方案须垫支营运资金25万元。

1)要求

①计算甲方案各期现金流量。

②计算乙方案各期现金流量。

2)解析

①甲方案各期现金流量见表4-2。

表4-2 甲方案营业期项目现金流量 单位:元

项目	0	1	2	3	4	5
销售收入(1)		1 000 000	1 000 000	1 000 000	1 000 000	1 000 000
付现成本(2)		660 000	670 000	680 000	690 000	700 000
折旧(3)		96 000	96 000	96 000	96 000	96 000
营业利润(4)=(1)−(2)−(3)		244 000	234 000	224 000	214 000	204 000
所得税(5)=(4)×25%		61 000	58 500	56 000	53 500	51 000
税后营业利润(6)=(4)−(5)		183 000	175 500	168 000	160 500	153 000
固定资产投资	−500 000					
营运资金垫支	−200 000					
营业现金净流量=(3)+(6)		279 000	271 500	264 000	256 500	249 000
固定资产残值						20 000
营运资金回收						200 000

续表

项目	0	1	2	3	4	5
现金流量合计	–700 000	279 000	271 500	264 000	256 500	469 000

②乙方案各期现金流量见表4-3。

表4-3　乙方案营业期项目现金流量　单位:元

项目	0	1	2	3	4	5
销售收入(1)		1 400 000	1 400 000	1 400 000	1 400 000	1 400 000
付现成本(2)		1 050 000	1 050 000	1 050 000	1 050 000	1 050 000
折旧(3)		144 000	144 000	144 000	144 000	144 000
营业利润(4)=(1)–(2)–(3)		206 000	206 000	206 000	206 000	206 000
所得税(5)=(4)×25%		51 500	51 500	51 500	51 500	51 500 154
税后营业利润(6)=(4)–(5)		154 500	154 500	154 500	154 500	154 500
固定资产投资	–750 000					
营运资金垫支	–250 000					
营业现金净流量=(3)+(6)		298 500	298 500	298 500	298 500	298 500
固定资产残值						30 000
营运资金回收						250 000
现金流量合计	–1 000 000	298 500	298 500	298 500	298 500	578 500

任务二　项目投资决策方法

一、理论回顾

(一)投资决策方法

1. 净现值法

(1)概念和公式

一个投资项目的未来现金净流量现值与原始投资额现值之间的差额为净现值(net present value,NPV)。

净现值= $\sum$各年现金净流量现值

= $\sum$未来现金净流量现值–原始投资额现值

= $\sum$未来现金流入的现值 –$\sum$未来现金流出的现值

(2)确定折现率的参考标准

确定折现率的参考标准有:

①市场利率;

②投资者希望获得的预期最低投资收益率;

③企业平均资本成本率。

(3)决策原则

① NPV ≥0,方案可行;NPV <0,方案不可取。

NPV>0,实际收益率(内含报酬率)> 必要收益率(折现率)。

NPV=0,实际收益率(内含报酬率)= 必要收益率(折现率)。

NPV<0,实际收益率(内含报酬率)< 必要收益率(折现率)。

②其他条件相同时,净现值越大,方案越好。

(4)评价

1)优点

①适用性强,能基本满足项目年限相同的互斥投资方案的决策需求;

②能灵活地考虑投资风险(设定的折现率中包含投资风险报酬率要求,能有效地考虑投资风险)。

2)缺点

①折现率不易确定,如果两个方案采用不同的折现率贴现,采用净现值法无法得出正确结论;

②不适用于独立投资方案的比较决策,如果各方案的原始投资额现值不相等,有时无法做出正确的决策——受投资规模差异的影响;

③不能对寿命期不同的互斥投资方案进行直接决策——受项目期限差异的影响。

2. 年金净流量法

(1)概念和公式

项目期间内全部现金净流量总额的总现值或总终值折算为等额年金的平均现金净流量为年金净流量(annual net cash flow,ANCF)。

$$\text{年金净流量}=\frac{\text{现金净流量总现(终)值}}{\text{年金现(终)值系数}}$$

(2)决策原则

① ANCF ≥0,方案可行。

②适用于寿命期不同的投资方案的比较,年金净流量越大,方案越好。

(3)评价

年金净流量法是净现值法的辅助方法,在各方案寿命期相同时,实质上就是净现值法。

1)优点

它适用于期限不同的(互斥)投资方案决策(与净现值法的区别),消除了项目期限的影响。

2)缺点

它不便于对原始投资额不等的独立投资方案进行决策(同净现值法),未消除项目投资规模的影响。

3. 现值指数法

（1）概念和公式

现值指数（present value index，PVI）是投资项目的未来现金净流量现值与原始投资额现值之比。

$$现值指数=\frac{未来现金净流量现值}{原始投资额现值}$$

（2）决策原则

① PVI ≥1，方案可行。

PVI≥1（即净现值≥0），实际收益率（内含报酬率）≥必要收益率（折现率）。

PVI<0，实际收益率（内含报酬率）< 必要收益率（折现率）。

②对于独立投资方案而言，现值指数越大，方案越好。

（3）评价

现值指数法是净现值法的辅助方法，在各方案原始投资额现值相同时，实质上就是净现值法。

1）优点

现值指数是一个相对数指标，反映了投资效率，它便于对原始投资额现值不同的独立投资方案进行比较和评价（与净现值法的区别），消除了投资规模差异的影响。

2）缺点

该方法未消除项目期限差异的影响。

4. 内含报酬率法

（1）概念

内含报酬率（internal rate of return，IRR），是指对投资方案未来的每年现金净流量进行贴现，使所得的现值恰好与原始投资额现值相等，从而使净现值等于零时的折现率。

这个折现率就是投资项目实际可能达到的投资收益率（预期收益率）。

该方法在计算投资方案的净现值时，以预期投资报酬率作为折现率计算，净现值的结果往往是大于零或小于零的，这就说明方案实际可能达到的投资报酬率大于或小于预期投资报酬率；当净现值为零时，说明两种报酬率相等。

（2）计算

1）未来每年现金净流量相等时

未来每年现金净流量 × 年金现值系数−原始投资额现值=0

NCF ×（$P/A,i,n$）−原始投资额现值=0

（$P/A,i,n$）= 原始投资额现值 / NCF

可利用年金现值系数表，通过插值法求 i（内含报酬率）。

2）当未来每年现金净流量不相等时

当未来每年现金净流量不相等时，可采用逐步测试法计算，步骤如下。

首先通过逐步测试找到使净现值一个大于 0、一个小于 0 的并且最接近的两个折现率，然后通过插值法求出内含报酬率。

（3）决策原则

当内含报酬率高于投资人期望的最低投资报酬率（或者项目的资本成本）时，方案可行，表明净现值≥0。

（4）评价

1）优点

①反映了投资项目可能达到的报酬率，易于被高层决策人员所理解；

②适合独立方案的比较决策。

2）缺点

①计算复杂，不易直接考虑投资风险的大小；

②在对互斥方案进行决策时，如果各方案的原始投资额现值不相等，有时无法做出正确的决策。

综合比较以上4种方法，它们具有如下相同点。

第一，考虑了货币时间价值。

第二，考虑了项目期限内全部的现金流量。

第三，在评价单一方案可行与否的时候，结论一致。

当净现值>0时，年金净流量>0，现值指数>1，内含报酬率>投资人期望的最低投资报酬率；

当净现值=0时，年金净流量=0，现值指数=1，内含报酬率=投资人期望的最低投资报酬率；

当净现值<0时，年金净流量<0，现值指数<1，内含报酬率<投资人期望的最低投资报酬率。

5. 回收期

回收期（payback period，PP），是指投资项目的未来现金净流量与原始投资额相等时所经历的时间，即原始投资额通过未来现金流量得以回收所需要的时间。

（1）静态回收期

静态回收期没有考虑货币时间价值，直接将未来现金净流量累计到原始投资额时所经历的时间作为回收期。

每年现金净流量相等时，静态回收期可用如下公式表示。

静态回收期=原始投资额/每年现金净流量

（2）动态回收期

动态回收期需要对投资引起的未来现金净流量进行贴现，以未来现金净流量的现值等于原始投资额现值时所经历的时间为回收期。

当每年现金净流入量相等时，可利用年金现值系数表，通过插值法计算。

$(P/A, i, n)$=原始投资额现值/每年现金净流量

（3）评价

1）优点

①计算简便，易于理解；

②可以大体衡量风险，回收期越短，所冒风险越小。

2)缺点

静态回收期法的不足之处是未考虑货币时间价值;利用静态回收期法和动态回收期法计算回收期时只考虑了未来现金流量(或现值)总和中等于原始投资额(或现值)的部分,没有考虑超过原始投资额(或现值)的部分。

(二)项目投资管理

1. 独立投资方案的决策

(1)决策的实质

①独立投资方案的决策属于筛分决策,主要评价各方案是否可行,即方案是否达到某种预期的可行性标准。

②对独立投资方案进行比较时,决策确定的是各种可行方案的投资顺序,即各独立投资方案的优先次序。

(2)决策的方法

决策的方法可采用内含报酬率法。

2. 互斥投资方案的决策

(1)决策的实质

决策的实质在于选择最优方案,属于选择决策。

(2)决策的方法

1)投资项目寿命期相同时(无论投资额是否相同)

决策指标为净现值、年金净流量。

2)投资项目寿命期不同时

决策指标为最小公倍寿命期法下的净现值、年金净流量。

(三)固定资产更新决策

1. 寿命期相同的设备重置决策

替换重置方案中所发生的现金流量主要是现金流出量。

确定与旧设备相关的现金流量时,应注意的问题包括:

①旧设备的原始投资额应以其变现价值考虑;

②设备的使用年限应按尚可使用年限考虑。

2. 寿命期不同的设备重置决策

①扩建重置的设备更新后会引起营业现金流入与流出的变动,应考虑采用年金净流量最大的方案。

$$年金净流量=净现值/(P/A,i,n)$$

②替换重置的设备更新一般不改变生产能力,营业现金流入不会增加,替换重置方案的决策标准是年金成本最低。

二、实训目标

①熟练掌握项目投资决策方法,主要有净现值法、年金净流量法、现值指数法、内含报酬率法、回收期法。

②理解独立投资方案决策和互斥投资方案决策的区别,掌握其最佳决策指标。

③掌握固定资产更新决策方法。

三、实训项目

（1）资料一

甲公司拟投资100万元购置1台新设备，年初购入时支付20%的款项，剩余80%的款项下年初付清；新设备购入后可立即投入使用，使用年限为5年，预计净残值为5万元（与税法规定的净残值相同），按直线法计提折旧。新设备投产时须垫支营运资金10万元，设备使用期满时全额收回。新设备投入使用后，该公司每年新增净利润11万元。该项投资要求的必要报酬率为12%。相关货币时间价值系数见表4-4。

表4-4　相关货币时间价值系数表

年份（n）	1	2	3	4	5
（P/F，12%，n）	0.892 9	0.797 2	0.711 8	0.635 5	0.567 4
（P/F，12%，n）	0.892 9	1.690 1	2.401 8	3.037 3	3.604 8

1）要求

①计算新设备每年折旧额。

②计算新设备投入使用后第1~4年营业现金净流量（NCF_1~NCF_4）。

③计算新设备投入使用后第5年现金净流量（NCF_5）。

④计算原始投资额。

⑤计算新设备购置项目的净现值（NPV）。

2）解析

①计算如下：

（100−5）/5=19（万元）

②计算如下：

NCF_1~NCF_4=11+19=30（万元）

③计算如下：

NCF_5=30+5+10=45（万元）

④计算如下：

原始投资额=100+10=110（万元）

⑤计算如下：

NPV=30×（P/A，12%，4）+45×（P/F，12%，5）−100×20%−10−100×80%×（P/F，12%，1）

=30×3.037 3+45×0.567 4−20−10−80×0.892 9

=15.22（万元）

（2）资料二

有甲、乙两个投资方案，甲方案一次性投资10 000元，项目可用8年，残值2 000元，每年取得税后营业利润 3 500 元;乙方案一次性投资 10 000 元,项目可用 5 年,无残值,第一年获利 3 000 元,以后每年递增 10%。假设资本成本率为 10%。

1)要求

分析甲、乙两种方案应采用哪种方案?

2)解析

两项目使用年限不同,净现值是不可比的,应考虑它们的年金净流量。

首先,计算甲方案的年金净流量。

甲方案每年的营业现金净流量=3 500+(10 000−2 000)/8=4 500(元)

甲方案净现值=4 500 × (P/A,10%,8)+2 000 × (P/F,10%,8)−10 000
=4 500 × 5.335+2 000 × 0.467−10 000
=14 941.50(元)

甲方案年金净流量=14 941.50/(P/A,10%,8)=2 800.66(元)

其次,计算乙方案的各年营业现金净流量。

第 1 年营业现金净流量=3 000+10 000/5=5 000(元)

第 2 年营业现金净流量=3 000 ×(1+10%)+10 000/5=5 300(元)

第 3 年营业现金净流量=3 000 ×$(1+10\%)^2$+10 000/5=5 630(元)

第 4 年营业现金净流量=3 000 ×$(1+10\%)^3$+10 000/5=5 993(元)

第 5 年营业现金净流量=3 000 ×$(1+10\%)^4$+10 000/5=6 392.30(元)

乙方案净现值=5 000 ×(P/F, 10%, 1)+5 300 ×(P/F, 10%, 2)+5 630 ×(P/F, 10%, 3)+5 993 ×(P/F,10%,4)+6 392.30 ×(P/F,10%,5)−10 000
=5 000 × 0.909+5 300 × 0.826+5 630 × 0.751+5 993 × 0.683+6 392.30 × 0.621−10 000
=11 213.77(元)

乙方案年金净流量=11 213.77/(P/A,10%,5)=11 213.77/3.791=2 958.00(元)

尽管甲方案净现值大于乙方案,但它是 8 年内取得的。而乙方案年金净流量高于甲方案,如果按 8 年计算可取得 15 780.93(2 958.00 × 5.335)元的净现值,高于甲方案。因此,乙方案优于甲方案。

(3)资料三

B 化工厂拟购入一台新型设备,购价为 160 万元,使用年限为 10 年,无残值。该方案的最低投资报酬率要求为 12%(以此作为折现率)。使用新设备后,估计每年产生现金净流量 30 万元。

1)要求

用内含报酬率指标评价该项目是否可行?

2)解析

①计算年金现值系数。

令:30 ×(P/A,i,10)−160=0

得:(P/A,i,10)=160/30=5.333 3

②利用插值法计算内含报酬率。

利率	年金现值系数
12%	5.650 2
IRR	5.333 3
14%	5.216 1

$$\frac{IRR-12\%}{14\%-12\%}=\frac{5.3333-5.6502}{5.2161-5.6502}$$

IRR=13.46%

③比较内含报酬率和最低投资报酬率。

该方案的内含报酬率为13.46%,高于最低投资报酬率12%,方案可行。

(4)资料四

W矿山机械厂准备从甲、乙两种机床中选购一种机床。甲机床购价为35 000元,投入使用后,每年现金净流量为7 000元;乙机床购价为36 000元,投入使用后,每年现金净流量为8 000元。折现率为9%。

1)要求

①用静态回收期指标决策该厂应选购哪种机床?

②用动态回收期指标决策该厂应选择哪种机床?

2)解析

①以静态回收期为指标,计算如下。

甲机床回收期=35 000/7 000=5(年)

乙机床回收期=36 000/8 000=4.5(年)

乙机床的回收期比甲机床短,该工厂应选择乙机床。

②以动态回收期为指标,计算如下。

甲机床:

$35\ 000=7\ 000\times(P/A,9\%,n)$

$(P/A,9\%,n)=5$

期数	年金现值系数
6	4.485 9
n	5
7	5.033 0

$$\frac{n-6}{7-6}=\frac{5-4.4859}{5.0330-4.4859}$$

n=6.94(年)

乙机床:

$36\ 000=8\ 000\times(P/A,9\%,n)$

$(P/A,9\%,n)=4.5$

期数	年金现值系数
6	4.485 9
n	4.5

7　　　　　5.033 0

$$\frac{n-6}{7-6}=\frac{4.5-4.4859}{5.0330-4.4859}$$

n=6.03（年）

乙机床的回收期比甲机床短，该工厂应选择乙机床。

（5）资料五

甲公司是一家上市公司，适用的企业所得税税率为 25%。公司现阶段基于发展需要，拟实施新的投资计划，相关条件如下。

条件一：公司项目投资的必要收益率为 15%，相关货币时间价值系数如下：（P/A，15%，2）=1.625 7；（P/A，15%，3）=2.283 2；（P/A，15%，6）=3.784 5；（P/F，15%，3）=0.657 5；（P/F，15%，6）=0.432 3。

条件二：公司的资本支出预算为 5 000 万元，有 A、B 两种互斥投资方案。A 的建设期为 0 年，于建设起点一次性投入 5 000 万元，运营期 3 年，无残值，现金净流量每年均为 2 800 万元；B 方案建设期为 0 年，于建设起点一次性投入 5 000 万元，其中，固定资产投资 4 200 万元，采用直线法计提折旧，无残值，垫支营运资金 800 万元，第 6 年末收回垫支的营运资金，预计投产后第 1~6 年每年营业收入为 2 700 万元，每年付现成本为 700 万元。

条件三：经测算，A 方案的年金净流量为 610.09 万元。

1）要求

①根据条件一和条件二，计算 A 方案的静态回收期、动态回收期、净现值、现值指数。

②根据条件一和条件二，计算 B 方案的净现值、年金净流量。

③根据条件二，判断甲公司在选择 A、B 方案时，应采用净现值法还是年金净流量法。

④根据①、②、③的计算结果和条件三，判断甲公司应该选择 A 方案还是 B 方案。

2）解析

①相关指标计算如下。

A 方案净现值=2 800 ×（P/A，15%，3）−5 000

=2 800 × 2.283 2−5 000

=1 392.96（万元）

A 方案现值指数=2 800 ×（P/A，15%，3）/5 000

=2 800 × 2.283 2/5 000

=1.28

A 方案静态回收期=5 000/2 800=1.79（年）

假设动态回收期为 n 年，则：

2 800 ×（P/A，15%，n）=5 000

（P/A，15%，n）=1.79

期数	年金现值系数
2	1.625 7
n	1.79
3	2.283 2

$$\frac{n-2}{3-2}=\frac{1.79-1.625\,7}{2.283\,2-1.625\,7}$$

n=2.25（年）

②相关指标计算如下。

B 方案年折旧抵税=4 200/6 × 25%=175（万元）

B 方案 $NCF_1 \sim NCF_5$=（2 700−700）×（1−25%）+175

=1 675（万元）

B 方案净现值=1 675 ×（P/A,15%,6）+800 ×（P/F,15%,6）−5 000

=1 675 × 3.784 5+800 × 0.432 3−5 000

=1 684.88（万元）

B 方案年金净流量=1 684.88/（P/A,15%,6）

=1 684.88/3.784 5

=445.21（万元）

③由于寿命期不同,所以应该选择年金净流量法。

④由于 A 方案的年金净流量大于 B 方案的,所以应该选择 A 方案。

（6）资料六

某企业有足够的资金,准备投资于 3 个独立投资项目。

A 项目原始投资额 10 000 元,期限 5 年;

B 项目原始投资额 18 000 元,期限 5 年;

C 项目原始投资额 18 000 元,期限 8 年。

折现率为 10%,其他有关资料见表 4-5。

表 4-5 A、B、C 项目的资料

项目	A项目	B项目	C项目
原始投资额现值/元	10 000	18 000	18 000
每年营业现金净流量（NCF）/元	4 000	6 500	5 000
期限/年	5	5	8

1）要求

如何安排投资顺序?

2）解析

A 项目相关指标的计算如下。

未来现金净流量现值=4 000 ×（P/A,10%,5）

=15 163.2（元）

净现值=15 163.2−10 000

=5 163.2（元）

现值指数=（5 163.2+10 000）/10 000

=1.52

年金净流量=5 163.2/(P/A,10%,5)

=1 362.03(元)

内含报酬率的计算如下。

4 000 ×(P/A,IRR,5)=10 000

(P/A,IRR,5)=2.5

查年金现值系数表可知：

IRR_1=28%,(P/A,28%,5)=2.532 0

IRR_2=32%,(P/A,32%,5)=2.345 2

使用内插法可得：

IRR=28.69%

B 项目相关指标的计算如下。

净现值=6 500 ×(P/A,10%,5)−18 000

=6 500 × 3.790 8−18 000

=6 640.2(元)

现值指数=(6 640.2+18 000)/18 000=1.37

年金净流量=6 640.2/(P/A,10%,5)=1 751.66(元)

内含报酬率的计算如下。

6 500 ×(P/A,IRR,5)=18 000

(P/A,IRR,5)=18 000/6 500=2.769 2

查年金现值系数表可知：

IRR_1=20%,(P/A,20%,5)=2.990 6

IRR_2=24%,(P/A,24%,5)=2.745 4

使用内插法可得：

IRR=23.61%

C 项目相关指标的计算如下。

净现值=5 000 ×(P/A,10%,8)−18 000

=5 000 × 5.334 9−18 000

=8 674.5(元)

现值指数=(8 674.5+18 000)/18 000=1.48

年金净流量=8 674.5/(P/A,10%,8)=1 625.99(元)

内涵报酬率的计算如下。

5 000 ×(P/A,IRR,8)=18 000

(P/A,IRR,8)=18 000/5 000=3.6

查年金现值系数表可知：

IRR_1=20%,(P/A,20%,8)=3.837 2

IRR_2=24%,(P/A,24%,8)=3.421 2

使用内插法可得：

IRR=22.28%

3 个项目的决策指标见表 4-6。

表 4-6 A、B、C 项目的决策指标

项目	A 项目	B 项目	C 项目
原始投资额现值/元	10 000	18 000	18 000
每年营业现金净流量（NCF）/元	4 000	6 500	5 000
期限/年	5	5	8
净现值（NPV）/元	5 163.2	6 640.2	8 674.5
现值指数（PVI）	1.52	1.37	1.48
内含报酬率（IRR）/%	28.69	23.61	22.28
年金净流量（ANCF/元）	1 362.03	1 751.66	1 625.99

3 个项目按不同指标的投资排序见表 4-7。

表 4-7 3 个项目按不同指标排序

指标	排序
净现值（NPV）	C>B>A
现值指数（PVI）	A>C>B
内含报酬率（IRR）	A>B>C
年金净流量（ANCF）	B>C>A

（7）资料七

现有甲、乙两个机床购置方案，所要求的最低投资报酬率为 10%。甲机床投资额为 10 000 元，可用 2 年，无残值，每年产生 8 000 元现金净流量。乙机床投资额为 20 000 元，可用 3 年，无残值，每年产生 10 000 元现金净流量。

1）要求

两种购置方案哪个更优？

2）解析

由于两个互拆投资方案的寿命期不同，可对方案的年金净流量或最小公倍寿命期法下的净现值进行比较。

①方法一，比较年金净流量。

甲方案：

未来现金流量现值=8 000×（P/A，10%，2）

=13 884（元）

净现值（NPV）=13 884−10 000

=3 884（元）

年金净流量=3 884/（P/A，10%，2）

=2 238.00(元)

乙方案:

未来现金流量现值=10 000×(P/A,10%,3)

=24 869(元)

净现值(NPV)=24 869−20 000

=4 869(元)

年金净流量=4 869/(P/A,10%,3)

=19 57.86(元)

②方法二,比较最小公倍寿命期法下的净现值。

甲方案:

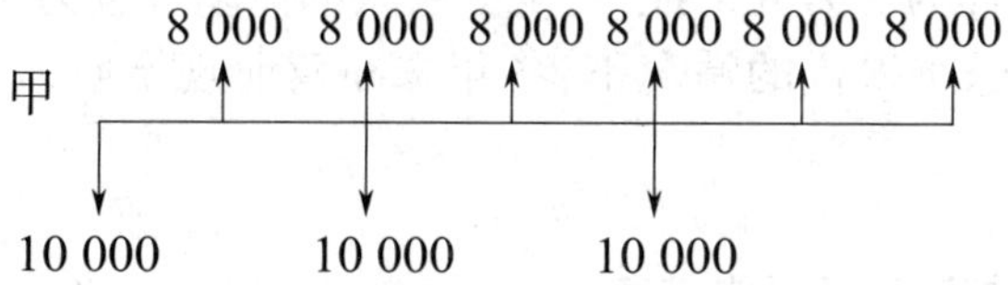

甲方案净现值=8 000×(P/A,10%,6)−10 000×(P/A,10%,4)−10 000×(P/A,10%,2)−10 000

=8 000×4.355 3−10 000×0.683 0−10 000×0.826 4−10 000

=9 748.4(元)

乙方案:

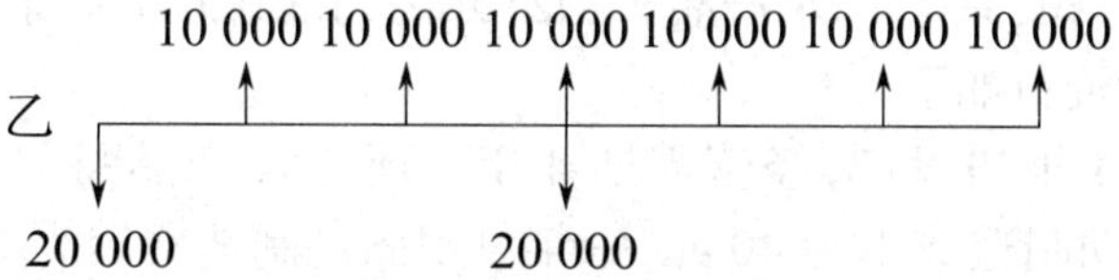

乙方案净现值=10 000×(P/A,10%,6)−20 000×(P/A,10%,3)−20 000

=10 000×4.355 3−20 000×0.751 3−20 000

=8 527(元)

通过以上两种方法的比较,甲方案更优。

任务三　实训技能考核

一、考核目标

①能为企业选择投资项目,预测项目现金流量,确定资本成本,通过计算各种投资决策指标,判断项目可行性;

②能在创新创业等相关竞赛中,利用项目投资决策方法,对创业项目进行合理的财务可行性分析。

二、考核要求

本次考核总分为 100 分,具体评分细则为:
①遵守考核纪律,学习积极主动,与现场考勤考查结合(20 分);
②能够熟练利用项目投资决策方法对项目财务可行性进行评价(40 分);
③实训总结(40 分)。

三、考核案例

①H 公司正在考虑生产一种新产品,为此须购置一套价值 40 万元的新设备,设备安装费用为 10 万元,另每年支付厂房租赁费 10 万元。该设备使用期为 4 年,预计残值为零,按 4 年平均计提折旧。4 年后可收回残值预计为 5 万元。此外,配套投入的流动资金为 10 万元。该企业所得税税率为 40%。在不考虑所得税的情况下,各年末净营业现金收入见表 4-8。

表 4-8 各年末净营业现金收入表　　单位:万元

年份	第 1 年末	第 2 年末	第 3 年末	第 4 年末
净营业现金收入	30	40	50	30

根据上述资料计算该项目各期的现金流量。

②甲公司是一家传统制造业上市公司,只生产 A 产品。2024 年公司准备新上一条生产线,正在进行项目的可行性研究。相关资料如下。

Ⅰ. 如果可行,该生产线拟在 2024 年初投产,经营周期 4 年。预计 A 产品每年销售 1 000 万只,单位售价为 60 元,单位变动制造成本为 40 元,每年付现固定制造费用为 2 000 万元,付现销售和管理费用为 800 万元。

Ⅱ. 项目需要一栋厂房、一套设备和一项专利技术。目前公司有一栋厂房正好适合新项目使用。该厂房正在对外出租,每年末收取租金 100 万元。2023 年末租期到期,可续租也可收回自用。设备购置成本为 10 000 万元,无须安装,可于 2024 年初投入使用,4 年后变现价值为 1 600 万元。税法规定,设备采用直线法计提折旧,折旧年限为 5 年。折旧期满后无残值。专利技术使用费达 8 000 万元,于 2024 年初一次性支付,期限 4 年。税法规定,专利技术使用费可按合同约定在使用年限中平均摊销,税前扣除。

Ⅲ. 项目须增加营运资本 200 万元,于 2024 年初投入,项目结束时收回。

Ⅳ. 投资项目的必要报酬率为 12%。公司的企业所得税税率为 25%。假设项目每年销售收入和付现费用均发生在各年末。

要求:

该项目 2023 年末至 2027 年末的相关现金净流量。

③某养生壶制造厂是生产电水壶的中型企业,该厂生产的养生壶质量优良,价格合理,长期以来供不应求。为扩大生产能力,厂家准备新建一条生产线。负责这项投资工作的财务总监经过调查研究后,得到如下有关资料。

Ⅰ.该生产线的原始投资额为 12.5 万元,分两年投入。第 1 年初投入 10 万元,第 2 年初投入 2.5 万元。第 2 年末项目完工可以试投产使用,投产后每年可生产养生壶 1 000 台,每台销售价格为 300 元,每年可获销售收入 30 万元,投资项目可使用 5 年,残值为 2.5 万元,垫支流动资金 2.5 万元,这笔资金在项目结束时可全部收回。

Ⅱ.该项目生产的产品总成本的构成如下:

材料费用,20 万元;

制造费用,2 万元;

人工费用,3 万元;

折旧费用,2 万元。

财务总监对各种资金来源进行分析,得出该厂加权平均的资金成本为 10%,同时还计算出该项目的营业现金净流量、现金流量、净现值,并根据其计算的净现值,认为该项目可行。有关数据见表 4-9 至表 4-11。

表 4-9　投资项目营业现金净流量计算表　　单位:元

项目	第 1 年	第 2 年	第 3 年	第 4 年	第 5 年
销售收入	300 000	300 000	300 000	300 000	300 000
付现成本	250 000	250 000	250 000	250 000	250 000
其中:材料费用	200 000	200 000	200 000	200 000	200 000
人工费用	30 000	30 000	30 000	30 000	30 000
制造费用	20 000	20 000	20 000	20 000	20 000
折旧费用	20 000	20 000	20 000	20 000	20 000
税前利润	30 000	30 000	30 000	30 000	30 000
所得税(税率 33%)	9 900	9 900	9 900	9 900	9 900
税后利润	20 100	20 100	20 100	20 100	20 100
营业现金净流量	40 100	40 100	40 100	40 100	40 100

表 4-10　投资项目现金流量计算表　　单位:元

项目	建设期			营业期				
	0	1	2	3	4	5	6	7
原始投资	−100 000	−25 000						
流动资金投资			−25 000					
营业现金净流量				40 100	40 100	40 100	40 100	40 100
设备残值								25 000
流动资金回收								25 000

续表

项目	投资建设期			经营期				
	0	1	2	3	4	5	6	7
现金流量合计	−100 000	−25 000	−25 000	40 100	40 100	40 100	40 100	90 100

表 4-11 投资项目净现值计算表

时间	现金流量/元	10%贴现系数	现值/元
0	−100 000	1.000 0	−100 000.00
1	−25 000	0.909 1	−22 727.50
2	−25 000	0.826 4	−20 660.00
3	40 100	0.751 3	30 127.13
4	40 100	0.683 0	27 388.30
5	40 100	0.620 9	24 898.09
6	40 100	0.564 5	22 636.45
7	90 100	0.513 2	46 239.32
净现值			7 901.79

Ⅲ.厂部中层干部意见如下。

经营副总认为,在项目投资和使用期间,通货膨胀率大约在 10%左右,将对投资项目各有关方面产生影响;

基建处处长认为,由于受物价变动的影响,原始投资将增长 10%,投资项目终结后,设备残值也将增加到 37 500 元;

生产处处长认为,由于物价变动的影响,材料费用每年将增加 14%,人工费用也将增加 10%;

财务处处长认为,扣除折旧后的制造费用,每年将增加 4%,折旧费用每年仍为 20 000 元;

销售处处长认为,产品销售价格预计每年可增加 10%。

要求:

Ⅰ. 分析、确定影响该养生壶投资项目决策的各因素;

Ⅱ. 根据影响养生壶投资项目的各因素,重新计算投资项目的现金流量、净现值等。

Ⅲ. 根据分析、计算结果,进行养生壶投资项目决策。

Ⅳ. 探讨在该养生壶投资项目决策中为什么要分析计算“现金流量”。

模块五 筹资管理实训

导言

资金是企业的血液，是企业生存发展的基础。企业筹集资金，必须付出一定的代价。筹资者的代价即是资金提供者要求的收益，也就是说使用筹集来的资金是有成本的，这个成本是投资者要求的必要报酬率。不同筹资方式筹集的资金的资本成本是不同的。对于企业来说，权益性筹资方式筹集的资金的资本成本要高于债务性筹资方式筹集的资金的资本成本。同样是债务性筹资方式，债券的资本成本要大于长期借款的资本成本。权益性筹资方式和债务性筹资方式筹集资金数额的比例又会影响企业的资本结构，资本结构又会进一步影响企业的价值。因此，企业确定了资金需求量后要确定筹资方案，确定筹资方案包括选择筹资方式和确定资本结构。筹资方案的确定必须考虑每一种筹资方式的资本成本，同时还要考虑筹资之后企业形成的新的资本结构对企业价值的影响。一个好的筹资方案可以实现最佳资本结构，而最佳资本结构有利于企业价值最大化目标的实现。

任务一 筹资方式的选择

一、理论回顾

（一）筹资管理概述

1. 企业筹资的含义与分类

企业筹资是指企业根据其生产经营、对外投资以及调整资本结构等的需要，通过一定的渠道，采取适当的方式，获取所需资金的一种行为。

企业筹资可按不同的标准进行分类。

按照资金来源渠道的不同，企业筹资可分为权益性筹资和债务性筹资。

按照所筹资金使用期限长短的不同，企业筹资可分为短期资金筹集与长期资金筹集。

2. 筹资渠道与方式

筹资渠道是指筹措的资金的来源方向与通道，体现资金的来源与流量。目前，我国企业筹资渠道主要包括：银行信贷、其他金融机构、其他企业、居民个人、国家和企业自留。

筹资方式是指企业筹集资金所采用的具体形式。目前，我国企业的筹资方式主要有吸收直接投资、发行股票、利用留存收益、向银行借款、利用商业信用、发行公司债券和融资租赁。

筹资渠道解决的是资金来源的问题，筹资方式解决的则是通过何种方式取得资金的问题。它们之间存在一定的对应关系。一定的筹资方式可能只适用于某一特定的筹资渠道，但是同一渠道的资金往往可采用不同的方式取得,同一筹资方式又往往适用于不同的筹资渠道。因此,企业在筹资时,应实现两者的合理配合。

3. 筹资原则

企业筹资应遵循的原则有:规模适当原则;筹措及时原则;来源合理原则;方式经济原则。

(二)企业自有资金的筹集

1. 吸收直接投资

吸收直接投资是指企业以协议等形式吸收国家、法人、个人和外商等直接投入的资金,形成企业资本金的一种筹资方式。

吸收直接投资的形式包括:吸收现金投资;吸收实物投资;无形资产投资。

吸收直接投资的程序为:确定吸收直接投资的资金数量;选择吸收直接投资的具体方式;签署合同或协议等文件。

其优点主要有:吸收直接投资所筹集的资金属于企业的权益资金,与债务资金相比,它能提高企业的资信和借款能力;吸收直接投资不仅可以筹取现金,而且能够直接获得所需的先进设备和技术,与仅筹取现金的筹资方式相比,它能尽快地形成生产经营能力;降低财务风险。吸收直接投资可以按照企业的经营状况支付报酬,经营状况好就多支付,经营状况不好就少支付或不支付,支付方式比较灵活。其缺点主要有:吸收直接投资通常资本成本较高;吸收直接投资由于没有证券为媒介,产权关系有时不够明晰,也不便于产权的交易。

2. 发行普通股

股票是股份有限公司为筹集权益资金而发行的有价证券,是持股人拥有公司股份的凭证。普通股筹资是指通过发行普通股的方式来筹集资金。其中,普通股是股份有限公司发行的无特别权利的股份,也是最基本、最标准的股份。发行普通股筹集的资金叫股本或股本总额。

按照不同的标准,股票可分为不同类别。

第一,按股票有无记名,股票可分成记名股票和不记名股票两种。第二,按股票是否标明面值,股票可分成有面值股票和无面值股票两种。第三,按投资主体的不同,股票可分成国家股、法人股、外资股和个人股。第四,按发行对象和上市地区的不同,股票可分成A股、B股、H股和N股4种。第五,按股东享受权利和承担义务的不同,股票可分为普通股和优先股。

发行股票的目的有:设立新的公司;扩大经营规模;其他目的。

发行股票是股份有限公司筹集资金的重要渠道,但不是任何企业都可以通过发行股票筹资。发行股票必须符合一定的条件。

新设立的股份有限公司申请公开发行股票,应符合下列条件。

①生产经营符合国家产业政策。

②发行普通股限于一种,同股同权,同股同利。

③在募集方式下,发起人认购的股份不少于公司拟发行股份总数的35%。

④发起人在近3年内没有重大违法行为。

⑤证监会规定的其他条件。

国有企业改组设立的股份有限公司申请公开发行股票，除应当符合上述情况下的各种条件外，还应当符合下列条件。

①发行前一年末，净资产在总资产中所占比例不低于30%，无形资产在净资产中所占比例不高于20%，但证监会另有规定的除外。

②近三年连续赢利。

③国有企业改组设立股份有限公司发行股票的，国家拥有的股份在公司拟发行股本总额中所占的比例，由国务院或国务院授权的部门规定。

公司增发新股，必须具备下列条件。

①前一次发行的股份已募足，并间隔一年以上。

②公司在最近3年内连续赢利，并可向股东支付股利，但以当年利润分派新股不受此限。

③公司在最近3年内财务会计文件无虚假记载。

④公司预期利润率可达同期银行存款利率。

股票可按面值、市价、中间价发行。

股票上市能改善企业财务状况，增强其融资能力；有助于评价企业价值；能提高企业知名度，扩大企业市场占有份额；防止企业股份过于集中，同时还有助于企业利用股票收购其他公司。此外，股票股权和期权可有效激励员工，尤其是企业关键人员。

（三）借入资金的筹集

1. 银行借款

银行借款是企业根据借款合同从银行以及其他金融机构借入的、需要还本付息的款项。

银行借款按期限，可分为短期借款、中期借款和长期借款；按有无担保，可分为信用借款（无担保借款）、抵押借款（担保借款）和票据贴现；按偿还方式，可分为一次偿还借款和分期偿还借款；按借款的用途，可分为基本建设借款、专项借款、流动资金借款；按提供贷款的机构，可分为政策性银行贷款和商业银行贷款。

根据国际惯例，银行发放贷款时，一般会带有一些信用条款，主要有：信贷额度；周转信贷协定；补偿性余额；借款抵押；偿还条件；以实际交易为贷款条件。

银行利息支付方法有一次支付法、贴现法和加息分摊法。

银行借款的程序为：企业提出借款申请；银行审查借款申请；双方签订借款合同；企业取得借款；企业归还借款。

银行借款的优点有：筹资速度快；借款成本较低；借款弹性较大；企业利用借款筹资，与债券一样可以发挥财务杠杆作用。其缺点有：筹资风险较高；限制条件较多；筹资数量有限。

2. 发行债券

债券是社会各类经济主体为筹集债务资金而向投资人出具的，承诺按一定利率定期支付利息并到期偿还本金的债权债务凭证。

债券有国家债券、企业债券和金融债券，这里主要介绍企业债券。企业债券按不同标准，可以分为不同类型：按有无抵押担保，分为信用债券、抵押债券和担保债券；按发行方式，分为记名债券和不记名债券；按偿还方式，分为定期偿还债券和不定期偿还债券；按有无利息，分为有息债券和无息债券；按计息标准，分为固定利率债券和浮动利率债券；按可否转换,分为可转换债券和不可转换债券。

股份有限公司、国有独资公司、有限责任公司在具备发行债券条件的前提下,可以发行债券。企业发行债券必须根据自身财力和偿还能力制定发行方案,按照规定程序上报审定,其中包括发行数量、面值、期限、利率、偿还方式、发行价格以及发行方式等几个方面内容。

债券筹资的优点有:成本较低;可利用财务杠杆;保障股东控制权。债券筹资的缺点有:财务风险较高;灵活性低;筹资数量有限。

3. 商业信用

商业信用是指商品交易中以延期付款或预收货款的方式进行购销活动而形成的借贷关系,它是企业之间的一种直接信用行为。

商业信用的形式包括:应付账款;应付票据;预收货款。

放弃现金折扣的机会成本可按下面的公式计算。

$$放弃现金折扣的机会成本=\frac{现金折扣率}{1-现金折扣率}\times\frac{360}{信用期限-折扣期限}\times 100\%$$

商业信用筹资的优点有:筹资方便;限制条件少;筹资成本低,甚至不产生筹资成本。商业信用筹资的缺点有:商业信用的时间一般较短;有一定的风险。

4. 租赁

租赁是指通过签订资产出让合同的方式,使用资产的一方(承租方)通过支付租金,从出让资产的一方(出租方)取得资产使用权的一种交易行为。在这项交易中,承租方通过得到所需资产的使用权,完成了筹集资金的行为。

租赁的基本特征如下。第一,所有权与使用权相分离。租赁资产的所有权与使用权分离是租赁的主要特点之一。银行信贷虽然也是所有权与使用权相分离的信用活动,但载体是货币资金,租赁则是资金与实物相结合基础上的使用权与所有权分离。第二,融资与融物相结合。租赁是以商品形态与货币形态相结合进行的信用活动,出租方在向承租方出租资产的同时,解决了承租方的资金需求,具有信用和贸易的双重性质。它不同于一般的借钱还钱、借物还物的信用形式,而是借物还钱,并以分期支付租金的方式来体现。租赁的这一特点使银行信贷和财产信贷融合在一起,成为企业融资的一种特定形式。第三,租金的分期支付。在租金的偿还方式上,租赁与银行信贷到期还本不一样,采取了分期支付租金的方式。出租方的资金(以资产形式呈现)一次性投入,分期收回。承租方则通过租赁提前获得资产的使用价值,分期支付租金,以便分期规划未来的现金流出量。

租赁的基本程序包括:①承租方选择租赁公司,提出委托申请;②双方签订购货协议;③双方签订租赁合同;④交货验收;⑤承租方定期交付租金;⑥合同期满处理设备。

租赁的基本形式有:①直接租赁;②售后回租;③杠杆租赁。

租赁中,每期租金的多少取决于以下几个因素:①设备原价及预计残值,包括设备买价、运输费、安装调试费、保险费等以及设备租赁期满后出售可得的收入;②利息,指租赁公司为承租方购置设备垫付资金所应支付的利息;③租赁手续费和利润,其中,手续费是指租赁公司承办租赁设备所发生的业务费用,包括业务人员工资、办公费、差旅费等。

租赁的筹资特点有如下几个。第一,无须大量资金就能迅速获得资产。租赁集“融资”与“融物”于一身,使企业在资金短缺的情况下引进设备成为可能。特别是对中小企业、新创企业而言，租赁是一条重要的融资途径。大型企业也经常通过出租大型设备、工具等固定资产的方式解决巨额资金需求。第二，财务风险小，财务优势明显。租赁与购买相比，能够避免一次性支付的负担，而且租金支出是未来的、分期的，企业无须一次性筹集大量资金。租金可以项目本身产生的收益来支付，是一种基于未来的"借鸡生蛋、卖蛋还钱"的筹资方式。第三，筹资的限制条件较少。企业运用股票、债券、长期借款等筹资方式，都会受到相当多的资格条件的限制。相比之下，租赁筹资的限制条件很少。第四，能延长资金融通的期限。租赁的融资期限可接近设备的使用寿命期限，并且租金随设备价款金额而定，无融资额度的限制。第五，资本成本较高。租赁的租金通常比银行贷款或发行债券所负担的利息高得多，租金总额通常要比设备价值高出30%。

二、实训目标

通过实训，使学生进一步把握企业筹资的渠道和方式、各种筹资方式的优缺点、企业筹资过程中的影响因素，掌握资金需求量预测的方法；通过筹资方案的制定，提高学生分析问题与解决问题的能力、独立思考能力、实际操作能力及合作能力。

三、实训项目

（一）短期筹资决策

1. 实训目的

能够根据给定的付款条件和银行贷款利率进行短期筹资决策，并掌握现金折扣成本的计算。

2. 项目资料

PH公司经常性地向SY公司购买原材料，SY公司开出的付款条件为"2/10，N/30"。某天，PH公司的财务经理宋海查阅公司关于此项业务的会计账目，惊讶地发现，会计人员对此项交易的处理方式是，一般在收到货物后15天支付款项。经过询问，会计人员不假思索地回答道："这一交易的资本成本仅为2%，而银行贷款成本却为12%。"因此，根本没有接受现金折扣。

1）要求

① PH公司是否应该接受现金折扣？

②什么时候付款对PH公司最有利？

2）解析

① PH分司是否选择享受现金折扣，取决于其放弃现金折扣的成本与为享受现金折扣早日付款而筹资的成本。一般情况下，当筹资的成本大于放弃现金折扣的成本时，应选择放弃现金折扣，反之则选择享受。

$$\text{放弃现金折扣的机会成本}=\frac{2\%}{1-2\%}\times\frac{360}{30-10}\times100\%=36.73\%$$

PH公司筹资的成本12%低于其放弃现金折扣的成本36.73%，应当选择在10天内付款，接受现金折扣。

②根据上面的分析结果可知，PH公司应接受现金折扣，即在10天内进行付款，再根据

现金日常管理中加快现金周转速度的途径,延缓支付应付账款以延长应付款周转期的方式,选择在临近第 10 天时付款。

(二)资金筹集方案设计

1. 实训目的

确定权益资金与债务资金筹资额度;提出权益资金筹集的建议方案;提出债务资金筹集的建议方案。

2. 项目资料

PH 公司董事会根据市场信息和公司能力,研究确定 2023 年其销售收入要达到 70 000 万元。销售净利润率和股利支付率与 2022 年相同,要求 PH 公司财务部保证资金供应,做出筹资方案,报公司董事会批准后实施。

① PH 公司 2022 年销售收入达 60 000 万元,销售净利润率为 8%,股利支付率为净利润的 40%,留存收益抵充筹资额,权益资金与债务资金比例为 7∶3。

② PH 公司 2022 年资产负债表见表 5-1。

表 5-1　PH 公司 2022 年资产负债表　　单位:万元

资产	金额	负债及所有者权益	金额
货币资金	1 200	应付票据	3 000
应收账款(净额)	9 000	应付账款	6 000
存货	10 200	长期负债	5 000
固定资产(净额)	13 800	股本	30 000
长期投资	6 000	留存收益	1 200
无形资产	5 000		
资产合计	45 200	负债及所有者权益合计	45 200

③ PH 公司历年销售收入与资金需要量数据见表 5-2。

表 5-2　2019—2022 年 PH 公司销售收入与资金需要量　　单位:万元

年份	销售收入	资金需要量
2019 年	48 000	17 000
2020 年	50 000	18 000
2021 年	55 000	19 000
2022 年	60 000	20 400

④ PH 公司筹集权益资金的主要渠道为留存收益和增发股票,筹集债务资金的主要渠道为商业信用和短期借款。

1)要求

①利用销售百分比法计算 PH 公司 2023 年资金需要量。

②利用回归直线法计算 PH 公司 2023 年资金需要量。

③综合分析 PH 公司 2023 年资金需要量。

④给出 PH 公司 2023 年资金筹集方案(提示:其中应包括 2023 年销售目标、2023 年需要筹集的资金量、2023 年需要筹集的权益资金量和债务资金量、权益资金筹集的建议方案、债务资金筹集的建议方案)。

2)解析

①利用销售百分比法计算得出的 PH 公司 2023 年的资金需要量见表 5-3。

表 5-3 销售百分比法下 PH 公司 2023 年的资金需要量 单位:万元

项目	2022 年实际	占销售额百分比	2023 年预计
销售收入	60 000		70 000
资产			
货币资金	1 200	2%	1 400
应收账款(净额)	9 000	15%	10 500
存货	10 200	17%	11 900
固定资产(净额)	13 800	23%	16 100
长期投资	6 000		6 000
无形资产	5 000		5 000
资产合计	45 200		50 900
负债及所有者权益:			
应付票据	3 000	5%	3 500
应付账款	6 000	10%	7 000
长期负债	5 000		5 000
股本	30 000		30 000
留存收益	1 200		4 560
融资需求量			840
负债及所有者权益合计	45 200		50 900

②利用回归直线法计算得到的 PH 公司 2023 年的资金需要量见表 5-4。

表 5-4 回归直线法下 PH 公司 2023 年的资金需要量 单位:千万元

年份	销售收入 x	资金需要量 y	xy	x^2
2019 年	48	17	816	2 304
2020 年	50	18	900	2 500
2021 年	55	19	1 045	3 025
2022 年	60	20.4	1 224	3 600
n=4	$\sum x=213$	$\sum y=74.4$	$\sum xy=3\,985$	$\sum x^2=11\,429$

首先，建立方程组，代入数据计算 a、b 的值（其中 a 为不变资金，b 为单位产销量所需变动资金）。

回归直线方程组为：

$$\sum y = na + b\sum x$$

$$\sum xy = a\sum x + b\sum x^2$$

代入数据得：

$74.4=4a+213b$

$3\,985=213a+11\,429b$

求得 a、b 的值为：$a=4.22$，$b=0.27$。

其次，代入 a、b 的值，建立直线方程式：$y=4.22+0.27x$。

最后，根据 2023 年的预测销售收入，计算 2023 年的预计资金需要量。

$y=4.22+0.27 \times 70\,000 =18\,904.22$（万元）

③综合分析 PH 公司 2023 年的资金需要量。

销售百分比法下总资金需要量为 50 900 万元，需要外部筹资 840 万元。

回归直线法下的资金需要量为 18 904.22 万元，而 2022 年资金需要量为 20 400 万元。

综合分析资金需要量，得出以下意见。

第一，因回归直线法预测资金需要量只需 18 904.22 万元，比 2022 年资金需要量 20 400 万元，还少 1 495.78 万元，其原因是综合了前 4 年的情况，而且销售需要资金量的比例偏低，因此回归直线法预测的资金需要量缺乏客观性。

第二，销售百分比法预测，增加 10 000（70 000–60 000）万元销售收入，需要外部筹资 840 万元，比较客观。

因此，综合来看，为实现销售收入 70 000 万元，需要外部筹资 840 万元。

④ PH 公司 2023 年资金筹集方案如下。

2023 年销售目标为销售收入达到 70 000 万元。

2023 年需要筹集的资金量为 840 万元。

2023 年需要筹集的权益资金量和债务资金量分别为：

权益资金需要筹集 $=840 \times 70\%=588$（万元）

债务资金需要筹集 $=840 \times 30\%=252$（万元）

权益资金筹集的建议方案略。

债务资金筹集的建议方案略。

任务二　资本结构决策

一、理论回顾

(一)资本成本

1.资本成本的概念及作用

资本成本是企业为筹措并使用资金而付出的代价,具体包括用资费用与筹资费用两部分。

资本成本在财务管理中一般用相对数表示,即资本成本率,其为年用资费用与实际筹得资金(筹资总额减去筹资费用)的比率。计算公式如下:

$$资本成本率=\frac{年用资费用}{筹资总额-筹资费用}\times 100\%=\frac{年用资费用}{筹资总额\times(1-筹资费率)}\times 100\%$$

2.资本成本的作用

第一,资本成本是筹资决策的依据;第二,资本成本是投资决策的依据;第三,资本成本可以作为衡量企业经营成果的尺度。

(二)资本成本的计算

1.个别资本成本的计算

(1)银行借款成本

$$长期借款成本率=\frac{年利息率\times(1-所得税税率)}{1-筹资费率}\times 100\%$$

另外,由于长期借款这种筹资方式的筹资费用较少,所以有时可将筹资费用忽略不计,则:

长期借款成本率=年利息率×(1-所得税税率)

(2)债券成本

债券成本的计算基本与银行借款成本一致,其计算公式为:

$$长期债券的资本成本率=\frac{债券年利息\times(1-所得税税率)}{筹资总额\times(1-筹资费率)}\times 100\%$$

其中:

债券利息=债券面值×利率

筹资总额=债券发行价格×发行数量

(3)优先股资本成本

企业发行优先股,要支付筹资费用,还要定期支付股利。但它与债券不同,股利在税后支付,且没有固定的到期日。因此,其计算公式为:

$$优先股资本成本率=\frac{优先股每年股利额}{发行总额\times(1-筹资费率)}\times 100\%$$

(4)普通股资本成本

$$普通股资本成本率=\frac{预计第一年每股股利}{普通股每股市价\times(1-筹资费率)}\times 100\%+股利逐年增长率$$

(5)留存收益资本成本

企业所获利润按规定可留存一定比例,以满足自身发展的资金需要。因留存收益属于普通股股东所有,其成本应与普通股相同,只是没有筹资费用。

(6)短期借款的成本

短期借款的成本主要包括利息、手续费等。短期借款的成本主要取决于贷款利率和利息的支付方式。短期借款利息的支付方式有收款法、贴现法和加息法三种,付息方式不同,短期借款成本的计算也有所不同。

1)收款法

收款法是在借款到期时向银行支付利息的方法。银行向企业贷款一般都采用这种方法收取利息。采用收款法时,短期借款的实际利率就是名义利率。

2)贴现法

银行借款利息的支付方式一般为利随本清法,即收款法。但有时银行要求采用贴现法,即银行向企业发放贷款时,先从本金中扣除利息,而到期时企业再偿还全部本金。采用该种方法,企业可利用的贷款额只有本金扣除利息的差额部分,这实际上提高了贷款的实际利率。

3)加息法

加息法是银行发放分期等额偿还贷款时采用的利息收取方法。在分期等额偿还贷款的情况下,银行将根据名义利率计算的利息加到贷款本金上,计算出贷款的本息和,要求企业在贷款期内分期偿还本息之和。由于贷款本金分期均衡偿还,企业实际上只平均使用了贷款本金的一半,却支付了全额利息。这样企业所负担的实际利率便要高出名义利率大约1倍。

2. 综合资本成本的计算

$$\text{综合资本成本率}=\sum(\text{各种资金来源的成本}\times\text{该种资金占全部资金的比重})$$

(三)财务杠杆原理

财务杠杆是指资本结构中债务的运用对普通股每股收益的影响能力。财务杠杆效应的大小用财务杠杆系数(DFL)的大小来度量。它是指普通股每股收益(EPS)的变动率与息税前利润(EBIT)的变动率的比率,用公式表示为:

$$\text{DFL}=\frac{\Delta\text{EPS}/\text{EPS}}{\Delta\text{EBIT}/\text{EBIT}}$$

式中DFL为财务杠杆系数,ΔEPS为普通股每股收益的变动额,EPS为基期每股收益。

上述公式是计算财务杠杆系数的理论公式,必须同时已知变动前后两期的资料才能计算,比较麻烦。可以进行如下所示的推导简化:

$$\text{DFL}=\frac{\text{EBIT}}{\text{EBIT}-I-\dfrac{d}{(1-T)}}$$

式中I为债务利息;d为优先股股利;T为所得税税率。

如果企业没有发行优先股,其财务杠杆系数的计算公式可进一步简化为:

$$DFL=\frac{EBIT}{EBIT-I}$$

必须说明的是,上述公式中的 EBIT、I、d、T 均为基期的值。

若企业资金中没有负债及优先股,则 I、d 均为 0,则财务杠杆系数将恒等于 1,EPS 的变动率将恒等于 EBIT 的变动率。企业也就得不到财务杠杆利益,当然也就没有财务风险。在资金总额、息税前利润相同的情况下,负债比率越高,财务杠杆系数越大,普通股每股收益波动幅度越大,财务风险就越大;反之,负债比率越低,财务杠杆系数越小,普通股每股收益波动幅度越小,财务风险就越小。

(四)资本结构决策

资本结构是指企业通过各种筹资方式筹得的资金的构成及其比例关系,它是企业筹资决策中的关键问题。

最佳资本结构是指在一定时期内,企业综合资本成本最低、企业价值最大时的资本结构。其判断标准有 3 个:①有利于最大限度地增加所有者财富,能使企业价值最大化;②企业综合资本成本最低;③资产保持适宜的流动,并使资本结构具有弹性。

资本结构的决策方法主要有以下两种:比较资本成本法和每股收益分析法。

每股收益分析法(EBIT-EPS 分析法)是利用每股收益无差别点来进行资本结构决策的方法。每股收益无差别点是指两种筹资方式下普通股每股收益等同时的息税前利润点,也称息税前利润平衡点或筹资无差别点分析法。当息税前利润大于每股收益无差别点处的息税前利润时,债务性筹资会增加每股收益。

其计算公式为:

$$\frac{(\overline{EBIT}-I_1)(1-T)-d_1}{N_1}=\frac{(\overline{EBIT}-I_2)(1-T)-d_2}{N_2}$$

式中 $\overline{EBIT}$ 为每股收益无差别点处的息税前利润,I_n 为第 n 种筹资方式下的年利息,d_n 为第 n 种筹资方式下的优先股股利,N_n 为第 n 种筹资方式下的流通在外的普通股股数。

二、实训目标

通过实训,使学生学会计算各种资本成本,并能进行筹资决策;能运用财务杠杆原理进行风险分析;会运用资本结构优化的方法。通过资本成本与资本结构的确定,提高学生分析问题与解决问题的能力、独立思考能力、实际操作能力及合作能力。

三、实训项目

(一)不同筹资方式下的资本成本

1. 实训目的

使学生掌握各类资本成本的计算及运用。

2. 项目资料

PH 公司正在着手编制明年的财务计划,公司财务主管请你协助其计算平均资本成本。

相关信息如下：

①当前银行借款利率是 9%，预测明年将下降至 8.93%；

②公司债券面值为 1 元，票面利率为 8%，期限为 10 年，分期付息，当前市价为 0.85 元，如按公司债券当前市价发行新的债券，发行费用为市价的 4%；

③公司普通股面值为 1 元，当前每股市价为 5.5 元，本年派发每股现金股利 0.35 元，预计股利增长率维持在 7%；

④公司当前（本年）的资本结构为银行借款 150 万元，长期债券 650 万元，普通股 400 万元，留存收益 869.4 万元；

⑤公司适用的所得税税率为 25%；

⑥公司普通股的 β 值为 1.1；

⑦当前短期国债的收益率为 5.5%，市场平均报酬率为 13.5%。

1）要求

①按照一般模式计算银行借款资本成本率。

②按照一般模式计算债券资本成本率。

③分别使用股利增长模型法和资本资产定价模型法计算股票资本成本率，并将得出的两个结果的平均值作为股票资本成本率。

④如果明年不改变资本结构，计算综合资本成本率。

2）解析

①银行借款资本成本率=8.93%×（1−25%）=6.70%。

【提示】资本成本用于未来的决策，与过去的举债利率无关。

②债券资本成本=[1×8%×（1−25%）]/[0.85×（1−4%）]=7.35%。

③股利增长模型法下：

股票资本成本率=D_1/P_0+g（D_1 为预计下期股利，P_0 为普通股当前市价，g 为股利增长率）

=[0.35×（1+7%）/5.5]+7%

=6.81%+7%=13.81%

资本资产定价模型法下：

股票资本成本率=5.5%+1.1×（13.5%−5.5%）

=5.5%+8.8%

=14.30%

普通股平均资本成本率=（13.81%+14.30%）/2=14.06%

④综合资本成本率=6.70%×150/2 069.4+7.35%×650/2 069.4+14.06%×400/2 069.4

+14.06%×869.4/2 069.4=11.43%。

（二）短期借款的成本分析

1. 实训目的

使学生掌握日常生活中短期借款的偿还方式的选择。

2. 项目资料

PH 公司从银行借款 100 万元，名义借款年利率为 6%。

1）要求

①按照收款法支付利息，PH 公司短期借款的实际利率为多少？

②按照贴现法支付利息，PH 公司短期借款的实际利率为多少？

③该公司分 12 个月等额偿还本息，按照加息法支付利息，PH 公司短期借款的实际利率为多少？

2）解析

①按照收款法支付利息，实际利率=名义利率=6%。

②按照贴现法支付利息，实际利率=（100 × 6%）/（100–100 × 6%）=6.38%。

③按照加息法支付利息，由于贷款本金分期均衡偿还，借款企业实际上只平均使用了贷款本金的一半（100/2=50 万元），并且支付了全额利息（100 × 6%=6 万元），所以实际利率=（100 × 6%）/（100/2）=12%。

（三）财务杠杆系数的计算

1. 实训目的

了解财务数据关系并学会计算各种杠杆系数。

2. 项目资料

M 公司是一家服装企业，只生产并销售某种品牌的西服。2022 年固定成本总额为 20 000 万元，单位变动成本为 0.4 万元，单位售价为 0.8 万元，销售量为 100 000 套，M 公司 2022 年发生的利息费用为 4 000 万元。

1）要求

①计算 2022 年 M 公司的息税前利润。

②以 2022 年为基数，计算下列指标：经营杠杆系数；财务杠杆系数；总杠杆系数。

2）解析

① 2022 年的息税前利润=（0.8–0.4）× 100 000–20 000=20 000（万元）。

【**提示**】按照习惯性表述，固定成本总额是指经营性固定成本，不含利息费用。

②各杠杆系数的计算如下。

经营杠杆系数=（0.8–0.4）× 100 000/20 000=2

财务杠杆系数=20 000/（20 000–4 000）=1.25

总杠杆系数=2 × 1.25=2.5

【**提示**】经营杠杆系数 DOL=*M*/EBIT（*M* 为边际贡献），财务杠杆系数 DFL=EBIT/（EBIT–*I*）（*I* 为利息），利用计算公式求解经营杠杆系数与财务杠杆系数时只能用基期数据，即计算 2023 年的杠杆系数时使用的是 2022 年的数据。

（四）资本结构和筹资方式的选择

1. 实训目的

了解资本结构和筹资方式的选择。

2. 项目资料

PH 公司于 2018 年 6 月 12 日首次向社会公众发行了普通股，每股发行价为 8.28 元，所发行的股票于 2018 年 6 月 27 日在上海证券交易所挂牌交易。发行后，公司总股本为 11 070 万股，其中流通股占 37.94%。以后有过配股、送股、资本公积转股。PH 公司于 2021

年 12 月向机构投资者和老股东增发 2 000 万股,发行价格为 46 元。增发后, PH 公司总股本为 38 307.463 4 万股,其中流通股占 42.19%。该次增发前后资本结构状况如下。

首先,负债情况见表 5-5 至表 5-7。

表 5-5 PH 公司资本结构指标列表

资本结构指标	2022 年中期	2021 年末期	2021 年中期	2020 年末期	2000 年中期	2019 年末期
资产负债比率/%	33.71	34.19	40.41	38.54	50.86	51.80
股东权益比率/%	48.58	48.65	40.72	51.31	41.21	45.72
固定资产比率/%	19.03	14.60	17.45	21.20	23.10	19.55

注:由于该表中指标是根据合并报表计算所得,股东权益中不包括少数股东权益,所以股东权益比率与资产负债比率之和并不等于整数 1。

表 5-6 PH 公司负债结构

指标名称	2022 年末期	2021 年末期	2020 年末期
流动负债/万元	214 153.52	154 255.29	80 423.69
长期负债/万元	23 514.72	26 116.97	18 368.17
负债合计/万元	237 668.24	180 372.26	98 791.86

表 5-7 PH 公司长期负债结构列表(2021 年年报数据)

指标名称	长期借款	应付债券	长期应付款	住房周转金	其他长期负债	长期负债合计
金额/元	267 576 200.0	0	8 616 456.21	−15 023 002.84	0	261 169 653.37

其次,股权情况如下。

随着配股、送股和资本金转增股本的不断增加,PH 公司的股本呈高速扩张态势,而且流通股在总股本中所占的比重也呈现出增长趋势,从 2018 年的 37.94%增长到 2021 年的 42.19%。但由于 PH 公司上市以来的业绩增长保持了较快速度,所以收益状况一直良好,每股收益一直较高,上市以来均在每股 0.6 元以上。

1)要求

①试分析 PH 公司的资本结构。

②试分析 PH 公司的筹资方式。

2)解析

①随着配股、送股和资本金转增股本的不断增加,PH 公司的股本呈高速扩张态势,而且流通股在总股本中所占的比重也呈现出增长趋势,从 2018 年的 37.94%增长到 2021 年的 42.19%。所以,PH 公司的资本结构中股权所占比重较大,债权比重较少。

② PH 公司的筹资方式有股票筹资、长期借款筹资、短期借款筹资等。

（五）资本结构优化

1. 实训目的

掌握资本结构优化的方法。

2. 项目资料

PH 公司有总资本 1 000 万元，其中债务资本 400 万元（年利息 40 万元）；普通股资本 600 万元（600 万股，面值 1 元，市价 5 元）。PH 公司由于扩大经营规模，需要追加筹资 800 万元，所得税税率为 20%，不考虑筹资费用因素。有两种筹资方案。

甲方案：增发普通股 200 万股，每股发行价 3 元；同时向银行借款 200 万元，利率保持原来的 10%。

乙方案：增发普通股 100 万股，每股发行价 3 元；同时溢价发行 500 万元面值为 300 万元的公司债券，票面利率 15%。

根据 PH 公司财务人员测算，追加筹资后销售额有望达到 1 200 万元，变动成本率为 60%，固定成本为 200 万元，所得税税率 25%，不考虑筹资费用因素。

1）要求

①计算甲、乙两个方案的每股收益无差别点处的息税前利润。

②计算预计的息税前利润。

③计算处于每股收益无差别点时甲方案的财务杠杆系数。

④计算处于每股收益无差别点时乙方案的财务杠杆系数。

⑤根据以上资料，对于两个筹资方案，PH 公司应该如何进行选择？

2）解析

①甲、乙两个方案的每股收益无差别点处的息税前利润计算如下。

$$(\overline{EBIT}-60)\times(1-20\%)/800=(\overline{EBIT}-85)\times(1-20\%)/700$$

$$\overline{EBIT}=260（万元）$$

②预计的息税前利润的计算如下。

预计的息税前利润=1 200−1 200 × 60%−200=280（万元）

③处于每股收益无差别点时甲方案的财务杠杆系数：

$$DFL_{甲}=280/(280-40-20)=1.27$$

④处于每股收益无差别点时乙方案的财务杠杆系数：

$$DFL_{乙}=280/(280-40-45)=1.44$$

⑤决策：由于筹资后的息税前利润大于每股收益无差别点处的息税前利润，因此应该选择财务风险较大的乙方案。

任务三　利润分配决策

一、理论回顾

(一)利润分配

1. 利润分配的原则

利润分配的原则包括:依法分配原则;资本保全原则;兼顾各方面利益原则;分配与积累并重原则。

2. 利润分配的顺序

根据我国公司法的规定,公司进行利润分配涉及的项目包括盈余公积金和股利。公司税后利润分配的顺序如下。

(1)计算可供分配的利润

将本年净利润(或亏损)与年初未分配利润(或亏损)合并,计算出可供分配的利润。如果可供分配的利润为负数(即亏损),则不能进行后续分配;如果可供分配的利润为正数(即本年累计盈利),则进行后续分配。

其中,弥补以前年度亏损,应按以下顺序进行:①税前利润弥补,用税前利润连续弥补,期限不得超过 5 年;②税后利润弥补,企业本年度发生的亏损,连续 5 年用税前利润弥补后,仍未补足的,从第 6 年起,应当用税后利润弥补;③盈余公积弥补;④资本公积弥补。

(2)计提法定盈余公积金

按抵减年初累计亏损后的本年净利润计提法定盈余公积金。它的提取比例一般为净利润的 10%,当法定盈余公积金累计金额达到企业注册资本的 50%以上时,可以不再提取。提取的法定盈余公积金用于弥补以前年度亏损或转增资本,但之后留存的法定盈余公积金余额不得低于注册资本的 25%。

(3)计提任意盈余公积金

任意盈余公积金计提标准由股东大会确定,如确有需要,经股东大会同意后,任意盈余公积金也可用于分配。法定盈余公积金和任意盈余公积金的区别就在于其各自计提的依据不同。前者以国家的法律或行政规章为依据提取,后者则由企业自行决定提取。

(4)向股东(投资者)支付股利(分配利润)

公司股东大会或董事会违反上述利润分配顺序,在抵补亏损和提取法定盈余公积金、公益金之前向股东分配利润的,必须将违反规定发放的利润退还公司。

3. 股利分配的程序

股利的支付有一个过程,何时发放股利体现在股利支付的程序中,最终由公司董事会将支付股利的事项向股东宣告,股利支付过程中有以下几个重要日期:股利宣告日、股权登记日、除息日与股利发放日。

4. 股利支付的形式

按照股份有限公司对其股东支付股利的不同方式,股利可以分为不同的种类。其中,常见的有以下 4 类。

①现金股利:固定现金股利、额外股利、特别股利和清算股利。

②财产股利:如公司债券、公司股票等,将其作为股利发放给股东。

③负债股利:通常以公司的应付票据的形式支付给股东,有时也以发行公司债券的方式支付股利。

④股票股利:是公司以增发股票的方式所支付的股利,即按股东股份的比例发放股票作为股利的一种方式。它是现金股利的替代方式,实务中通常也称其为“红股”。

(二)股利分配理论

企业的股利分配方案既取决于企业的股利政策,又取决于决策者对股利分配的理解与认识。股利分配理论中主要有以下两种较流行的观点。

1. 股利无关理论

股利无关理论认为,在一定的假设条件的限制下,股利政策不会对公司价值或股票价格产生任何影响,投资者不关心公司股利的分配。公司市场价值是由公司所选择的投资决策的获利能力和风险组合决定的,而与公司的利润分配政策无关。

该理论是建立在完全资本市场理论之上的,假定条件包括:第一,市场具有强式效率,没有交易成本,没有任何一个股东的实力足以影响股票价格;第二,不存在任何公司或个人所得税;第三,不存在任何筹资费用;第四,公司的投资决策与股利决策彼此独立,即投资决策不受股利分配的影响;第五,股东对股利收入和资本增值并无偏好。

2. 股利相关理论

与股利无关理论相反,股利相关理论认为,企业的股利政策会影响股票价格和公司价值。其主要观点有以下几种。

(1)“手中鸟”理论

“手中鸟”理论认为,用留存收益进行再投资为投资者带来的收益具有较大的不确定性,并且投资的风险随着时间的推移会进一步加大,因此厌恶风险的投资者会偏好确定的股利收益,而不愿将收益留存在公司内部去承担未来的投资风险。该理论认为,公司的股利政策与公司的股票价格是密切相关的,即当公司支付较高的股利时,公司的股票价格会随之上升,公司价值将提高。

(2)信号传递理论

信号传递理论认为,在信息不对称的情况下,公司可以通过股利政策向市场传递有关公司未来获利能力的信息,从而会影响公司的股价。一般来讲,预期获利能力强的公司,往往愿意通过相对较高的股利支付水平把自己同预期获利能力差的公司区别开来,以吸引更多的投资者。对于市场上的投资者来讲,股利政策的差异或许是反映公司预期获利能力的有价值的信号。

(3)所得税差异理论

所得税差异理论认为,由于普遍存在的税率以及纳税时间的差异,资本利得收益比股利收益更有助于实现收益最大化目标,公司应当采取低股利政策。一般来说,对资本利得收益征收的税率低于对股利收益征收的税率;另外,即使两者没有税率上的差异,由于投资者对资本利得收益的纳税时间的选择更具有弹性,投资者仍可以享受延迟纳税带来的收益差异。

(4)代理理论

代理理论认为,股利政策有助于减少管理者与股东之间的代理冲突,即股利政策是协调股东与管理者之间代理关系的一种约束机制。该理论认为,股利的支付能够有效降低代理成本。首先,股利的支付减少了管理者对自由现金流量的支配权,这在一定程度上可以抑制公司管理者的过度投资或在职消费行为,从而保护外部投资者的利益;其次,较多的现金股利发放,减少了内部融资,导致公司进入资本市场寻求外部融资,从而公司将接受资本市场上更多的、更严格的监督,这样便通过资本市场的监督减少了代理成本。因此,高水平的股利政策降低了公司的代理成本,但同时增加了外部融资成本,理想的股利政策应当使两种成本之和最小。

(三)股利政策

股利政策是指在法律允许的范围内,企业有关是否发放股利、发放多少股利以及何时发放股利的方针及对策。

1. 剩余股利政策

剩余股利政策是指公司在分配税后利润、确定股利支付率时,首先考虑营利性投资项目的资金需要,将可供分配的税后利润先用于满足投资项目所需的权益资金,若还有剩余,才将剩余的税后利润用于发放股利;若没有利余,就不发股利。

剩余股利政策下股利分配的步骤:①确认可以利用的投资机会;②确定投资的资金预算;③根据公司目标资本结构确定所需权益资金;④尽可能地使用留存收益来满足投资所需的权益资金;⑤留存收益在满足投资所需的权益资金需求后还有剩余时,则分派股利。当公司有收益较高的良好投资机会或扩大生产经营规模,需要筹措权益资金时,适用剩余股利政策。

剩余股利政策的优点包括:留存收益优先保证再投资的需要,有助于降低再投资的资本成本,保持最佳的资本结构,实现企业价值的长期最大化。其缺点有:如果完全执行剩余股利政策,股利发放额就会每年随投资机会和盈利水平波动。在盈利水平不变的情况下,股利将与投资机会的多寡呈反方向变动,即投资机会越多,股利越少。

剩余股利政策不利于投资者安排剩余支出,也不利于公司树立良好的形象,一般适用于处于初创阶段的公司。

2. 固定或持续增长股利政策

固定或持续增长股利政策是指公司将每年派发的股利的金额固定在某一特定水平或在此基础上维持某一固定比率逐年稳定增长的政策。公司只有在确信未来的盈利增长不会发生逆转时,才会宣布实施固定或持续增长股利政策。

固定或持续增长股利政策的优点包括:①可以传递给股票市场各投资者一个公司经营状况稳定、管理层对未来充满信心的信号,这有利于公司在资本市场上树立良好的形象,增强投资者信心,进而有利于稳定公司股价;②有利于吸引那些打算做长期投资的股东,这部分股东希望其投资的获利能够成为其稳定的收入来源,以便安排各种经常性的消费和其他支出。缺点有:①固定或持续增长股利政策下的股利分配只升不降,股利支付与公司盈利相脱离,即不论公司盈利多少,均要按固定的额度乃至固定增长的比率派发股利;②在公司的发展过程中,难免会出现经营状况不好或短暂困难的时期,如果这时仍执行固定或持续增长股利政策，当派发的股利的金额大于公司的盈利，必将侵蚀公司的留存收益，影响公司的后续发展，甚至侵蚀公司的现有资本，给公司的财务运作带来很大压力，最终影响公司正常的生产经营活动。

固定或持续增长股利政策一般适用于经营比较稳定或正处于成长期的企业，但很难被长期采用。

3. 固定股利支付率政策

固定股利支付率政策是指公司将每年某一固定比例的净收益作为股利分派给股东的政策。净收益中股利所占的比重通常称为股利支付率，股利支付率一经确定，一般不得随意变更。固定股利支付率越高，公司留存的净收益越少。

固定股利支付率政策的优点包括：①采用固定股利支付率政策，股利与公司盈余紧密配合，体现了多盈多分、少盈少分、无盈不分的股利分配原则；②由于公司每年的获利能力是经常变动的，因此每年的股利也应当随着公司收益的变动而变动，并与留存收益保持一定的比例关系，公司每年按固定的比例从税后利润中支付现金股利，从企业支付能力的角度看，这是一种稳定的股利政策。缺点有：①传递的信息容易成为公司的不利因素；②容易使公司面临较大的财务压力；③缺乏财务弹性；④确定合适的固定股利支付率难度大。

固定股利支付率政策比较适用于那些处于稳定发展阶段且财务状况也较稳定的公司。

4. 低正常股利加额外股利政策

低正常股利加额外股利政策是指企业事先设定一个较低的正常股利额，每年除按正常股利额向股东发放现金股利外，还在企业盈利较好、资金较为充裕的年度向股东发放高于每年正常股利的额外股利的政策。

低正常股利加额外股利政策的优点包括：①赋予公司一定的灵活性，使公司在股利发放上留有余地，具有较大的财务弹性；②有助于稳定股价，增强投资者信心。缺点有：由于年度之间公司的盈利波动使得额外股利不断变化，或时有时无，造成分派的股利不同，容易给投资者造成公司收益不稳定的感觉。

对那些盈利随着经济周期而波动较大的公司或行业，这种股利政策也许是一种不错的选择。

（四）股票股利、股票分割与股票回购

1. 股票股利

股票股利对公司来说，不会导致现金流出，也不会导致资产减少，而只是将留存收益转化为股本。但股票股利会增加流通在外的股票数量，同时降低股票的每股价值。它不会改变公司股东权益总额，但会改变股东权益的构成。

2. 股票分割

股票分割又称股票拆细，即将一张较大面值股票拆细成几张较小面值的股票。实务中，如果上市公司认为自己公司的股票市场价格太高，不利于良好的流动，有必要将其降低，就可能进行股票分割。如将其一分为二，即在外流通股数翻番，每股收益和每股净资产减半，以推动股价下调。

3. 股票回购

股票回购是指上市公司出资将其发行的流通在外的股票以一定价格购买回来予以注销

或作为库存股的一种运作方式。

《中华人民共和国公司法》规定，公司不得收购本公司股份。但有下列情形之一的除外：

①减少公司注册资本；

②与持有本公司股份的其他公司合并；

③将股份奖励给本公司职工；

④股东因对股东大会做出的公司合并、分立决议持异议，要求公司收购其股份的。

二、实训目标

通过实训，使学生对企业不同股利政策及其优缺点有进一步的了解，把握股利政策与企业的筹资、投资及其股票市场价值的关系，对企业有利不分和股票股利的利弊进行论证和把握。

三、实训项目

（一）剩余股利政策分析

1. 实训目的

能够运用剩余股利政策分析企业股利分配情况。

2. 项目资料

PH 公司 2022 年税后净利润为 2 000 万元，2023 年的投资计划需要资金 2 400 万元，PH 公司的目标资本结构为权益资金占 50%、债务资金占 50%。

1）要求

根据剩余股利政策分析以下内容。

①根据目标资本结构，PH 公司投资方案所需的权益资金数额为多少？

② 2022 年，PH 公司可以发放的股利有多少？

③假设 PH 公司当年流通在外的普通股为 1 600 万股，则每股股利为多少？

2）解析

①按照目标资本结构的要求，PH 公司投资方案所需的权益资金数额为：

2 400 × 50%=1 200（万元）

② PH 公司 2022 年全部可用于分派的盈利为 2 000 万元，除了满足上述投资方案所需的权益资金需求外，还有剩余，则可用于发放股利。2022 年，PH 公司可以发放的股利为：

2 000−1 200=800（万元）

③假设 PH 公司当年流通在外的普通股为 1 600 万股，那么每股股利为：

800/1 600=0.5（元/股）

（二）固定股利支付率政策

1. 实训目的

能够运用固定股利支付率政策分析企业股利分配情况。

2. 项目资料

QH 公司长期采取固定股利支付率政策进行股利分配，确定的股利支付率为 20%，2022

年税后净利润为 800 万元。假如 QH 公司下一年度有较大的投资需求,则计划采用剩余股利政策,且 QH 公司 2023 年的投资预算为 1 200 万元,QH 公司的目标资本结构为权益资金占 60%。

1)要求

根据固定股利支付率政策及剩余股利政策进行分析。

①如 QH 公司继续执行固定股利支付率政策,则 2022 年需要支付的股利为多少?

②根据剩余股利政策,QH 公司投资方案需要的权益资金为多少?QH 公司 2022 年可以发放的股利为多少?

2)解析

①如 QH 公司继续执行固定股利支付率政策,则 2022 年需要支付的股利为:

800 × 20%=160(万元)

②根据剩余股利政策,按照目标资本结构的要求,QH 公司投资方案需要的权益资金为:

1 200 × 60%=720(万元)

QH 公司 2022 年可以发放的股利为:

800–720=80(万元)

(三)各种股利政策的比较

1. 实训目的

使学生能够运用、理解各种股利政策。

2. 项目资料

RH 公司 2021 年、2022 年的税后利润分别为 1 500 万元和 1 800 万元,RH 公司于 2022 年 4 月 20 日向股东分配现金红利 900 万元。2022 年,RH 公司扩大生产规模,拟上一新项目,经测算,新项目需要资金 2 000 万元。RH 公司资本结构为“权益:债务=3:2”。

1)要求

①若 RH 公司执行固定股利支付率政策,权益资金在 2022 年的基础上上升 5 个百分点,资本结构不变,计算 RH 公司为上新项目需要筹集多少权益资金。

②若 RH 公司执行固定股利政策,资本结构不变,计算 RH 公司为上新项目需要筹集多少权益资金。

③若 RH 公司执行剩余股利政策,目标资本结构变为“权益:债务=1:1”,计算 2023 年可以发放多少现金股利。

2)解析

①计算过程如下。

股利支付率=900/1 500 × 100%=60%

2022 年需要支付的股利=1 800 × 60%=1 080(万元)

权益资金所占比重=3/(3+2)× 100%+5%=65%

新项目需要权益资金=2 000 × 65%=1 300(万元)

RH 公司为上新项目需要筹集权益资金=1 300–(1 800–1 080)=580(万元)

②计算过程如下。

权益资金所占比重=3/（3+2）×100%=60%

新项目需要权益资金=2 000×60%=1 200（万元）

RH公司为上新项目需要筹集权益资金=1 200–（1 800–900）=300（万元）

③计算过程如下。

权益资金所占比重=1/（1+1）×100%=50%

RH公司为上新项目需要筹集权益资金=2 000×50%=1 000（万元）

发放现金股利数额=1 800–1 000=800（万元）

（四）不同股利支付政策下的资金需求

1. 实训目的

掌握不同股利政策并会根据不同股利政策分析资金需要量。

2. 项目资料

SH公司成立于2021年1月1日，2021年实现的净利润为1 000万元，分配现金股利550万元，提取盈余公积450万元（所提盈余公积均已指定用途）。2022年实现的净利润为900万元（不考虑计提法定盈余公积的因素）。2023年计划增加投资，所需资金为700万元。假定SH公司目标资本结构为自有资金占60%，债务资金占40%。

1）要求

①在保持SH公司目标资本结构的前提下，计算2023年投资方案所需的自有资金和需要从外部借入的债务资金。

②在保持SH公司目标资本结构的前提下，如果该公司执行剩余股利政策，计算2022年应分配的现金股利。

③在不考虑目标资本结构的前提下，如果公司执行固定股利政策，计算2022年度应分配的现金股利、可用于2023年投资的留存收益和需要额外筹集的资金。

④不考虑目标资本结构的前提下，如果SH公司执行固定股利支付率政策，计算SH公司的股利支付率和2022年应分配的现金股利。

⑤假定SH公司2023年面临着从外部筹资的困难，只能从内部筹资，不考虑目标资本结构，计算在此情况下2022年度应分配的现金股利。

2）解析

①计算过程如下。

2023年投资方案所需的自有资金=700×60%=420（万元）

2023年投资方案所需从外部借入的债务资金=700×40%=280（万元）

或 2023年投资方案所需从外部借入的债务资金=700–420=280（万元）

②计算过程如下。

2022年应分配的现金股利=2022年净利润–2023年投资方案所需的自有资金

=900–420=480（万元）

③计算过程如下。

2022年应分配的现金股利=上年分配的现金股利=550（万元）

可用于2023年投资的留存收益=900–550=350（万元）

2023 年投资需要额外筹集的资金额=700–350=350(万元)

④计算过程如下。

SH 公司的股利支付率=550/1 000 × 100%=55%

2022 年应分配的现金股利=55% × 900=495(万元)

⑤因为 SH 公司只能从内部筹资且不考虑目标资本结构,所以 2023 年的投资需要从 2022 年的净利润中留存 700 万元,所以 2022 年度应分配的现金股利=900–700=200 万元。

(五)股利分配

1. 实训目的

了解股利分配方式,掌握股利分配与企业盈利的关系。

2. 项目资料

TH 公司主要从事高新技术相关业务,于 2016 年在创业板上市。TH 公司 2016—2021 年主要财务数据及分红情况见表 5-8、表 5-9。

表 5-8 TH 公司 2016—2021 年主要财务数据

项目	2016 年	2017 年	2018 年	2019 年	2020 年	2021 年
营业收入/万元	23 825.816 5	59 855.588 6	116 730.714 6	236 124.473 0	681 893.862 2	1 301 672.512 4
营业成本/万元	16 533.206 3	43 719.411 6	96 989.591 8	212 318.194 7	677 107.720 7	1 302 605.172 8
营业利润/万元	7 292.610 1	16 136.177 0	19 741.122 8	23 670.764 4	4 786.645 3	6 942.283 2
利润总额/万元	7 483.662 0	16 424.447 0	22 801.172 8	24 640.088 3	7 289.910 4	7 416.922 2
净利润/万元	7 009.942 9	13 112.113 0	19 419.414 2	25 500.969 4	36 402.950 9	57 302.717 3
每股收益/元	0.84	0.6	0.46	0.32	0.44	0.31

表 5-9 TH 公司 2016—2021 年分红情况

年份	公告日	分红(每 10 股)/元	送股(每 10 股)/元	转增股(每 10 股)/元	登记日	除权日
2021 年	2022 年 3 月 31 日	0.31			2022 年 5 月 10 日	2022 年 5 月 11 日
2020 年	2021 年 3 月 18 日	0.46		12.00	2021 年 5 月 18 日	2021 年 5 月 19 日
2019 年	2020 年 3 月 20 日	0.31			2020 年 5 月 20 日	2020 年 5 月 21 日
2018 年	2019 年 3 月 28 日	0.50		9.00	2019 年 5 月 28 日	2019 年 5 月 29 日
2017 年	2018 年 3 月 19 日	0.73		9.00	2018 年 5 月 19 日	2018 年 5 月 20 日
2016 年	2017 年 3 月 26 日	1.50	2	10.00	2017 年 5 月 26 日	2017 年 5 月 27 日

1)要求

TH公司2016—2021年的盈利情况与股利分配的关系。

2)解析

对于不同的股利政策,其盈利水平与股利分配的关系有所不同。这里应先分析该公司所采用的股利政策,然后再分析其与盈利的关系。

(六)股利分配方案决策

1. 实训目的

研究公司章程规定的股利分配政策;计算分析公司应保留的未分配利润;提出公司股利分配方案。

2. 项目资料

UH公司是一家上市公司,总股本为29 617万股,流通股为21 676万股。2020年实现净利润22 916万元,公司董事会要求财务部根据公司章程和公司发展提出2020年股利分配方案和股利分配实施公告,供股东大会审议。UH公司2020年主要财务数据见表5-10。

表5-10 UH公司2020年主要财务数据

主营收入/万元	516 564
总资产/万元	342 386
股东权益/万元	105 724
每股收益/元	0.71
每股净资产/元	3.25
每股现金流量/元	1.08
净资产收益率/%	21.68

UH公司2020年未分配利润有12 862万元。

UH公司股利分配政策与公司发展要求:①按10%提取法定盈余公积金;②按5%提取任意盈余公积金;③按总股本提出每股应分配的现金股利(含税);④为了满足公司发展的资金需求,分配股利后的未分配利润应不少于股东权益的20%。

1)要求

制定UH公司2020年股利分配方案。

2)解析

2020年华诚公司股利分配方案(建议)

各位董事:

经×××会计师事务所审计,公司2020年实现净利润229 160 000元。

本次分配以296 170 000股为基数,向全体股东每10股派发现金红利0.70元(含税),送6股,转增0股,扣税后每10股派发现金红利0.03元,共计派发股利20 731 900元。实施后总股本为473 872 000股,增加177 702 000股。本次2020年度分配方案具体情况如下:

①按净利润的10%提取法定盈余公积金22 916 000元；

②按净利润的5%提取任意盈余公积金11 458 000元；

③提取法定盈余公积金和任意盈余公积金后，加上年初转入的未分配利润，可供股东分配的利润为323 406 000元。以2020年12月31日的总股本296 170 000股为基数，按每10股派发现金红利0.70元（含税），共派发现金红利20 731 900元；并按每10股送6股，共送177 702 000股。本次分配后，账面年末未分配利润为124 972 100元。

以上方案请各位董事审议。

UH公司

2021年××月××日

任务四　实训技能考核

一、考核目标

通过考核案例分析，使学生会计算个别资本成本率和综合资本成本率；能分析比较投资收益率与资本成本率；会撰写综合资本成本效益分析报告；根据实训基地单位的调研资料会撰写企业筹资方式计划书、筹资情况分析报告及资本结构优化计划书。

二、考核要求

本次考核总分为100分，具体评分细则为：

①遵守考核纪律，学习积极主动，与现场考勤考查结合（20分）；

②能够熟练进行资本成本的计算，完成考核要求（40分）；

③实训总结（40分）。

三、考核案例

VH公司2023年欲在某市拓展法国化妆品销售业务，销售部门已提交销售可行性分析报告给公司董事会，并提出需要增加1 000万元投资。VH公司董事会要求财务部门制订1 000万元资金筹集计划，计算综合资本成本率，撰写资本成本效益分析报告提交公司董事会决策。

法国化妆品销售可行性分析报告摘要如下。

①市场分析情况。本市为中等城市，没有法国化妆品的专卖商店。本市白领女性达150万人，其中：年收入50万元以上的占10%，对法国化妆品的喜爱度达100%；年收入40万~50万元的占10%，对法国化妆品的喜爱度达90%；年收入30万~40万元的占20%，对法国化妆品的喜爱度达80%；年收入20万~30万元的占30%，对法国化妆品的喜爱度达70%；年收入在10万~20万元的占30%，对法国化妆品的喜爱度达60%。年增长率均为10%。

②销售预测情况。白领女性高档化妆品支出占收入的比重：年收入50万元以上的占30%；年收入40万~50万元的占25%；年收入30万~40万元的占20%；年收入20万~30万元的占15%；年收入10万~20万元的占10%。预计当年的销售收入为700万元，以后每年

增长 10%。

③投资收益资料。总投资需要资金 1 000 万元,经营期 5 年。其中，500 万元属于可收回的流动资金投资，500 万元为不可收回的固定与无形资产投资。占用场地 100 平方米,每年缴纳场地费 20 万元。除场地占用费和财务费用之外的经营管理费用率为 20%。销售毛利率为 40%。

VH 公司财务部门制定的资金筹集计划如下。

①向银行借款 200 万元。可通过银行取得一年期借款 200 万元,年利率为 6%,所得税税率为 25%,筹资费率为 1%,每年还本付息一次,可续借 5 年。

②发行债券 300 万元。可发行 5 年期债券,面值为 300 万元,票面年利率为 8%,每年付息一次,到期还本,发行价为 300 万元,发行费用率为 5%,所得税税率为 25%。

③发行普通股 400 万元。可发行普通股 40 万股,每股 10 元,筹资费率为 5%,第一年末每股发放股利 2 元,预计未来股利每年增长 5%。

④留存收益 100 万元。可动用留存收益 100 万元,用于投资经营,共计筹集资金 1 000 万元。

要求:

①计算 VH 公司筹集资本成本(包括:银行借款资本成本率、发行债券资本成本率、发行股票资本成本率、留存收益资本成本率);

②分析 VH 公司筹集资本成本收益(包括:筹集 1 000 万元资本成本、经营 5 年资本成本支出、法国化妆品经营 5 年的收益率、对投资经营法国化妆品的建议)。

模块六　营运资金管理实训

导言

一个企业要维持正常的运转就必须拥有适量的营运资金,营运资金管理是企业财务管理的重要组成部分。营运资金管理是对企业流动资产及流动负债的管理。一个企业的财务经理会把大部分的时间用于营运资金管理。而要搞好营运资金管理,必须解决好流动资产和流动负债两个方面的问题。

任务一　现金管理

一、理论回顾

(一)现金管理的目标和现金持有动机

现金是企业流动资产的重要内容,持有过量的现金可以提高企业的支付能力,降低财务风险,但同时企业的收益也会降低。不过,企业现金短缺也会影响企业日常交易活动。因此,企业现金管理的目标就是在保证生产经营所需现金的同时,尽可能减少现金的持有量,而将闲置的现金用于投资,以获取一定的投资收益。

企业持有现金的动机有 3 个。

1. 交易性动机

交易性动机是指企业为了维持日常周转及正常商业活动而持有现金的需要。

2. 预防性动机

预防性动机是指企业需要持有一定量的现金,以应付突发性事件。确定满足预防性动机所需持有的现金数额时,需要考虑以下因素:①企业愿冒现金短缺风险的程度;②企业预测现金收支可靠的程度;③企业临时融资的能力。

3. 投机性动机

投机性动机是指企业需要持有一定量的现金,以抓住突然出现的获利机会。

(二)现金成本的组成

1. 机会成本

现金作为企业的一项资金占用是有代价的,这种代价就是它的机会成本。

机会成本 = 现金持有量 × 有价证券利率或收益率

2. 管理成本

管理成本是指企业因持有一定数量的现金而发生的管理费用。企业拥有现金会发生管理费用,如管理人员工资、安全保障措施所需费用等,这些费用是现金的管理成本,是一种固定成本。其在一定范围内与现金持有量之间无明显的比例关系。

3. 短缺成本

短缺成本是因现金持有量不足,又无法及时通过有价证券变现加以补充而使企业遭受的直接损失和间接损失,如丧失的购买机会,甚至是因现金供应不足而造成的停工损失、信用损失和得不到折扣好处等。现金短缺成本随现金持有量的增加而下降,随现金持有量的减少而上升,即其与现金持有量为负相关关系。

4. 转换成本

转换成本是指企业用现金购入有价证券以及用有价证券换取现金时付出的交易费用,即现金同有价证券之间相互转换的成本,如委托买卖佣金、委托手续费、证券过户费、印花税、实物交割费等。

(三)最佳现金持有量的确定

最佳现金持有量是对企业正常生产经营活动最有利的现金余额,以下介绍 3 种确定最佳现金持有量的方法。

1. 成本分析模式

成本分析模式是通过分析持有现金的有关成本费用,寻找使总成本最低的现金持有量。采用这种方法确定最佳现金持有量,考虑的是持有一定量的现金而产生的机会成本、管理成本及短缺成本,而不考虑转换成本,这些成本费用合计最小时的现金余额就是最佳现金持有量。其计算公式为:

最佳现金持有量=机会成本+管理成本+短缺成本

2. 存货模式

存货模式是引入存货的经济批量模型计算最佳现金持有量的一种分析方法,其基本原理源于计算存货经济批量的基本模型。这种方法主要考虑机会成本和转换成本。

$$Q=\sqrt{2TF/K}$$

最佳现金管理总成本(TC) $=\sqrt{2TFK}$

式中 T 为某一时期的现金总需用量, Q 为最佳现金持有量(每次出售有价证券换回的现金数量), K 为有价证券的利息率(机会成本率), F 为每次出售有价证券的转换成本, TC 为某一时期的现金管理总成本。

3. 随机模式

假定每日现金流量为正态分布,现金与有价证券之间能够自由兑换。分布形态如图 6-1 所示。

当企业现金余额在上限和下限之间波动时,表明企业现金持有量处于合理的水平,无须进行调整。当现金余额达到上限时,则将部分现金转换为有价证券;当现金余额下降到下限时,则卖出部分证券。

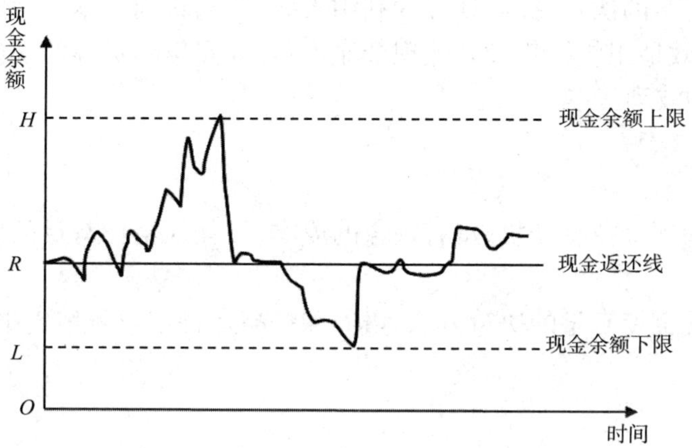

图 6-1

随机模式的相关成本包括交易成本和机会成本。相关计算原理如下。

（1）现金返还线（R）

$$R=\sqrt[3]{\frac{3b\delta^2}{4i}}+L$$

式中，b 代表有价证券的固定转换资本，i 代表有价证券的日利息率，δ 代表预期每日现金余额变化的标准差，L 代表现金余额下限。

（2）现金余额上限（H）

$$H-R=2\times(R-L),\text{或}H=3R-2L$$

（3）现金余额下限（L）

现金余额下限受企业每日的最低现金需要量、管理人员的风险承受倾向等因素影响。

（四）现金的日常管理

1. 闲置资金管理

企业现金管理的目的，首先是保证主营业务的现金需求，其次才是使这些现金获得较多的收益。这两个目的要求企业把闲置资金投入流动性高、风险性低、交易期限短的金融工具中，以期在容易变现的条件下获得较多的收入。在货币市场上，财务人员通常使用的金融工具主要有国库券、大额定期可转让存单、企业债券、企业股票、回购协议等。

2. 改进员工工资支付模式

企业可以为支付工资专门设立一个工资账户，通过银行向职工支付工资。为了最大限度地减少工资账户的存款余额，公司要合理预测开出支付工资的支票到职工去银行兑现之间的具体时间。通常，总有一定比例的职工并不是立刻到工资账户中去兑现工资，而是在数日后才去兑现。这样企业就可以将工资账款陆续存入，以减少该账户的存款余额，以达到充分利用现金的目的。这样既可以满足职工兑现工资的要求，又可以减少工资账户中的闲置现金。

3. 力争现金流出与现金流入同步

企业应尽量使现金流出与现金流入同步，这样可以降低交易性现金余额，同时可以减少有价证券转换为现金的次数，提高现金的利用效率，节约转换成本。为此，企业应认真编制现金预算，从而有效地组织销售及其他现金流入，合理安排购货等的现金流出，使现金流入线与现金流出线的波动基本一致。

二、实训目标

①学习和掌握现金持有动机、持有现金的成本、最佳现金持有量的确定方法，把握现金的日常管理工作。

②掌握最佳现金持有量的决策方法，培养和提高在特定业务情境中分析问题与决策设计的能力。

三、实训项目

（一）现金持有动机分析

1. 实训目的

理解现金持有的动机，能够分析现金对于一家公司的重要性。

2. 项目资料

XJ 公司是一家航空公司，该公司的总资产是 60 亿元，从总资产量来看，其属于较大的航空运输公司。XJ 公司的现金持有量高达 5 100 万元。面对 XJ 公司如此大的现金持有量，有人提出质疑，既然持有现金无法获得利息收入，XJ 公司为什么还要持有这么多现金呢？如果把这些钱全部投资于短期有价证券还能带来利息。面对这些质疑，XJ 公司的理由是其要用现金对承运的货物和服务进行支付。不过，企业持有现金也要付出相应的成本，比如持有的现金不能用于投资，无法获得投资收益且每天都要对现金进行管理，如果当前现金持有量不能满足企业的需求还需要快速将企业其他资产转换为现金。

从对 XJ 公司的现金持有量的分析可以看出，企业必须有一定的现金持有量，但持有现金也需要企业付出一定成本，且现金的持有量越大，企业付出的成本就越高，那么怎样确定企业的最佳现金持有量，以使其既能够满足企业的需求又能够使企业现金成本达到最低。

1）要求

①结合资料讨论，企业为什么要持有现金，即持有现金的动机是什么？

②如果企业没有现金持有量会带来什么样的后果？

③结合资料讨论，企业可从哪些方面使现金持有量达到最佳？

2）解析

①根据 XJ 公司的特点，其现金主要用于支付飞行员、客舱服务人员的工资；满足各项管理及销售支出的需求；偿还债务本息；支付现金股利、机场起降费、机场服务代理费、空中管理局航路费；支付油料及餐食供应商的航空燃油费等。可见，该航空公司的现金用途比较广泛，总的来说，其持有现金主要是为了满足交易性需要、预防性需要和投机性需要。需要注意的是，企业的现金持有量一般小于 3 种需要下的现金持有量之和，因为为满足某一需要而持有的现金可以用于满足其他需要。

②如果企业没有现金持有量，则不能满足企业基本的交易性需要，如不能支付员工工资，不能支付机场起降费、机场服务代理费，不能支付股东现金股利等，这样带来的后果是企

业大部分的日常活动不能正常进行,企业不能正常运作。

③企业现金持有量是为了满足其基本需求,而持有现金也需要付出一定的成本,包括管理成本、机会成本和短缺成本等,企业应当在满足企业基本现金需求的情况下,使现金成本达到最小,此时的现金持有量即为最佳现金持有量。

(二)最佳现金持有量的确定——成本分析模式

1. 实训目的

掌握运用成本分析模式确定最佳现金持有量的方法。

2. 项目资料

PH公司现有甲、乙、丙、丁四种现金持有方案,它们各自的机会成本率、短缺成本和管理成本见表6-1。

表6-1 现金持有量备选方案表 单位:元

项目	甲	乙	丙	丁
现金持有量	10 000	20 000	30 000	40 000
机会成本率	10%	10%	10%	10%
管理成本	1 500	1 500	1 500	1 500
短缺成本	5 000	2 500	800	0

1)要求

选择最佳现金持有方案。

2)解析

根据表6-1所示资料编制企业最佳现金持有量测算表(表6-2)。

表6-2 最佳现金持有量测算表 单位:元

方案	现金持有量	机会成本	管理成本	短缺成本	总成本
甲	10 000	1 000	1 500	5 000	7 500
乙	20 000	2 000	1 500	2 500	6 000
丙	30 000	3 000	1 500	800	5 300
丁	40 000	4 000	1 500	0	5 500

通过分析比较各方案的总成本可知,丙方案的总成本最低,为5 300元。故该企业应选择丙方案,其最佳现金持有量为30 000元。

(三)最佳现金持有量的确定——存货模式

1. 实训目的

掌握运用存货模式确定最佳现金持有量的方法。

2. 项目资料

某电脑生产商投资3 000万元引进等离子屏幕生产线,现已竣工调试。该公司产品质量优良、价格合理,在市场上颇受欢迎,销售良好,新生产线投产后新增销售收入2.4亿元人民币。该公司迅速发展壮大，货币资金持有量不断增加。财务经理为了尽量减少企业闲置现金数量，提高资金收益率，考虑确定最佳现金持有量。该公司每个月需要耗用现金约 330 万元，投资有价证券的平均收益率为 6%，每次转换有价证券的交易成本为 800 元，其现金支付固定且连续。

1）要求

①若该公司财务经理打算持有 3 笔不同金额的款项：50 万元，80 万元和 100 万元，请结合其全年的现金需要量做出最佳选择。

②该公司持有现金的最低总成本是多少？

③该公司一年内购买股票等有价证券的最佳次数为多少？

④利用 Excel 软件，确定该公司最佳现金持有量。

2）解析

①利用最佳现金持有量存货模式计算最佳现金持有量、现金的最低总成本、有价证券转换的最佳次数。

②利用 Excel 软件计算最佳现金持有量，见表 6-3 和表 6-4。

表 6-3 最佳现金持有量计算演示表

	B	C
1	最佳现金持有量	
2	每月耗用现金/元	
3	全年耗用现金/元	=C2*12
4	现金交易成本/元	
5	有价证券利率/%	
6	最佳现金持有量/元	=SQRT（2*C3*C4/C5）
7	一年内现金转换次数/次	=C3/C6
8	转换和持有现金的总成本/元	=SQRT（2*C3*C4*C5）

表 6-4 最佳现金持有量计算结果

	B	C
1	最佳现金持有量	
2	每月耗用现金/元	3 300 000
3	全年耗用现金/元	39 600 000
4	现金交易成本/元	800
5	有价证券利率/%	6
6	最佳现金持有量/元	1 027 618.606
7	一年内现金转换次数/次	39
8	转换和持有现金的总成本/元	61 657.116

（四）最佳现金持有量的确定——随机模式

1. 实训目的

掌握运用随机模式确定最佳现金持有量的方法。

2. 项目资料

Y 公司生产多种产品，现金水平很难预测。公司在活期存款账户内要保持 80 000 元的最低存款。分析结果表明，公司每日现金余额的方差是 1 000 元，现金的波动性持续至以后，公司每次证券转换的交易成本为 200 元，证券投资收益率为 8%。

1）要求

① Y 公司最优现金返回点是多少？

② Y 公司现金控制的上限是多少？

③用 Excel 软件计算上述指标。

2）解析

①根据最佳现金持有量的随机模式计算最优现金返回点、现金控制的上限。

②利用 Excel 软件计算上述指标，见表 6-5 和表 6-6。

表 6-5　现金返回点计算演示表

	B	C
1	最低存款/元	
2	每日现金余额方差/元	
3	每次证券转换成本/元	
4	证券投资收益率	
5	证券投资日收益率	=C4/360
6	现金返回点/元	=(3*C3*C2/(4*C5))^(1/3)+C1
7	现金返回点上限/元	=3*C6−2*C1

表 6-6　现金返回点计算结果

	B	C
1	最低存款/元	80 000
2	每日现金余额方差/元	1 000
3	每次证券转换成本/元	200
4	证券投资收益率	8%
5	证券投资日收益率	0.02%(0.000 222 222)
6	现金返回点/元	80 877.206
7	现金返回点上限/元	82 631.618

（五）现金日常管理

1. 实训目的

学会运用现金日常管理理论分析实际问题。

2. 项目资料

HU集团公司是一家大型集团企业，主要生产及销售白酒。该集团公司的财务公司的董事、总经理表示，该集团公司是一家百年企业，在全国各地设上百家子公司，这其中既有生产制造型企业，又有销售经营型企业，分布广泛，资金分散，难免形成一定的资金沉淀和间歇资金。基于这一背景，HU集团公司的财务公司应运而生，旨在对集团公司分散在全国各地的资金通过专业化的金融平台进行集中管理，加快资金周转速度，提高资金使用效率，从而提升集团公司的行业竞争力。

为实现这一目标，集团公司的财务公司结合自身实际创建了一套独具特色的资金管理模式，即依托核心系统、网上银行系统和母公司ERP（企业资源计划）系统，创建的一套集资金集中、计划管理、收付结算等功能于一体的，能完成统收统支、统收自主支付、统收分户支付等业务的运营模式。成员单位所有收入资金，每日定时通过银企直接联系统自动归集至财务公司，实现资金归集；成员单位资金计划，实行精确到日和周的现金流资金计划控制；成员单位资金运用，通过财务公司远程金融服务平台实现资金统一结算和自动会计记对账。这一管理模式全面实现了集团公司的资金归集，2018年底，HU集团公司成员单位达到86家，资金收入累计结算额达到155亿元，资金支出累计结算额约117亿元，资金结算总笔数达3万多笔，资金流转总量达768.37亿元，扣除上市公司募集资金监管等因素，资金集中度达90%，在全国财务公司中位列第29位。

集团公司把现金流比作血液。其通过防止“贫血”、设法“输血”、积极“造血”、主动“止血”等方式来保持健康的现金流，让企业在“血液畅通”的环境中稳健发展。

防止“贫血”的主旨是严格控制资本性支出，既不能在投资管理上把许多现金变成固定资产，又不能在运营管理上把许多现金变成存货。目前，集团公司的现金流非常充裕，经营性净现金流量近几年持续高达10亿元以上。

设法“输血”的主旨是探索研究低成本融资方式。集团公司认为，反应型的组织只会被动等待危机的到来，战略型的组织则会未雨绸缪。因此，在危机到来前，集团公司便积极探索、研究低成本融资方式并抓住机遇果断实施，最终以大大低于银行利息的成本成功融资15亿元，既解决了危机之下的资本储备问题，又节省了大量财务成本，使集团公司可以相对安全地过冬。目前，集团公司仍在积极探索低成本融资方式，拓展融资渠道，为集团公司提供源源不断的“血液”。

积极“造血”的主旨是强化营销，开拓市场。目前，集团公司在营销上优化品牌结构、产品结构、市场结构、组织结构和人员结构，推行品牌加基地市场“丰产又丰收”的赢利模式，强化“大客户+微观运营”的网络开发模式，构建“大系统，小尖刀”的组织协同模式，完善品牌传播、消费者体验、产品销售“三位一体”的产品推广模式，追求效益最大化。

主动“止血”的主旨是强化内控监督、防范风险。集团公司在过“好日子”的时候，已经注重强化全体员工的风险意识和风险控制能力，进行风险和危机假设，分类规划、制定各类风险应对预案。经济危机之下，集团公司更是通过完善公司内部控制监督体系，从内部风险控制体系上提高公司“抗寒”和抗打击能力，一旦危机来临，就可以迅速启动预案，不慌、不忙、不乱应对，有序、有力、有效进行。

1）要求

①HU 集团公司的财务公司的现金管理现状如何？有什么样的特色和优势？

②分析 HU 集团公司的财务公司的现金管理运用了财务管理中的哪些专业知识。

2）解析

相关分析可相合理论回顾中第四部分的内容进行。

任务二　应收账款管理

一、理论回顾

（一）应收账款的管理目标与功能

1. 应收账款的管理目标

商品与劳务的赊销与赊供，在强化企业市场竞争能力、扩大销售、增加收益、减少资金占用以及降低存货管理成本方面，有着其他任何结算方式都无法比拟的优势。但相对于现销方式，赊销商品意味着应计现金流入量与实际现金流入量在时间上不一致，所以会产生拖欠，甚至产生坏账损失的可能性也比较高。不仅如此，应收账款的增加，还会造成资本成本和管理费用的增加。因此，企业应在发挥应收账款强化竞争能力、销货功能的同时，尽可能降低应收账款投资的机会成本，减少坏账损失与管理成本，提高应收账款投资的收益率。

2. 应收账款的功能

应收账款在企业的生产经营过程中，具有以下两方面的功能。

（1）促进销售

企业在出售商品产品时，采用的两种基本销售结算方式是现销和赊销。当然，现销方式是企业最期望使用的一种结算方式。它能使企业的应计现金流入量和实际现金流入量完全吻合，从而使企业收回的款项投入再增值的过程。但是，在激烈的市场竞争下，仅采用现销的方式是不够的，企业适时地采用各种有效的赊销方式，也是很必要的。赊销方式虽然会产生一些坏账损失，但它对于企业占领市场、增加销售额尤为重要。

（2）减少存货

在企业的生产经营过程中，当商品或产成品存货较多时，企业可以采用较为优惠的信用条件进行赊销，尽快地实现商品或产成品存货向销售收入的转化，变持有存货为持有应收账款，以降低商品或产成品存货的管理费、仓储费和保险费等支出。

（二）应收账款的成本

企业在采用赊销方式促进销售的同时，也会由于持有应收账款而付出一定的代价。这种代价就是应收账款的成本，其内容包括机会成本、管理成本和坏账成本。

1. 机会成本

应收账款的机会成本是指资金投放在应收账款上被客户占用而丧失的其他收入，如投资收益。应收账款的机会成本通常与企业维持赊销业务所需要的资金数量、资本成本率或有价证券利息率有关。

应收账款平均余额=日销售额×平均收现期

应收账款占用资金=应收账款平均余额×变动成本率

应收账款占用资金的应计利息(即机会成本)=应收账款占用资金×资本成本=应收账款平均余额×变动成本率×资本成本=日销售额×平均收现期×变动成本率×资本成本=全年销售额/360×平均收现期×变动成本率×资本成本=(全年销售额×变动成本率)/360×平均收现期×资本成本=全年变动成本/360×平均收现期×资本成本

式中,平均收现期为各种收现期的加权平均数。

2. 管理成本

应收账款的管理成本是指与对应收账款进行日常管理有关的各项费用,包括调查客户信用情况的费用、收集各种信息的费用、账簿记录费用和收账费用等。

3. 坏账成本

应收账款基于商业信用而产生,应收账款的坏账成本是指应收账款收不回来而给企业造成的坏账损失。一般情况下,企业应收账款坏账成本与企业应收账款发生额成正比,而且不同行业的坏账平均损失也有差别。为了避免坏账成本给企业生产经营活动的稳定性带来不利影响,企业按规定可以根据应收账款余额的一定比例提取坏账准备金。

坏账成本一般用下列公式测算:

应收账款的坏账成本=赊销额×预计坏账损失率

(三)应收账款的信用政策

信用政策即应收账款的管理政策,是企业为了实现应收账款的管理目标而制定的赊销与收账政策,包括信用标准、信用条件和收账政策3方面内容。

1. 信用标准

信用标准是客户获得企业商业信用所应具备的基本条件,通常用预期的坏账损失率表示,企业制定的信用标准的高低与客户的信用状况的好坏有着密切的关系。

客户的信用状况由客户的品质(character)、能力(capacity)、资本(capital)、抵押(collateral)和条件(condition)5个方面决定,这5个方面简称5 C系统。

品质,指顾客的信誉,即履行偿债义务的可能性。

能力,指顾客的偿债能力。

资本,指顾客的财务实力和财务状况。

抵押,指顾客拒付款项或无力支付款项时能被用于抵押的资产。

条件,指可能影响顾客付款能力的经济环境。

2. 信用条件

信用条件是企业评价客户等级,决定给予或拒绝给予客户信用的依据。企业一旦决定给予客户信用优惠,就需要考虑具体的信用条件。所谓信用条件是指企业要求客户支付赊销款项的条件,主要包括信用期限、折扣期限和现金折扣。

(1)信用期限

信用期限是指企业允许客户从购货到延期付款的最长时间限定。

(2)折扣期限

折扣期限是在信用期限内,客户可以得到现金折扣的时间限定。

(3)现金折扣

现金折扣是企业为了鼓励客户在信用期限内尽早付款,而给予的低于定价的优惠。现金折扣期限和折扣率,如果制定得不恰当,就不能发挥出现金折扣应有的作用。企业应根据行业的特点及所售产品的特点,权衡现金折扣利弊,制定合理的折扣期限和折扣率。

3. 收账政策

收账政策是指企业为向客户收取过期账款而制定和采用的程序与方法,积极的收账政策会减少企业应收账款的机会成本和坏账损失,但同时也会增加收账费用。反之,消极的收账政策虽然可以减少收账费用,但会增加企业应收账款的机会成本和坏账损失。因此,企业制定收账政策时,必须将应收账款的机会成本和坏账损失与收账费用进行比较,确定合理的收账政策。

总之,企业要制定合理的信用政策,应该把信用标准、信用条件和收账政策结合起来,根据企业产销情况和市场竞争程度,综合考虑三者的变化对销售额和应收账款的机会成本、坏账损失与收账费用的影响,决策的原则是总收益大于因赊销而带来的总成本。

同时,企业制定信用政策时,既要通过具体数字的测算比较进行数量分析,又要依靠管理经验和主观判断进行决策。

(四)应收账款的日常管理

企业在信用政策确定后,还应加强对应收账款的日常管理。

1. 客户的信用调查

对顾客的信用进行评价是应收账款日常管理的重要内容。只有正确地评价顾客的信用状况,才能合理地执行企业的信用政策。要想合理地评价顾客的信用,必须对顾客信用进行调查,搜集有关的信息资料。

2. 客户的信用评估

搜集好信用资料后,要对这些资料进行分析,并对顾客信用状况进行评估。信用评估的方法很多,两种常见的方法为 5 C 评估法和信用评分法。

3. 客户的管理

(1)做好基础记录

基础记录包括企业与客户建立信用关系的日期、企业提供给客户的信用条件、客户的付款时间、享受现金折扣的情况、欠款情况和客户信用等级变化等。企业只有掌握这些信息,才能及时采取相应的对策。

(2)检查客户是否突破信用额度

根据企业提供的每一笔赊销业务,检查客户是否已超过信用期,债务总额是否突破信用额度。

(3)掌握客户已过信用期限的债务

企业应密切关注客户已到期债务的增减动态,以便及时采取措施与客户联系,催促其尽快付款。

4. 收账程序与方法

企业对客户拖欠的应收账款要及时催收。企业在向客户收账的过程中，对于不同的客户应采取不同的催讨方法，还应根据客户拖欠款项的不同原因采取不同的催讨方式。若客户遇到暂时的困难无法偿债，可进行债权重组；接受欠款客户非货币性资产如固定资产按公允实价抵债；修改债务条件，延长付款期或减少部分本金，激励客户还款；将债务形式改变为长期应付款，确定合理的利率，使客户按照分期偿债计划还款或将债权转变为对客户的长期投资，协助客户推动其经济增长，达到收款的目的。

5. 建立坏账准备制度

不论企业采用如何严格的信用政策，只要存在着商业信用行为，坏账损失的产生总是不可避免的。企业应当在期末分析各项应收账款的可收回性，并预计可能产生的坏账损失。对预计可能发生的坏账损失，计提坏账准备。企业计提坏账准备的方法由企业自行确定。企业应当制定计提坏账准备的政策，明确计提坏账准备的范围、提取方法、账龄的划分和提取比率，按法律、行政法规的规定报有关各方备案，并备置于企业所在地。坏账准备计提方法一经确定，不得随意变更，应当在会计报表附注中予以说明。

6. 监督应收账款的回收情况

企业可以采取以下方法实施对应收账款回收情况的监督。

（1）ABC 分析法

ABC 分析法即重点管理法（抓住重点、照顾一般）。这种方法把金额较大、欠款时间较久的应收账款列为管理重点，将最危险的客户往前排。

（2）账龄分析法

账龄分析法是通过编制账龄分析表，显示应收账款存账时间（账龄）的长短，并按时间长短进行排序的方法。企业应实施严密的监督，随时掌握应收账款的回收情况。实施对应收账款的全过程监督，可以通过编制账龄分析表进行。

二、实训目标

①学习和掌握应收账款的成本计算、信用政策和日常管理措施；运用应收账款管理的理论与实务知识研究相关案例。

②能独立为企业制定信用政策，以保证既能提高销量，又能降低应收账款风险，并为应收账款日常管理提出合理建议，具备在特定业务情境中分析问题与决策设计的能力。

三、实训项目

（一）应收账款管理的目的

1. 实训目的

理解应收账款的功能和意义。

2. 项目资料

A 企业为化工类企业，该企业的主要业务为生产和销售石油产品，石化及有机化工产品，合成橡胶、染料及染料中间体，化肥及无机化工产品等，2021 年企业实现的主要业务收入为人民币 147 亿元，与 2020 年同期相比上升 28%，但净利润却为–9.3 亿元。企业年报业绩的巨大风险在2021年中期已经有征兆,在2021年1月至6月实现销售额与2020年同比上升18%的同时,应收账款却同比上升了69%,是资产中增长最为迅速的项目,与行业内其他企业相比,该企业2021年中期的应收账款总量和增速均为最高。

从2021年全年来看,该企业的应收账款增加额达16.93亿元,与同行业其他企业相比,是增速最快的公司。由于应收账款对流动资金的占用,为了缓解现金流入不足的压力,该企业只有增加有息负债,从而使有息负债规模从年初的35.81亿元扩大到年末的75.55亿元,净增40亿元,当期负担的财务费用则达到6亿元。该企业2021年的业绩可谓险象环生,不仅要承担高额的财务费用,而且高达30亿元的应收账款的坏账准备的计提将给企业造成巨大的压力。

1)要求

①结合具体实践,深入分析应收账款管理的功能和重要性。

②深入分析、讨论资料内容,谈谈假如你是这家企业的财务总监,你应该从哪些方面来进行应收账款的管理,让企业不致陷入财务困境。

③结合资料,找出其中涉及的有关应收账款的其他专业知识并做简述。

2)解析

①应收账款是每个企业进行生产经营活动、商品与劳务赊销的产物,是企业以信用方式对外销售商品、提供劳务等所形成的尚未收回的被购货单位、接受劳务单位所占用的本企业的资金,属于商业信用的一种形式。企业为了扩大产品销路,提高产品销售收入,或多或少都有一定的商品赊销,商品的赊销也就形成了应收账款,增大了企业经营的风险。因此,企业必须采取切实可行的措施,制定合理有效的管理方法,做好应收账款坏账的事先预防、监督回收等管理工作,以保证应收账款的合理占用水平和收款安全,尽可能减少坏账损失,降低企业经营风险。

②企业控制应收账款,避免坏账造成损失,总体来说应该从以下3个方面来加强应收账款的管理。第一,源头控制,合理把握应收账款发生的额度与频率。对客户进行信用调查就是对客户的品质、支付货款的能力和财务状况等信用状况进行调查评价,以确定是否可以赊销产品给客户以及赊销量的大小等。第二,建立分工明确、互相牵制、责权分明的应收账款业务内部控制制度。严格审批权限,分别确定相关负责人的权限范围;明确企业销售部门和财务部门在应收账款管理中的责任,健全内部激励及约束机制,改变只将销售人员工资、报酬与销售指标挂钩的错误做法,建立内部考核责任制,不但要将工资、报酬与销售指标直接挂钩,而且应将应收账款纳入考核体系,将应收账款余额与相关人员的工作业绩挂钩,动态跟踪,强化日常监督。第三,加强应收账款日常动态状况的传递与报送。应收账款发生后,企业财务部门应每隔一段时间,以文书、表格形式向有关业务部门、责任经办人员和企业领导传递应收账款的动态信息,提示和督促上述有关人员及部门催收;关注往来客户的经营情况,加强日常询证。企业要随时注意了解业务往来单位的经营状况、财务状况及人员变动情况。

③关于应收账款的其他知识有应收账款成本、管理目标、信用政策和日常管理。

(二)信用政策的制定

1. 实训目的

能为公司制定合理的信用政策。

2. 项目资料

D公司在经营过程中,遇到过多次商业信用决策问题。第一次需要做出信用标准方案决策时,D公司的经营情况和信用政策详见表6-7。

表6-7 D公司经营情况和信用政策

项目	数据
当前信用政策情况下的销售收入/元(全部为赊销)	100 000
当前信用政策情况下的应收账款投资/元	12 500
利润/元	2 000
销售利润率	20%
信用标准(预期坏账损失率的限制)	10%
平均坏账损失率	6%
信用条件	30天付清
平均收现期/天	45
应收账款的机会成本	15%

假设D公司要改变信用标准,提出A、B两个方案,见表6-8。

表6-8 信用标准方案

A方案(较严的信用标准)	B方案(较松的信用标准)
信用标准:只对那些预计坏账损失率低于5%的企业提供商业信用	信用标准:只对那些预计坏账损失率低于15%的企业提供商业信用
由于标准变化减少销售收入10 000元	由于标准变化增加销售收入15 000元
减少的销售收入的平均收现期为90天,其余90 000元的平均收现期降为40天	增加的销售收入的平均收现期为75天,原100 000元的平均收现期仍为45天
减少的销售收入的平均坏账损失率为8.7%,其余90 000元的平均坏账损失率由6%降为5%	新增加的销售收入的平均坏账损失率为5%,原100 000元销售收入的平均坏账损失率仍为6%

1年后,D公司又遇到新的决策问题。预测的赊销收入额为276万元,其信用条件是"N/30",变动成本率为65%,资本成本率或有价证券利息率为10%。假定该公司的收账政策不变,固定成本总额不变,该公司准备了3个信用条件的备选方案,C方案维持"N/30"的信用条件;D方案将信用条件放宽到"N/60";E方案将信用条件放宽到"N/90"。

各种备选方案估计的赊销水平、坏账百分比和收账费用等有关资料见表6-9。

表 6-9　信用条件备选方案资料

项目	C 方案（N/30）	D 方案（N/60）	E 方案（N/90）
年赊销账/万元	276	300	320
应收账款周转率/次	12	6	4
应收账款平均余额/万元	276/12=23	300/6=50	320/4=80
维持赊销业务的资金/万元	23 × 65%=14.95	50 × 65%=32.5	80 × 65%=52
坏账损失率（坏账损失/年赊销账）	2%	3%	5%
坏账损失/万元	276 × 2%=5.52	300 × 3%=9	320 × 5%=16
收账费用/万元	2.8	4.2	6.0

如果企业选择了 D 方案，但为了加快应收账款的回收，决定将赊销条件改为“2/10，1/20，N/60”（F 方案），估计约有 60%的客户（按赊销额计算）会利用 2%的折扣；15%的客户将利用 1%的折扣。坏账损失率将为 2%，收账费用将为 3 万元。

1）要求

给出 D 公司 3 次决策的结果。

2）解析

第一次：为了评价两个可选择的信用标准孰优孰劣，必须计算两个方案各自带来的利润和成本，在这种情况下，应测算如下几个项目的变化：

信用标准变化对销售利润的影响；

应收账款机会成本的变化；

坏账成本的变化；

管理成本的变化（在本资料中这项成本变化忽略不计）。

现分别对两个方案进行测算，见表 6-10。

表 6-10　A、B 信用标准方案的比较

项目	A 方案	B 方案
信用标准变化对销售利润的影响	−10 000 × 20%= −2 000（元）	15 000 × 20%=3 000（元）
信用标准变化对应收账款机会成本的影响	（90/360）×（−10 000）× 15%+[（40–45）/360] ×（100 000–10 000）× 15%= −563（元）	75/360 × 15 000 × 15%=469（元）
信用标准变化对坏账成本的影响	−10 000 × 8.7%+（100 000–10 000）×（5%–6%）= −1 770（元）	15 000 × 5%=750（元）
信用政策变化带来的净利润	（−2 000）–（−563）–（−1 770）=333（元）	3 000–469–750=1 781（元）

以上计算说明，采用较松的信用标准（B 方案），能使该企业增加较多利润，而较严的信用标准（A 方案）会使利润增加较少，故应采用 B 方案。

第二次：根据资料，可以计算出收支的有关情况，对 3 个方案进行评价，见表 6-11。

表 6-11 信用条件备选方案的分析评价(一) 单位:万元

项目	C 方案(N/30)	D 方案(N/60)	E 方案(N/90)
年赊销账	276	300	320
变动成本	179.4	195	208
信用成本前收益	96.6	105	112
应收账款机会成本	14.95 × 10%=1.50	32.5 × 10%=3.25	52 × 10%=5.20
坏账损失	5.52	9	16
收账费用	2.8	4.2	6.0
信用成本	9.82	16.45	27.2
信用成本后收益	86.78	88.55	84.8

由表 6-11 中计算出的数据资料可知,在 3 个方案中, D 方案(信用条件为“N/60”)获利最大,为 88.55 万元。它既优于 C 方案,又优于 E 方案,所以在其他条件不变的情况下,应当选择 D 方案。

第三次:根据资料,相关数据资料计算如下。

应收账款周转期=60% × 10+15% × 20+25% × 60=24(天)

应收账款周转率=360/24=15(次)

应收账款平均余额=300/15=20(万元)

维持赊销业务的资金=20 × 65%=13(万元)

应收账款机会成本=13 × 10%=1.3(万元)

坏账损失=300 × 2%=6(万元)

现金折扣=300 ×(2% × 60%+1% × 15%)= 4.05(万元)

根据计算出的数据,编制表 6-12,对 D、F 方案进行比较。

表 6-12 信用条件备选方案的分析评价(二) 单位:万元

项目	D 方案(N/60)	F 方案(2/10,1/20,N/60)
年赊销账	300	300
减:现金折扣		4.05
年赊销净额	300	295.95
减:变动成本	195	195
信用成本前收益	105	100.95
应收账款机会成本	3.25	1.3
坏账损失	9	6
收账费用	4.2	3
减:信用成本	16.45	10.3
信用成本后收益	88.55	90.65

通过计算比较可知，D 公司应选择信用条件为“2/10，1/20，N/60”的 F 方案，该方案可使其获得最大收益。

（三）信用政策的改变

1. 实训目的

能为公司是否改变信用政策做出正确决策。

2. 项目资料

某电脑公司于 1992 年成立，主要生产小型及微型电脑，其市场目标主要为小规模公司和个人。该公司生产的产品质量优良，价格合理，在市场上颇受欢迎，销路很好，公司因此迅速壮大起来，由最初只有几十万资金发展为拥有上亿资产的公司。但到了 21 世纪初期，该公司经营出现了一些问题。公司过去为了提高市场占有率，促进销售，一直采用比较宽松的信用政策，客户拖欠的款项数额越来越大，时间也越来越长，严重影响了公司资金的周转循环，公司不得不靠长期负债和短期负债筹集资金。最近，主要债权人不同意进一步扩大债务规模，所以公司经理非常担忧。该公司财务人员整理的相关资料如下。

①公司的信用条件为“2/10，N/80”，大约有一半的顾客选择享受折扣，但有许多未享受折扣的顾客延期付款，公司平均收账期为 50 天。2022 年的坏账损失为 600 万元，收账费用为 60 万元。

②如果将信用条件改为“2/10，N/40”，那么很可能发生以下变化：销售额由原来的 1.2 亿元下降至 1 亿元；坏账损失减少为 120 万元；收账费用减少至 50 万元；选择享受折扣的顾客由 50%增加至 70%（假定选择不享受现金折扣的顾客也能在信用期限内付款）；由于销售规模下降，公司存货资金占用将减少 2 000 万元；公司销售的变动成本率为 60%，资本成本率为 15%。

1）要求

假如你是该公司的财务顾问，请分析下列几个问题，并为公司 2023 年应采取的信用政策提出建议。

①为改善公司目前的财务状况，公司应采取什么措施？

②计算公司改变信用政策后的预期相关资金变动额。

③计算改变信用政策后的预期税前收益变动额。

④分析该公司 2023 年是否应改变其信用政策。

2）解析

①公司为改变目前的财务状况，应设法努力收回以前客户拖欠的款项，因为拖欠时间越长，欠款越难收回；加之债权人不同意扩大债务规模，公司只有采取积极的收账政策，才能改善目前的财务状况。此外，公司应制定较高的信用标准，以保证选择不享受现金折扣的顾客也能在信用期限内付款。

②改变信用政策后，各项目金额变动如下。

收益变动额=销售额变动额 ×（1–变动成本率）

=（10 000–12 000）×（1–60%）=–800（万元）

应收账款占用资金应计利息变动额：

原信用条件下的应计利息=12 000/（360/50）× 60% × 15%=150（万元）

新信用条件下的应计利息=10 000/[360/(70%×10+30%×40)]×60%×15%

=47.5(万元)

应计利息变动额=47.5–150=–102.5(万元)

收账费用变动额=50–60=–10(万元)

坏账损失变动额=120–600=–480(万元)

现金折扣成本变动额=10 000×70%×2%–12 000×50%×2%=20(万元)

存货占用资金应计利息变动额=–2 000×15%=–300(万元)

③改变信用政策后,预期税前收益变动额的计算如下。

预期税前收益变动额=收益的增加–成本费用的增加

=–800–(–102.5–10–480+20–300)

=72.5(万元)

④由上题所知,改变信用政策后,公司税前收益增加72.5万元,故该公司2023年应当改变其信用政策,加快资金回收,以逐步改善公司的财务状况。

(四)应收账款的收账政策

1. 实训目的

了解并制定应收账款催收政策。

2. 项目资料

宝洁公司是一家具有百年历史的跨国洗化公司,自1988年进入中国市场以来,无论产品质量、销量以及销售额,始终在同行业中占有领先地位。在每年80亿元人民币的销售额下,应收账款的回款率始终保持在95%以上,这得益于其具有一个先进的应收账款管理体系。宝洁公司应收账款管理的具体做法如下。

首先,组织上有一个完善的内部控制系统。

宝洁公司对应收账款的控制是由销售会计组来完成的。销售会计组分成两大体系:一个是销售会计,另一个是分公司财务会计。前者负责应收账款专项的总体策划、分析,后者负责对部分区域具体财务事项的运作,以及为前者提供准确、详细、及时的有关信息和数据。宝洁公司不仅明确了销售会计组的工作任务,还为每一工作环节设定了衡量其工作质量的标准,以便每月对其进行严格考核。例如,销售会计组在应收账款专项管理中所负责的工作主要有:赊销信用额的建立和修改;全国客户每星期赊销状况报告;客户应收账款的记账,计算和发送客户的付款优惠额,计算应收账款的回收期;分析超期应收账款和跟踪处理坏账等。而衡量销售会计组的工作的标准包括:地区应收账款的回收期;超期应收账款的百分比;按要求付款的客户的百分比;应收账款与客户账目一致的百分比;其他。对于组织成员也是如此,如分公司下的财务客户主管,其所负责的工作就是应收账款的记账,跟踪收账及付款情况,计算客户的付款优惠额等。另外,为了能更及时有效地控制应收账款,宝洁公司还在总部专门设置了应收账款控制员,其是应收账款系统及运作流程的统一协调人,负责应收账款的系统控制、应收账款会计分析报告,提出建议并负责执行、应用,以及有效地提高应收账款的运作效率等工作。

其次,重视应收账款回款期的管理。

应收账款回款期是用来衡量应收账款系统管理水平的重要工具。宝洁公司从账龄分析与制定付款优惠政策等方面入手，缩短回收期。

①设定账龄目标。规定每一个客户归还应收款项的日期，这是宝洁公司期望的最长付款期。宝洁公司一方面考虑客户的实际回款能力，另一方面还结合客户目前的平均实际回款期，为每一地区信用客户设定了还款期限，如 30 天、60 天、90 天，用这 3 个时间点将账龄分割成 4 个时间段进行考核和管理。

②分析账龄，了解客户的回款状况。宝洁公司要求分期了解每一客户的实际还款状况，这就需要进行账龄的统计及分析。宝洁公司通过电脑来完成应收账款分期报告。从应收账款分期报告中，公司可获得客户应收账款的额度、客户的实际还款期限等数据。在此基础上，公司将实际回款期限与原定目标期限进行比较，检查是否存在问题，有无超目标期限的应收账款，从而针对问题分析原因，采取措施。

③制定付款优惠政策。为在回款期限内收回账款，宝洁公司制定了一个“回款的分期优惠政策”，即“3/7，15/20，N/40”。其目的在于鼓励客户提前还款，以便缩短回款期。

再次，限制赊销额。

①赊销额的建立要满足以下条件。

一是赊销不适用于第一次订货的新客户。二是要求个别类型的客户必须先付款后订货，如私有企业或注册资金低于 30 万元人民币的单位等。三是新客户只有在完成了第一次订单以后，方可通过填写赊销额申请表申请一份客户的临时赊销额。客户的临时赊销额是根据客户 7 天的销售预测来计算的。另外，宝洁公司还规定赊销额不能超过客户的注册资金。临时赊销额将维持 3 个月。也就是说，在随后的 3 个月里，客户必须在收货后 7 天内付款才能继续与宝洁公司签约，享受更高的优惠。四是在 3 个月的临时赊销额期满后，客户便可根据正式赊销额的计算标准享受赊销额度。

赊销额的测算公式如下：

$$赊销额=过往期间的销售额/期间相应天数\times回款期\times销售增长系数$$

式中的销售增长系数是由宝洁公司销售预测组提供的地区销售增长系数，它通常是上月销售额与预测期前的 3 个月的平均销售额的比值。例如，某地区平均月销售额为 500 万元，回款期为 20 天，上月销售额是过去 3 个月平均销售额的 1.2 倍，则该地区的信用额为 400 万元（$500\div30\times20\times1.2$），信用额是宝洁公司所能给予该地区客户的最大赊销额，当超过这一额度时，客户购货都必须以现款支付。

②修订赊销额。

修订赊销额时要考虑两大因素。

一是常规性因素。除参照客户的销售情况及回款期之外，修订时还要考虑客户的信用状况。宝洁公司要求客户定期提供一份财务报表，并通过有关的评估机构或银行等其他部门，了解客户的财务状况，将其作为修订时必须考虑的因素。

二是偶发性因素。例如，季节因素、促销手段及客户的回款情况等。

此外，宝洁公司按季修订赊销额，上个季度的赊销额是下一季度零售额的 90%，也就是说，每过一个季度，其给予客户的赊销额便会自动增长 10%，这也是宝洁公司给予严格遵守信用管理制度的客户的进一步的政策优惠，并且合作的时间越长，信用越好，客户获得的最大赊销额也越大。

最后,控制超期应收账款。

对于出现的超期应收账款,宝洁公司采取了以下几项措施。

①停止供货。当某一客户的一笔应收账款超出40天后仍未付清时,必须马上通知应收账款控制员,暂停面向该客户的信用政策,并马上停止对其供货,直到款项付清,而其原有的信用额将取消并重新开始按新客户对待。

②实施收款计划。如果在停止供货后客户仍拒付货款,公司将指定销售代表在财务部的协助下,与该客户磋商以求达成收款协议,协议将要求客户在3个月内付清全部款项。如果无法一次性付清,公司允许最多可分3期付清所欠货款。如果客户选择了分期付款,那么第一期的付款金额不可小于拖欠总额的35%。对于无力偿付的客户,公司鼓励用有创意的方法来解决问题,如采取先帮助客户渡过难关的方式等,以期在日后可以收回更多的应收账款。宝洁公司认为,这种做法比诉诸法律更为可取。

③采取法律行动。如果在实施了上述措施后仍无效果,公司将诉诸法律,以期在客户破产清算时得到债权的补偿。公司会请有关人员填写一份法律申请表,连同客户的执照及有关订货合同一起,报送给宝洁公司法律部和其他法律部门,由司法部门做出公正的裁决。对于公司损失的部分,财务部门将按坏账处理。

1)要求

①如果你是一家公司的专业货款催收人员,对某一长期赖账的客户,将制定怎样的货款催收计划?

②应收账款的收回是我国大多数企业面临的共同性难题,借鉴宝洁公司的成功经验,你能否设计出行之有效的应收账款管理模式?

2)解析

相关分析可结合理论回顾中的第四部分内容进行。

任务三　存货管理

一、理论回顾

(一)存货管理的目标与功能

1. 存货管理的目标

企业持有充足的存货,不仅有利于生产过程的顺利进行,节约采购费用与生产时间,而且有助于迅速地满足客户的各种订货需要,为企业的生产与销售提供较大的机动性,避免因存货不足带来的机会损失。然而,存货的增加必然要占用更多的资金,将使企业付出更大的持有成本,而且存货的储存与管理费用也会增加,影响企业获利能力的提高。因此,在存货的收益与成本之间进行利弊权衡,在充分发挥存货功能的同时降低成本、增加收益,实现它们的最佳组合,成为存货管理的基本目标。

2. 存货的功能

存货的功能是指存货在企业生产经营过程中所具有的作用,主要表现在以下4个方面。

(1)防止停工待料

对于企业来讲,适量的原材料存货和在产品、半成品存货,能使各生产环节的生产活动更加协调,不致因等待原材料或半成品而影响生产,所以适量的存货会防止企业停工待料事件的发生,维持生产的连续性。

(2)防止脱销而错失良机

存货储备特别是产成品和商品储备,能增强企业在销售方面的机动性,从而使其适应市场变化。企业有了足够的产成品或商品,在满足客户需要的同时,也能利用市场获得收益。相反,若企业某种畅销商品库存不足,企业将会错失目前的或未来的推销良机,并有可能因此而失去客户,蒙受损失。

(3)降低进货成本

企业批量集中进货,往往会获得较多的商业折扣。另外,通过增加每次进货的数量来减少购货的次数,可以降低采购费用。所以,即使在推崇以零存货为管理目标的今天,仍有不少企业采用大批量购货的方式,原因在于这种方式可使企业降低进货成本。只要进货成本的降低额大于因存货增加的各项储存费用,这种方式便是可行的。

(4)维持均衡生产

对于那些生产季节性产品的企业和生产所需材料的供应具有季节性的企业,为实行均衡生产,降低生产成本,就必须适当储备一定的半成品存货或保持一定的原材料存货。否则,这些企业若按照季节变动组织生产活动,难免会产生忙时超负荷运转,闲时生产能力得不到充分发挥的情况,这也会导致生产成本的提高。其他企业在生产过程中,难免也会出现上述情况。拥有一定数量的存货,可以降低这种变化对企业生产活动及获利能力的影响。

(二)存货的成本

企业要保持一定数量的存货,就必然会产生各项支出,这就是存货的成本。存货的成本一般由以下3种成本构成。

1. 取得成本

取得成本指为取得某种存货而支出的成本,又称进货成本。取得成本又分为订货成本和采购成本。

订货成本指为组织采购存货而产生的成本,如办公费、差旅费、邮资、电报和电话费等支出。订货成本中有一部分与订货次数无关,如常设采购机构的基本开支等,称为订货的固定成本,另一部分与订货次数有关,如差旅费、邮资等,称为订货的变动成本。

2. 储存成本

储存成本指为保持一定数量的存货而产生的成本,包括存货占用资金所应计的利息(若企业用现金购买存货,便失去了将现金存放于银行或投资于证券本应取得的利息,视为放弃利息;若企业借款购买存货,便要支付利息费用,视为付出利息)、仓库费用、保险费用和变质损失等。

3. 缺货成本

缺货成本指由于存货不足供应中断而造成的损失,包括材料供应中断造成的停工损失,产成品库存缺货造成的拖欠发货损失和丧失销售机会的损失,还应包括需要主观估计的商誉损失。

（三）存货经济批量决策

经济批量是指一定时期储存成本和订货成本总和最小的采购批量。从前述存货成本的构成可知，这两种成本呈负相关关系，但都与订货批量关系密切。订购的批量大，储存的存货就多，会使储存成本上升，但由于订货次数减少，则会使订货成本降低；反之，如果降低订货批量，可降低储存成本，但由于订货次数增加，会使订货成本上升。也就是说，随着订购批量的变化，这两种成本是互为消长的。存货控制就是要寻找这两种成本合计数最小的订购批量，即经济批量。

1. 基本模型

经济批量基本模型以如下假设为前提：

①企业一定时期的进货总量可以较为准确地予以预测；

②存货的耗用或者销售比较均衡；

③存货的价格稳定且不存在数量折扣，进货日期完全由企业自行决定，并且每当存货量降为零时，下一批存货均能马上一次到位；

④仓储条件及所需现金不受限制；

⑤不允许出现缺货情形；

⑥所需存货的市场供应充足，不会因买不到存货而影响其他方面。

经济批量可利用导数来推导计算，其公式为：

$$\text{经济批量}(Q)=\sqrt{\frac{2AF}{C}}$$

$$\text{经济订购批数}=\frac{A}{Q}=\sqrt{\frac{AC}{2F}}$$

$$\text{全年总成本}(T)=\frac{1}{2}C\sqrt{\frac{2AF}{C}}+\frac{AF}{\sqrt{\frac{2AF}{C}}}$$

$$=\frac{1}{2}\sqrt{2AFC}+\frac{1}{2}\sqrt{2AFC}=\sqrt{2AFC}$$

式中 F 为平均每次订货成本，A 为某种存货年度计划订货总量，C 为单位存货年度储存成本。

2. 基本模型的拓展

在上述经济批量分析中，假定价格不随批量而变动。在西方，许多企业在销售时都有批量折扣，即对大批量采购在价格上给予一定的优惠。在这种情况下，除了考虑订货成本和储存成本外，还应考虑采购成本。

3. 订货点

为了保证生产和销售正常进行，工业企业必须在材料用完之前订货，商品流通企业必须在商品售完之前订货。那么，究竟在上一批购入的存货还有多少时，订购下一批货物呢？这就是订货点的控制问题。所谓订货点，就是订购下一批存货时本批存货的储存量。确定订货点，必须考虑如下因素：

①平均每天的正常耗用量，用 N 来表示；

②预计每天的最大耗用量，用 M 来表示；

③提前时间，指从发出订单到货物验收完毕所用的时间，用 t 来表示；

④预计最长提前时间，用 r 来表示；

⑤保险储备，是指为防止耗用量突然增加或交货误期等进行的储备，用 S 来表示。

保险储备 S 可用下式计算：

$$S=\frac{1}{2}(Mr-Nt)$$

订货点 R 可用下式计算：

$$R=Nt+S=Nt+\frac{1}{2}(Mr-Nt)=\frac{1}{2}(Mr+Nt)$$

（四）存货的日常管理

存货日常管理的目标是保证企业生产经营正常进行的前提下，尽量减少库存、防止积压。在实践中，存货日常管理的常用方法有存货 ABC 分类管理法、存货的归口分级管理、存货储存期控制法和零存货管理等。

1. 存货 ABC 分类管理法

存货 ABC 分类管理法又称重点管理法，这种方法是把不同项目的存货按照一定的标准分成 A、B、C 三大类，并对 A 类存货重点管理的一种方法。

存货 ABC 分类管理法适用于大型企业对存货的管理控制。在一个大型企业，存货项目成千上万种，有的价值昂贵，有的价值较低，有的数量庞大，有的寥寥无几，如果不分主次，面面俱到，对每种存货都进行周密的规划、严格的控制，会浪费大量的人力和财力。采用存货 ABC 分类管理法就可以抓住重点，合理有效地控制存货资金。

（1）存货 ABC 分类管理的分类标准

分类标准主要有两个：一是金额标准；二是品种数量标准。其中，金额标准是最基本的，品种数量标准仅作为参考。A 类存货的特点是金额巨大、品种数量少；B 类存货金额一般、品种数量相对较多；C 类存货品种数量繁多，但金额却很小。一般而言，三大类存货的金额比例大致为 A∶B∶C = 7∶2∶1，而品种数量比例大致为 A∶B∶C= 1∶2∶7。对 A 类存货，要重点规划和控制；对于 B 类存货，进行次重点管理；对于 C 类存货，只从总额上掌握，进行一般管理。

（2）存货 ABC 分类管理的操作步骤

基于存货资金占用量，运用存货 ABC 分类管理法，一般可按以下步骤进行：

第一步，计算每一种存货在一定时间内（一般为一年）的资金占用额；

第二步，计算每一种存货的资金占用额占全部存货资金占用额的百分比，并按大小顺序排列编成表格；

第三步，根据事先测定好的标准，把重要的存货划为 A 类，把一般存货划为 B 类，把不重要的存货划为 C 类，并画图表示出来；

第四步，对 A 类存货进行重点规划和管理，对 B 类存货进行次重点管理，对 C 类存货只进行一般管理即可。

2. 零存货管理

零存货管理的特征是争取存货为零,即在生产刚开始时,供应商发出的原材料刚好到达;在生产线上没有留存的半成品,只有不断运动的在产品,产品一旦生产完成,马上销售出去。零存货库存突破了传统的存货库存模式。这种模式能够使企业流动资金周转加速,减少利息支出,减少库存仓储存放费用和运输装卸费用,降低原材料费用成本;同时,还能避免随着商品不断更新,库存物资因不适合市场需要和生产质量工艺要求,出现削价处理、报废处理,甚至霉烂变质等损失。

实现零存货管理要有严密的生产计划,企业根据产品销售订货合同,按照交货进度与供应原材料的公司订立供货原材料合同,按照原材料交货时间、质量标准、数量和交货时间来组织生产。企业安排生产计划时,尽可能在生产、供应、销售3个环节实现零存货库存,进而逐步做到不需要建立原材料、外购件、在产品、半成品及产成品的库存准备,或者少储存。不过,这种管理方法对供应商、员工、生产系统等提出了更高的要求,只有这些要求能够得到满足,零存货管理才能取得成功。

二、实训目标

①学习和掌握存货经济订购批量的确定和存货的日常管理方法。

②通过实训,能对企业存货订购批量进行决策,确定经济批量,降低存货成本,科学、合理地进行存货管理,具备在特定业务情境中分析问题与决策设计的能力。

三、实训项目

(一)企业的存货管理

1. 实训目的

了解存货管理的目标以及存货产生的成本。

2. 项目资料

尼利创办了一家饮料公司并使其蓬勃发展。公司的销售额在过去的5年里都有显著的增长,而只在去年有所下降。

尼利对公司的增长模式感到非常骄傲,然而他也对快速增长所带来的问题保持着警惕,尤其是对他本人对公司实施足够控制的能力感到担忧。然而,公司需要改变的地方很多,这使得尼利无法参与所有的决策,存货管理就是其中的一个问题。存货随着收入的增长而同步增长,尼利对保持大量存货的合理性有所怀疑。而生产经理对总是能及时满足订单需要感到很自豪。尼利觉得库存大大超出了需要的水平,尽管他找不到什么方式证明这种直觉,他需要一种用来确定未来计划期最佳存货水平的定量分析方法,他声称可以用这样一种定量分析技术来进行决策,从而使他本人不至于面对存货管理方面的决策。

为了寻求制定公司存货政策的可行方法,尼利拜访了管理咨询公司的总经理。总经理把这个任务交给了财务执行官,让他为尼利的饮料公司开发一个存货模型。在参观公司经营场所的过程中,财务执行官检查了公司的记录并同有关人员进行面谈,最终得到以下信息。

①公司的销售在一定程度上受季节的影响,第一、二季度的销售额占总销售额的70%,

剩下两个季度的销售额大致相等。营销部预计 2023 年的销售额将达到 1 860 000 美元。

②尼利公司有 3 条产品线，但 A 产品线生产的 A 饮料的销售额占了总销售额的 85%，其存货也占了差不多的比例。剩下的两条产品线相对较新，还没有出现真正的存货管理方面的问题。

③饮料只在零售终端销售，每个包装售价是 75 美分，包括 6 件无须返还的容器。

④在审查了这种 6 件装容器的生产线的生产和包装成本后财务执行官得出以下结果。

原材料	0.3 美元
人工	0.18 美元
容器	0.06 美元
分摊的费用	0.03 美元

⑤在生产过程中，管理人员先后采用了几种生产方案，例如，按每个季度的销售额安排生产。然而，经过调查以后，公司员工认为生产在整个年度内保持稳定的生产方案是最佳的。

⑥生产过程包括 3 个独立的步骤：生产饮料；制作容器；灌装密封并对容器加以包装。每个步骤所需要的机器启动时间分别是 7 小时、5 小时和 6 小时。执行启动操作的工人工资率是 4.75 美元，对于每个步骤，都是一样的。除了人工外，启动阶段还需要集中关键的原材料。经过仔细询问，财务执行官把每个步骤的成本确定如下。

第一步	48 美元
第二步	17 美元
第三步	24 美元

⑦ 2022 年的存货金额代表了当前的存货状况。可以看出，大部分（60%）的存货是以产成品的类型存在的，而这正是尼利所关心的部分。

⑧尽管产成品库存中的 A 饮料被认为过多了，但是公司还没有制定出一个衡量标准。在同有关人员交谈过程中，财务执行官有以下两点发现。首先，由于银行不断施加压力，要求提高公司盈利水平，尼利更加关心资产的利用效率。尽管还没有制订出严密的计划，但财务执行官已经开始调查同行业其他公司的财务状况。例如，按照产业财务比率的数据，类似公司的平均存货周转率是 4.63 次。一般情况下，存货的 55%是产成品；其余的 45%是在产品和原材料。其次，尼利和生产经理的观点恰好相反，后者不希望有脱销的情况，而尼利则认为产成品脱销情况下，10%的盈利水平应该是可以接受的。但不管怎样，马上加以调整是不大可能的，存货政策的修订需要一段时间才能完成。

⑨存货管理的其他成本包括：每个月的保险费，存货按生产成本的 80%投保，每 1 000 美元生产成本的存货的保险费是 1.83 美元；存储设施的租赁费，每平方码（1 平方码约为 0.836 平方米）的月租金是 10 美分，可以存放 90 件容器；存货维护设备的固定折旧费，1 400 美元；人工成本，这项成本与平均存货量有直接关系。

⑩公司资金的机会成本是 10%。

1）要求

①存货管理的目标是什么？

②确定最佳存货水平需要考虑哪些因素？

2)解析

①存货管理的目标分析如下。

企业为了生产或销售的需要和降低订货成本,必须储备一定的存货,但是过多的存货要占用较多的资金,增加包括仓储费、保险费、维护费、管理人员工资在内的各项开支,各项开支的增加直接会使成本上升并导致利润的损失。因此,存货管理就是在存货的功能(收益)与成本之间进行利弊权衡,在充分发挥存货功能的同时降低成本、增加收益,实现它们的最佳组合。本资料中,尼利饮料公司产成品存货占了60%,而同类型公司产成品存货只占55%,相比之下,尼利饮料公司产成品存货所占的比例较多,占用的资金也较多,虽然有利于满足订单的需要,但增加了资金占用的成本,因此应该调整存货的管理策略,降低存货数量。

②最佳存货水平确定的分析如下。

尼利饮料公司与同行业其他公司相比显然还有一定差距。为提高营运能力,公司应降低产成品存货比例,况且经济衰退导致的销售额下降也要求降低存货比例。但持有较低水平的存货或耗尽存货也存在相关成本,比如,因不能在客户指定的日期交货而发生的商誉损失;因基础存货不足导致生产中断而发生的损失;更加频繁地再订货的成本等。因此,确定最佳存货水平需要企业在成本-效益原则指导下,用科学方法分析和核实存货量,使其既能保证生产的需要,又不会由于过多而使企业造成资金的浪费,也就是说,最佳存货水平应能够以最小的费用支出来提供最大的经济效益。最佳存货水平的确定可以采用经济批量模型。经济批量模型所涉及的成本有储存成本和订货成本,储存成本和订货成本之和最小时的订购批量,就是经济订购批量。其中,订货成本是为订购材料、商品而产生的成本;储存成本是为保存存货而产生的成本。尼利饮料公司的储存成本包括保险费、租赁费、折旧费、人工成本,其中保险费、租赁费和人工成本属于变动储存成本,与存货量呈正比例关系,折旧费属于固定储存成本,与存货量没有关系。尼利饮料公司采用经济批量模型后,就可以确定最佳存货水平,既能满足生产销售需要,又能满足库存控制的要求。

(二)商品采购批量的确定

1. 实训目的

掌握经济批量的计算方法。

2. 项目资料

(1)资料一

SD公司全年需要甲零件1 200件,每订购一次的订货成本为400元,每件年储存成本为6元。

1)要求

①经济批量是多少?试用两种方法进行分析。

②甲零件每件价格为10元,但如果一次订购超过600件,可享受2%的批量折扣,应以多大批量订货?

③该公司生产周期为1年,甲材料全年需要量为360 000千克,材料的交货时间为5天,订货点应为多少?

2)解析

①第一种方法:逐批测试法。

为了确定经济批量，现分别采用不同的订货量逐批测试，详见表 6-13。

表 6-13　经济批量逐批测试表

项目	数值					
订购批数 $\frac{A^*}{Q}$	1	2	3	4	5	6
订购批量（Q）/件	1 200	600	400	300	240	200
年储存成本 $\left(\frac{Q}{2}\cdot C\right)$/元	3 600	1 800	1 200	900	720	600
年订货成本 $\left(\frac{A}{Q}\cdot F\right)$/元	400	800	1 200	1 600	2 000	2 400
全年总成本（T）/元	4 000	2 600	2 400	2 500	2 720	3 000

*全年需要量 A 为 1 200 件。

从表 6-13 可知，每批订货 400 件、一年订货 3 次时，全年总成本最低（2 400 元），故经济批量为 400 件。

第二种方法：公式法。

$$Q=\sqrt{\frac{2AF}{C}}=\sqrt{\frac{2\times 1\ 200\times 400}{6}}=400（件）$$

$$\frac{A}{Q}=\sqrt{\frac{AC}{2F}}=\sqrt{\frac{1\ 200\times 6}{2\times 400}}=3（批）$$

$$T=\sqrt{2AFC}=\sqrt{2\times 1\ 200\times 400\times 6}$$
$$=2\ 400（元）$$

②此时确定经济批量，就要按以下两种情况分别计算 3 种成本的合计数。

第一种情况：按经济批量采购，不享受批量折扣。此时，总成本应为：

总成本一=年订货成本+年储存成本+年采购成本

$$=\frac{1\ 200}{400}\times 400+\frac{400}{2}\times 6+1\ 200\times 10$$
$$=14\ 400（元）$$

第二种情况：不按经济批量采购，享受批量折扣。应按 600 件来采购，总成本为：

总成本二=年订货成本+年储存成本+年采购成本

$$=\frac{1\ 200}{600}\times 400+\frac{600}{2}\times 6+1\ 200\times 10\times (1-2\%)$$
$$=14\ 360（元）$$

对以上两种情况进行对比可知，订购量为 600 件时成本最低。

③订货点的计算如下。

甲材料每日平均耗用量=原材料全年需要量/360

=360 000/360

=1 000（千克）

订货点=1 000 × 5=5 000（千克）

（2）资料二

SH公司是一家以经营各类家用电器为主的家电零售连锁企业，依靠准确的市场定位和薄利多销的经营策略得以蓬勃发展。

目前，SH公司已发展成为知名家电零售连锁企业，拥有直营店130余家、10 000多名员工，成为国内外众多知名家电厂家在中国的经销商。

在长期经营实践中，SH公司形成了独特商品、价格、服务、环境四大核心竞争力，全面引进了彩电、冰箱、洗衣机、空调、手机、数码摄像机、电脑、音响等产品，使所经销的商品几乎包括所有消费类电子产品。大单采购、买断、包销、定制等多种适合家电经营的营销手段保证了公司的价格优势。完善的售后服务体系、高素质的售后服务队伍是SH公司进行规模化经营的基础。

夏季正是空调订货销售时机。分公司主管业务工作的副经理李平刚走进自己的办公室，营业部主任吴锋就匆匆忙忙地来到办公室，请示某品牌空调的订货事宜。吴锋说："采购员张伟打来电话说，某品牌空调有现货供应，规格型号正好是本地市场畅销的，进货价格平均每台3 000元左右，若一次订购500台，还可以得到6%的价格优惠，是否按折扣价格购进，请速回电话告知。"

夏季空调市场需求旺盛，该品牌空调库存量已不多，正考虑此事的李副经理听后高兴地说："这是个好消息！吴主任，你算一下账，看怎样订购更合适，然后把你的意见告诉我。"

吴锋是从某商学院毕业的，先后做过采购员、销售员、营业部副主任，他既懂得商品采购、保管与推销的一些基本理论，又有着较丰富的商品采购、保管与推销的实践经验，几年来经他采购或由他决策订购的电器商品，不仅质量上有保证、数量上比较适中，而且价格也比较合理。由于经营得当，分公司在激烈的市场竞争中一直处于有利地位，业务得到较大的发展。

吴锋根据李副经理的意见，先从计算机中调出了有关该品牌空调的财务数据材料。

公司近几年每年销售该品牌空调近5 000台，每次的订货费用平均需要800元，平均每台空调年储存费用为200元。然后，他利用自己所掌握的方法，迅速进行了有关数据的测算。

1）要求

请分析吴锋通过计算后，是否会按优惠价格进货。

2）解析

在存在商业折扣的情况下，存货的经济批量模型一旦确定后，除了考虑订货成本与储存成本外，还应考虑存货的采购成本，因为此时的存货采购成本已经与订货数量有了直接的联系，属于决策的相关成本。此时，经济批量一般按如下步骤确定：首先，计算无折扣情况下的经济批量及其存货总成本；其次，计算享受价格优惠的情况下相应批量的存货的相关总成本；最后，比较不同批量下的存货总成本，最低存货总成本对应的订货批量就是最佳订货批量。

因此，吴锋按经济批量模型确定的经济批量为：

空调的经济批量=$(2 \times 5\,000 \times 800/200)^{1/2}$=200（台）

每次订货 200 台时存货总成本为：

空调存货总成本=5 000 × 3 000+5 000/200 × 800+200/2 × 200=15 040 000（元）

每次订货 500 台时存货总成本为：

空调存货总成本=5 000 × 3 000 ×（1−6%）+5 000/500 × 800+500/2 × 200=14 158 000（元）

通过比较发现，每次订货 500 台时的存货总成本最低，所以可按 6%的价格优惠订货，此时最佳订货批量为 500 台。

（三）存货 ABC 分类管理法的应用

1. 实训目的

掌握存货 ABC 分类管理法的应用。

2. 项目资料

某轮胎厂是以汽车轮胎为主导产品的企业，有多种系列产品。王浩从学校毕业后到该厂做材料管理工作，经理对他说："公司以前规模不大，对材料一直没有进行规范管理。现在公司一天比一天壮大，材料所占资金也在不断增加，因此应对材料进行规范管理。你看看如何管理，尽快拿出方案来。"王浩走到仓库开始琢磨起来，看着上百种材料，他想到在学校时学的 ABC 分类管理法。于是，根据年度生产任务及材料供应的特点，王浩对生产所需的主要材料进行了 ABC 分类排序，区分主次，并提出相应的管理控制措施。其主要做法如下。

首先，根据年度生产任务所需每种材料的平均价格和储存量分别计算每种主要材料的资金占用额及其占全部资金额的比重，然后按金额比重大小排序，按分类标准划分出 A、B、C 三大类并编制表格（表 6-14）。根据分类，归纳统计分类结果，见表 6-15。

表 6-14　某轮胎厂主要材料 ABC 分类表

材料序号	资金占用额/元	金额比重/%	类别
1	78 000	39.96	A
2	60 500	30.99	A
3	15 200	7.79	B
4	12 100	6.20	B
5	7 600	3.89	B
6	5 400	2.77	B
7	3 200	1.64	C
8	2 200	1.13	C
9	2 100	1.08	C
10	1 800	0.92	C
11	1 600	0.82	C
12	1 350	0.69	C
13	1 020	0.52	C
14	880	0.45	C
15	770	0.39	C

续表

材料名称	占用金额/元	金额比重/%	类别
16	660	0.34	C
17	560	0.29	C
18	270	0.14	C
合计	195 210	100.01*	

*误差因四舍五入所致。

表 6-15 某轮胎厂主要材料 ABC 分类统计表

ABC 分类	各类材料品种数	品种数量比重/%	资金占用额/元	金额比重/%
A 类	2	11.11	138 500	70.95
B 类	4	22.22	40 300	20.64
C 类	12	66.67	16 410	8.41
合计	18	100	195 210	100

A、B、C 三类材料的具体管理和控制方法如下。

A 类材料，作为管理和控制的重点，实施按每一个品种严格管理的措施。

第一，严格注意库存量，且库存量必须准确，保证材料及时足额的供应。

第二，旬、月、季都要进行详细的库存统计记录，根据领用部门的用料计划与实际消耗定期进行检查分析。

第三，建立严格的收、耗、存记录，及时分析资金占用情况，发现问题及时处理。

第四，确定每种材料的订货期和经济批量，按经济批量组织订货。遇到特殊情况报领导批准。

B 类材料，通过划分类别实施如下控制和管理措施。

第一，按类别每月填写库存情况统计报表并进行检查。

第二，按类别大体保证收、耗、存的计划与实际平衡。

第三，统筹安排订货量与订货期。

C 类材料，实施按总体把握一个总金额的控制管理措施。

第一，确定总体控制金额数，制定材料消耗控制标准。

第二，采购部门根据实际情况自行掌握订货量，可适当增大一次订货的量，减少订货成本。

1）要求

①对材料应该怎样进行分类？ABC 分类管理法一般要求如何对每类材料进行管理？

② ABC 分类管理法的工作重点是分类标准，还是控制管理？

2）解析

①相关分析可结合资料进行。

②相关分析可结合理论回顾第四部分的内容进行。

(四)存货管理调研

学生5~8人为一组，自行联系一家上市公司，定向调研此公司，获取该公司存货管理相关资料。调研内容分为3个部分。

①企业基本情况，包括企业名称、性质、注册资本、法人代表、经营范围等；

②存货管理基本情况；

③存货管理评价及建议。

1)要求

将调研内容按如下提纲撰写成实训报告，不少于2 000字。

××公司存货管理情况调研报告

一、企业基本情况

二、存货管理基本情况

1. 存货总体规模(存货总体金额、类别、存货成本组成)

2. 存货管理制度

(1)存货管理人员配备

(2)存货出入库制度

(3)存货采购方式与经济批量

(4)存货日常管理情况

三、存货管理评价与建议

1. 问题

2. 建议

调研组成员签名

2)解析

略

任务四 实训技能考核

一、考核目标

①能够结合企业的具体情况，对企业营运资金进行全面评估和分析，并做出企业营运资金管理决策；有针对性地预测最佳现金持有量，做出信用政策决策；确定存货资金需要量，做出经济批量决策。

②运用营运资金管理的理论与实务知识研究相关案例,培养和提高在特定业务情境中分析问题与决策设计的能力;能结合实训内容,依照职业道德与会计伦理的行业规范或标准,分析会计行为,强化职业道德素质。

二、考核要求

本次考核总分为100分,具体评分细则为:

①遵守考核纪律,学习积极主动,与现场考勤考查结合(20分);

②能为企业做出营运资金管理决策(40分);

③实训总结(40分)。

三、考核案例

某面包公司成立于2014年,其主打产品是全麦面包。全麦面包拥有丰富的膳食纤维,能让人比较快地产生饱腹感,间接减少食物摄取量,且易于消化,不会对胃肠造成损害。在推崇健康饮食的今天,该公司的面包特别受欢迎,加上其注重产品质量和服务质量,短短几年间销量成倍增长,年销售额已达2 000多万元。

该公司生产面包的原料主要有谷物、各种果仁及小麦等。为保证面包的质量,公司对供应商的要求非常严格。通过各项指标的考核和专家的实地考察,选定了某农贸公司作为主供应商。

该农贸公司的小麦的生长过程无污染,各项指标符合国家关于食品安全的有关规定。标准价格是8元/千克。其为了促销,规定:客户每批的购买量不足900千克的,按照标准价格8元/千克计算,每批购买量900千克以上1 800千克以下的,给予1%的价格优惠,每批购买量1 800千克以上的,给予3%的价格优惠。

该面包公司现金收支状况比较稳定,预计全年(360天)需要现金150 000元,现金与有价证券的转换成本为每次600元,有价证券的年利率为5%。

2023年度的各项预算工作已经结束。面包公司采取赊销的方式销售商品,财务部门根据销售部门提供的资料已经按照现行的收账政策做好了销售预算。在现行政策下,所有账户的平均收账期为2个月,坏账损失率为2%,收账费用一年需要40万元。

在经理会议上,大家对现有的收账政策进行了讨论,与会人员一致认为目前的收账政策过于严厉,不利于扩大销售,且收账费用较高,对此财务经理提出了两个替代的收账方案。

甲方案:所有账户的平均收账期延长为3个月,年销售额预计可达2 600万元,收账费用相应地减少到20万元/年,但是坏账损失率会提高到2.5%。

乙方案:所有账户的平均收账期延长为4个月,年销售额预计可达2 700万元,收账费用为10万元/年,坏账损失率为3%。

该面包公司的资本成本率为10%。

要求如下。

①面包公司对2023年需要的小麦数量已经根据面包生产量做出采购预算,在确定每批购入量时,需要考虑供应商某农贸公司给予的销售折扣。每次的订货费用为2 500元,单位材料的年储存成本为2元。请根据采购预算表(表6-16)中的信息,计算实行数量折扣时的

最佳订货批量。

表 6-16　采购预算表

摘要		第一季度	第二季度	第三季度	第四季度
预计生产量/包		600 000	600 000	600 000	600 000
单位产品材料消耗定额/千克		0.001 5	0.001 5	0.001 5	0.001 5
预计生产需要量/千克		900	900	900	900
加:期末存料量/千克		100	100	100	100
预计购料量合计/千克		1 000	1 000	1 000	1 000
减:期初存料量/千克		100	100	100	100
预计购料量/千克		900	900	900	900
材料计划单价/元		8	8	8	8
预计购料金额/元		7 200	7 200	7 200	7 200
预计现金支出	期初应付账款/元	100			
	第一季度购料支出/元	7 000	200		
	第二季度购料支出/元		7 000	200	
	第三季度购料支出/元			7 000	200
	第四季度购料支出/元				7 000
	现金支出合计/元	7 100	7 200	7 200	7 200

②根据资料中相关现金信息,对最佳现金持有量做出决策,计算并填写表 6-17 中的数据。

表 6-17　某面包公司最佳现金持有量计算分析表

项目	数额
最佳现金持有量/元	
最低现金管理相关总成本/元	
全年现金转换成本/元	
最佳现金持有量下的全年有价证券交易次数/次	
有价证券交易间隔期/天	

③请结合表 6-18 中的 2023 年的相关销售预算,通过计算分析是否应该改变现行的收账策,如要改变,应选择甲方案还是乙方案,并填写表 6-19 中的数据(已知变动成本率为 80%)。

表 6-18 销售预算

摘要		第一季度	第二季度	第三季度	第四季度	合计
预计销售数量/包		600 000	600 000	600 000	600 000	
销售单价/(元/包)		10	10	10	10	
预计销售金额/元		6 000 000	6 000 000	6 000 000	6 000 000	24 000 000
预计现金收入	期初应收账款/元	100 000				100 000
	第一季度销售收入/元	5 000 000	1 000 000			6 000 000
	第二季度销售收入/元		5 000 000	1 000 000		6 000 000
	第三季度销售收入/元			5 000 000	1 000 000	6 000 000
	第四季度销售收入/元				5 000 000	5 000 000
	现金收入合计/元	5 100 000	6 000 000	6 000 000	6 000 000	23 100 000

表 6-19 某面包公司收账政策计算分析表 单位:元

项目	现行收账政策	甲方案	乙方案
年销售额			
毛利(信用成本前收益)			
平均应收账款			
应收账款投资应计利息			
坏账费用			
收账费用			
信用成本后收益			
是否变更政策?若变,应选择甲方案还是乙方案?(在选择的方案对应的单元格画"√"即可)			

模块七　财务分析实训

导言

财务分析是指对企业财务状况与经营成果的总结和评价。对企业财务状况进行分析与评价,将财务报表数据转换成有用的信息,能帮助信息使用者更好地做出决策。财务分析包括偿债能力分析、盈利能力分析、营运能力分析、发展能力分析和综合能力分析。

任务一　偿债能力分析

一、理论回顾

偿债能力,就是企业用资产清偿各种到期债务的能力。企业有无现金支付能力和偿债能力是企业能否健康发展的关键。偿债能力分析可以揭示企业的财务风险。企业管理者、债权人及股权投资者都十分重视企业的偿债能力分析。企业偿债能力可分为短期偿债能力和长期偿债能力。

1. 短期偿债能力指标

(1)流动比率

流动比率是流动资产与流动负债的比值,是衡量企业短期偿债能力的核心比率,用来反映企业的短期偿债能力。其计算公式为:

$$流动比率=\frac{流动资产}{流动负债}$$

(2)速动比率

速动比率又称酸性测验比率,是指速动资产与流动负债的比值。它能够衡量企业用可以立即变现的流动资产偿还流动负债的能力。速动比率反映的是每1元的流动负债有多少速动资产做保障。速动比率的计算公式为:

$$速动比率=\frac{速动资产}{流动负债}$$

(3)现金比率

现金比率是现金类资产与流动负债的比值。它最能反映企业直接偿付流动负债的能力。现金类资产包括货币资金和交易性金融资产。现金比率的计算公式为:

$$现金比率=\frac{现金类资产}{流动负债}\times100\%$$

(4)现金流动负债比率

现金流动负债比率是企业一定时期内经营活动现金流量净额与流动负债的比率,该指标从企业经营创造现金流量的角度分析企业偿还流动负债的能力。

$$现金流动负债比率=\frac{经营现金净流量}{年末流动负债}\times 100\%$$

2. 长期偿债能力指标

(1)资产负债率

资产负债率(债务比率)是全部负债总额占全部资产总额的百分比,也就是负债总额与资产总额的比例关系,是体现长期偿债能力的重要指标。资产负债率的计算公式为:

$$资产负债率=\frac{负债总额}{资产总额}\times 100\%$$

(2)产权比率

产权比率是企业负债总额与所有者权益总额之间的比率,也称为负债与股东权益比率、债务股权比率,反映企业所有者对债权人利益的保障程度。其计算公式为:

$$产权比率=\frac{负债总额}{所有者权益总额}\times 100\%$$

$$=\frac{资产负债率}{1-资产负债率}\times 100\%$$

(3)有形净值债务率

有形净值债务率是企业负债总额占有形净值的百分比。有形净值是所有者权益减去无形资产净值后的余额,即所有者享有所有权的有形资产净值。有形净值债务率用于揭示企业的长期偿债能力,表明债权人在企业破产时的被保护程度。其计算公式为:

$$有形净值债务率=\frac{负债总额}{所有者权益-无形资产净值}\times 100\%$$

(4)权益乘数

权益乘数是指资产总额相当于所有者权益的倍数,表明每1元股东权益所拥有的资产,其计算公式为:

$$权益乘数=\frac{资产总额}{所有者权益总额}$$

(5)利息保障倍数

利息保障倍数(已获利息倍数),是企业息税前利润与利息费用的比值,反映公司获利能力对企业所产生的利息的保障程度。其计算公式为:

$$利息保障倍数=\frac{息税前利润}{利息费用}$$

其中,息税前利润=净利润+所得税+利息费用。

(6)长期资产适合率

$$长期资产适合率=\frac{(所有者权益+长期负债)}{非流动资产}\times 100\%$$

二、实训目标

①学会运用资产负债表、利润表、现金流量表的报表数据，计算偿债能力指标；理解各种常用偿债能力指标的含义，并对具体财务数据做出分析与评价。

②了解各种常用偿债能力指标的适用情况。

③能分析评价各种偿债能力指标的优缺点。

三、实训项目

（1）资料一

L公司的资产负债表、利润表、现金流量表见表7-1至表7-3。

表7-1 资产负债表

编制单位：L公司　　2020年12月31　　单位：万元

资产	年末余额	年初余额	负债和所有者权益	年末余额	年初余额
流动资产：			流动负债：		
货币资金	12 650	13 052	短期借款	40 332	37 789
交易性金融资产	34	0	交易性金融负债	34	9
衍生金融资产	0	0	应付票据	13 648	21 141
应收票据	0	0	应付账款	22 523	25 143
应收账款	43 934	49 284	合同负债	4 502	3 469
应收款项融资	7 009	7 773	应付职工薪酬	3 783	3 856
预付款项	363	359	应交税费	614	1 081
其他应收款	1 561	1 010	其他应付款	7 391	9 031
存货	25 572	26 330	其中：应付利息	560	390
合同资产	6 987	6 300	应付股利	10	10
持有待售资产	0	0	预计负债	1 824	1 855
一年内到期的非流动资产	1 061	2 730	一年内到期的非流动负债	8 747	7 483
其他流动资产	7 796	8 371	其他流动负债	5 201	6 112
流动资产合计	106 967	115 209	流动负债合计	108 599	116 969
非流动资产：			非流动负债：		
长期应收款	1 240	2 134	长期借款	11 948	6 848
长期股权投资	4 060	3 561	应付债券	9 969	7 077
其他权益工具投资	1 922	1 621	租赁负债	549	
其他非流动金融资产	47	84	递延所得税负债	103	66
投资性房地产	97	90	其他非流动负债	2 443	3 317
固定资产	49 443	43 679	非流动负债合计	25 012	17 308
在建工程	10 675	9 684	负债合计	133 611	134 277

续表

资产	期末余额	期初余额	负债和所有者权益	期末余额	期初余额
油气资产	0	0	所有者权益:		
无形资产	12 650	11 314	股本	7 266	7 266
开发支出	5 748	5 385	其他权益工具	4 395	4 196
商誉	66	66	资本公积	24 531	24 524
长期待摊费用	132	167	其他综合收益	–47	–33
递延所得税资产	1 515	1 388	盈余公积	4 099	3 842
其他非流动资产	349	188	未分配利润	21 056	20 498
非流动资产合计	87 944	79 361	所有者权益合计	61 300	60 293
资产总计	194 911	194 570	负债和所有者权益总计	194 911	194 570

表 7-2 利润表

编制单位:L 公司　　2020 年　　单位:万元

项目	本年数额	上年数额
一、营业总收入	127 738.5	130 054.7
其中:营业收入	127 738.5	130 054.7
二、营业总成本	125 615.2	126 985.6
其中:营业成本	106 924.3	108 725.3
税金及附加	1 560.6	2 145.63
销售费用	4 345.9	4 729.48
管理费用	4 141	3 760.41
研发费用	5 629.37	4 989.36
财务费用	3 014.03	2 635.34
加:其他收益	1 723.68	2 328.46
投资收益	–808.7	–113.35
其中:对联营企业和合营企业的投资收益	–422.78	–224.72
以摊余成本计量的金融资产终止确认收益	–519.13	–361.77
公允价值变动收益	9.75	–5.47
信用减值损失	–477.03	–332.08
资产减值损失	–159	–686.42
资产处置收益	–99.75	–18.53
三、营业利润	2 312.29	4 241.76
加:营业外收入	226.32	229.93
减:营业外支出	107.48	86.05
四、利润总额	2 431.13	4 385.64

续表

项目	本年数	上年数
减:所得税费用	312.27	829.45
五、净利润	2 118.86	3 556.19

表 7-3 现金流量表

编制单位:L 公司　　2020 年　　单位:万元

项目	2020 年	2019 年
一、经营活动产生的现金流量:		
销售商品、提供劳务收到的现金	112 341	104 307
收到的税费返还	1 465	1 879
收到的其他与经营活动有关的现金	51 510	8 310
经营活动现金流入小计	**165 316**	**114 496**
购买商品、接受劳务支付的现金	105 224	74 899
支付的给职工以及为职工支付的现金	3 453	3 342
支付的各项税费	9 443	9 482
支付的其他与经营活动有关的现金	19 406	13 157
经营活动现金流出小计	**137 526**	**100 880**
经营活动产生的现金流量净额	**27 790**	**13 616**
二、投资活动产生的现金流量:		
收回投资收到的现金	4 302	1 520
取得投资收益收到的现金	201	39
处置固定资产、无形资产和其他长期资产收回的现金净额	3	5
处置子公司及其他营业单位收到的现金净额	0	0
收到其他与投资活动有关的现金	7 274	5 025
投资活动现金流入小计	**11 780**	**6 589**
购建固定资产、无形资产和其他长期资产支付的现金	1 390	684
投资支付的现金	8 174	11 009
取得子公司及其他营业单位支付的现金净额	0	1 247
支付其他与投资活动有关的现金	14 656	7 785
投资活动现金流出小计	**24 220**	**20 725**
投资活动产生的现金流量净额	**–12 440**	**–14 136**
三、筹资活动产生的现金流量:		
吸收投资收到的现金	0	0
取得借款收到的现金	16 640	23 443
发行债券收到的现金	0	0

续表

项目	2020 年	2019 年
收到其他与筹资活动有关的现金	3 805	1 727
筹资活动现金流入小计	**20 445**	**25 170**
偿还债务支付的现金	23 372	17 648
分配股利、利润或偿付利息支付的现金	13 031	768
支付的其他与筹资活动有关的现金	2 041	458
筹资活动现金流出小计	**38 444**	**18 874**
筹资活动产生的现金流量净额	**–17 999**	**6 296**
四、汇率变动对现金的影响	**693**	**953**
五、现金及现金等价物净增加额	**–2 649**	**5 776**
加:期初现金及现金等价物余额	32 315	25 586
六、期末现金及现金等价物余额	**30 359**	**32 315**

1)要求

a. 短期偿债能力指标计算与分析

①请根据 L 公司资产负债表(表 7-1)提供的资料,计算出公司 2019 年、2020 年的流动比率。

【分析】该公司 2019 年、2020 年的流动比率________公认标准 2,表明该公司短期偿债能力_______,对债权人的保障程度________,企业应该关注财务杠杆所带来的财务风险。为了更准确地判断企业的短期偿债能力,还应该结合行业特点及同行业平均水平进行分析。

②请根据 L 公司资产负债表(表 7-1)提供的资料,计算出公司 2019 年、2020 年的速动比率。

【分析】该公司 2020 年速动比率______2019 年的,且两年均__________公认标准 1。这表明该公司短期偿债能力________。

③请根据 L 公司资产负债表(表 7-1)提供的资料,计算出公司 2019 年、2020 年的现金比率。

【分析】该公司 2019 年、2020 年现金比率_____。这表明企业现金持有量较______,短期偿债能力较_______。

④请根据 L 公司资产负债表(表 7-1)、现金流量表(表 7-3)提供的资料,计算出公司 2019 年、2020 年的现金流动负债比率。

【分析】该指标数值越大,表明企业经营活动产生的____________越多,越能保障企业按期偿还到期债务。该企业 2020 年现金流动负债比率明显___2019 年的,企业自身经营活动产生的现金流量明显______,企业短期偿债能力有所______。

b. 长期偿债能力指标计算与分析

①请根据 L 公司资产负债表(表 7-1)提供的资料,计算出公司 2019 年、2020 年的资产负债率。

【分析】L 公司两年的资产负债率相对较_____,均在_____________,企业财务杠杆风险______,公司长期偿债能力______,对债权人的保障程度较_________。

②请根据 L 公司资产负债表(表 7-1)提供的资料,计算出公司 2019 年、2020 年的产权比率。

【分析】L 公司这两年的产权比率均_______,但 2020 年比 2019 年略有______,企业长期偿债能力较____,对债权人的保障程度需要______。这种结构下,企业财务风险______。

③请根据 L 公司资产负债表(表 7-1)提供的资料,计算出公司 2019 年、2020 年的有形净值债务率。

【分析】L 公司近两年的有形净值债务率均保持________水平。债务人承担的风险_______,企业长期偿债能力_______。但是,无形资产更多体现出了企业的研发能力,需要从财务和经营角度综合考虑。

④请根据 L 公司资产负债表(表 7-1)提供的资料,计算出公司 2019 年、2020 年的权益乘数。

【分析】该公司权益乘数较______,偿债能力________,对债权人的保障程度较______,企业偿债压力______。

⑤请根据 L 公司利润表(表 7-2)提供的资料,计算出公司 2019 年、2020 年的利息保障倍数。

【分析】该公司利息保障倍数_______,自身生产经营收益在满足现有利息支出后剩余______,企业承担的偿债压力______。

2)解析

a. 短期偿债能力指标计算与分析

① L 公司 2019 年、2020 年的流动比率见表 7-4。

表 7-4 L 公司流动比率计算分析

项目	2019 年	2020 年
流动资产/万元	115 209	106 967
流动负债/万元	116 969	108 599
流动比率	0.985 0	0.985 0

【分析】该公司 2019、2020 年的流动比率均小于公认标准 2,表明该公司短期偿债能力较弱,对债权人的保障程度较低,企业应该关注财务杠杆所带来的财务风险。为了更准确地判断企业的短期偿债能力,还应该结合行业特点及同行业平均水平进行分析。

② L 公司 2019 年、2020 年的速动比率见表 7-5。

表 7-5 L 公司速动比率计算分析

项目	2019 年	2020 年
流动资产/万元	115 209	106 967

续表

项目	2019 年	2020 年
存货/万元	26 330	25 572
流动负债/万元	116 969	108 599
速动比率	0.759 9	0.749 5

【分析】该公司 2020 年速动比率低于 2019 年的，且两年均低于公认标准 1。这表明该公司短期偿债能力较弱。

③ L 公司 2019 年、2020 年的现金比率见表 7-6。

表 7-6　L 公司现金比率计算分析

项目	2019 年	2020 年
货币资金/万元	13 052	12 650
交易性金融资产/万元	0	34
流动负债/万元	116 969	108 599
现金比率/%	11.16	11.68

【分析】该公司 2019 年、2020 年现金比率约为 11%。这表明企业现金持有量较少，短期偿债能力较弱。

④ L 公司 2019 年、2020 年的现金流动负债比率见表 7-7。

表 7-7　L 公司现金流动负债比率计算分析

项目	2019 年	2020 年
经营活动产生的现金流量净额/万元	13 616	27 790
流动负债/万元	116 969	108 599
现金流动负债比率/%	11.64	25.59

【分析】该指标数值越大，表明企业经营活动产生的现金净流量越多，越能保障企业按期偿还到期债务。该企业 2020 年现金流动负债比率明显高于 2019 年的，企业自身经营活动产生的现金流量明显增加，企业短期偿债能力有所增强。

b. 长期偿债能力指标计算与分析

① L 公司 2019 年、2020 年的资产负债率见表 7-8。

表 7-8　L 公司资产负债率计算分析

项目	2019 年	2020 年
负债总额/万元	134 277	133 611
资产总额/万元	194 570	194 911

续表

项目	2019 年	2020 年
资产负债率/%	69.01	68.55

【分析】L 公司两年的资产负债率相对较高，均在 69%左右，企业财务杠杆风险较大，公司长期偿债能力较弱，对债权人的保障程度较低。

② L 公司 2019 年、2020 年的产权比率见表 7-9。

表 7-9　L 公司产权比率计算分析

项目	2019 年	2020 年
负债总额/万元	134 277	133 611
所有者权益总额/万元	60 293	61 300
产权比率/%	222.71	217.96

【分析】L 公司这两年的产权比率均高于 200%，但 2020 年比 2019 年略有下降，企业长期偿债能力较弱，对债权人的保障程度需要提高。这种结构下，企业财务风险较大。

③ L 公司 2019 年、2020 年的有形净值债务率见表 7-10。

表 7-10　L 公司有形净值债务率计算分析

项目	2019 年	2020 年
负债总额/万元	134 277	133 611
所有者权益总额/万元	60 293	61 300
无形资产/万元	11 314	12 650
有形净值债务率/%	274.15	274.64

【分析】L 公司近两年的有形净值债务率均保持较高水平。债务人承担的风险较高，企业长期偿债能力较弱。但是，无形资产更多体现出了企业的研发能力，需要从财务和经营角度综合考虑。

④ L 公司 2019 年、2020 年的权益乘数见表 7-11。

表 7-11　L 公司权益乘数计算分析

项目	2019 年	2020 年
资产总额/万元	194 570	194 911
所有者权益总额/万元	60 293	61 300
权益乘数	3.23	3.18

【分析】该公司权益乘数较高，偿债能力较弱，对债权人的保障程度较低，企业偿债压力

较大。

⑤L 公司 2019 年、2020 年的利息保障倍数见表 7-12。

表 7-12 L 公司利息保障倍数计算分析

项目	2019 年	2020 年
净利润/万元	3 556.19	2 118.86
所得税费用/万元	829.45	312.27
利息费用/万元	3 118.75	3 487.41
利息保障倍数	2.41	1.70

【分析】该公司利息保障倍数较低，自身生产经营收益在满足现有利息支出后剩余不多，企业承担的偿债压力较大。

(2)资料二

A 公司 2020—2022 年的相关财务指标见表 7-13。

表 7-13 A 公司 2020—2022 年相关财务指标

项目	2020 年	2021 年	2022 年
流动比率	1.91	1.90	1.98
速动比率	1.25	1.26	1.29
资产负债率	51%	48%	46%
应收账款周转率	11.45 次	13.45 次	14.13 次
存货周转率	5.61 次	6.57 次	6.60 次
总资产周转率	2.25 次	2.28 次	2.26 次
资产报酬率	33.89%	32.35%	30.36%
股东权益报酬率	64.85%	63.80%	57.19%
销售净利率	17.84%	14.22%	13.45%

1)要求

①分析 A 公司偿债能力。

②分析 A 公司的销售状况。

③该公司的 3 项盈利能力指标均呈下降趋势，请分析背后的原因。

2)解析

从表 7-13 中可以看出，A 公司 2020—2022 年这 3 年的流动比率和速动比率略有增加，资产负债率则呈下降趋势，说明 A 公司的偿债能力有所增强。应收账款周转率和存货周转率都有增长的趋势，说明该公司的销售情况具有良好的趋势，应收账款周转速度也在加快。但是，公司的总资产周转率并没有多大变化。值得注意的是，该公司的 3 项盈利能力指标都呈下降的趋势。根据上述分析，A 公司虽然偿债能力增强，但总资产周转速度并没有加快，而且公司的盈利能力在下降。因此,该公司应当加强销售工作,严格控制成本,以扭转公司盈利能力下降的趋势。

任务二　盈利能力分析

一、理论回顾

盈利能力是指企业获取利润的能力。获取利润是企业的重要经营目标,利润是企业生存和发展的物质基础,它不仅关系到企业所有者的投资报酬,也是企业偿还债务的一个重要保障。因此,债权人、所有者和管理者都十分关心企业的盈利能力。盈利能力分析是企业财务分析的重要组成部分,也是评价企业经营管理水平的重要依据。企业的各项经营活动都会影响到企业利润的获取。但是一些非持续性活动的收益不在此考虑范围之内。主要的盈利能力分析指标有如下几个。

(1)主营业务利润率

$$主营业务利润率=\frac{主营业务利润}{主营业务收入}\times 100\%$$

(2)成本费用利润率

$$成本费用利润率=\frac{利润总额}{企业成本费用总额}\times 100\%$$

(3)总资产报酬率

总资产报酬率(ROA)主要用来衡量企业利用总资产获得利润的能力,反映了企业总资产的利用效率。总资产报酬率是指企业在一定时期内息税前利润与平均总资产的比率。总资产报酬率的计算公式为:

$$总资产报酬率=\frac{息税前利润}{平均总资产}\times 100\%$$

(4)净资产收益率

净资产收益率(ROE)是指企业一定时期的净利润与平均净资产的比率。该指标表明企业所有者权益所获报酬的水平,是反映投资者资本获利能力的指标。净资产收益率的计算公式为:

$$净资产收益率=\frac{净利润}{平均净资产}\times 100\%$$

(5)社会贡献率

$$社会贡献率=\frac{社会贡献总额}{平均资产总额}\times 100\%$$

其中,社会贡献总额包括工资、劳保退休统筹及其他社会福利支出、利息支出净额、应交或已交的各项税款。

(6)社会积累率

$$社会积累率=\frac{上交国家财政总额}{企业社会贡献总额}\times 100\%$$

(7)营业毛利率

营业毛利率是营业毛利额与营业收入之间的比率,其计算公式为:

$$营业毛利率=\frac{营业毛利额}{营业收入}\times 100\%$$

通俗地讲,营业毛利率是用以反映企业每1元营业收入中含有多少毛利额,它是净利润的基础。营业毛利率用于对企业获利能力进行分析。

(8)营业利润率

营业利润率是指企业的营业利润与营业收入的比率,其计算公式为:

$$营业利润率=\frac{营业利润}{营业收入}\times 100\%$$

营业利润=营业收入-营业成本-税金及附加-销售费用-管理费用-财务费用-资产减值损失±公允价值变动收益(公允价值变动损失)±投资收益(投资损失)

营业利润率是在不考虑营业外收支和所得税费用的情况下,反映企业经营业务创造利润的能力的,一般企业的净利润主要来源于营业利润,企业营业利润率越高,净利润也会越多。

不同于营业毛利率,营业利润率的计算不仅包含营业收入和营业成本,还加入了对企业营业费用的考察,营业费用也是企业经营过程中的必要支出,比如管理人员工资和营销推广费用等,甚至对于一些行业企业来说,比如互联网企业和服务企业等,营业费用会大于营业成本。

因为营业利润率的计算包含了企业营业中涉及的成本和费用,所以营业利润率比营业毛利率更能反映企业的盈利能力。

(9)营业净利率

营业净利率是企业销售的最终获利能力指标,反映了企业净利润与营业收入的关系。营业净利率越高,说明企业的获利能力越强。但是它受行业特点影响较大。其计算公式为:

$$营业净利率=\frac{净利润}{营业收入}\times 100\%$$

其中,净利润是一个企业经营的最终成果,净利润越多,企业的经营效益就越好;净利润越少,企业的经营效益就越差,它是衡量一个企业经营效益的主要指标。净利润的计算公式为:

净利润=利润总额-所得税费用

二、实训目标

①学会运用资产负债表、利润表、现金流量表的报表数据,计算盈利能力指标;理解各种常用盈利能力指标的含义,并运用其对具体财务数据做出分析评价。

②了解各种常用盈利能力指标的适用情况。

③能分析评价各种盈利能力指标的优缺点。

三、实训项目

（1）资料一

相关资料内容同本模块任务一实训项目的资料一。

1）要求

a. 销售盈利能力分析

请根据L公司利润表（表7-2），计算出公司2019年、2020年的营业毛利率、营业利润率、营业净利率。

b. 资本资产盈利能力分析

请根据L公司资产负债表（表7-1）、利润表（表7-2），计算出公司2019年、2020年的净资产收益率、总资产报酬率。

2）解析

a. 销售盈利能力分析

L公司2019年、2020年的营业毛利率、营业利润率、营业净利率见表7-14。

表7-14　L公司营业毛利率、营业利润率、营业净利率计算

项目	2019年	2020年
营业收入/万元	130 054.7	127 738.5
营业成本/万元	108 725.3	106 924.3
营业利润/万元	4 241.76	2 312.29
营业毛利/万元	21 329.4	20 814.2
净利润/万元	3 556.19	2 118.86
营业毛利率/%	16.40	16.29
营业利润率/%	3.26	1.81
营业净利率/%	2.73	1.66

b. 资本资产盈利能力分析

L公司2019年、2020年的净资产收益率、总资产报酬率见表7-15。

表7-15　L公司净资产收益率、总资产报酬率计算

项目	2019年	2020年
净资产/万元	60 293	61 300
总资产/万元	194 570	194 911
净利润/万元	3 556.19	2 118.86
息税前利润/万元	7 020.98	5 445.16
净资产收益率/%	5.90	3.46
总资产报酬率/%	3.61	2.79

（2）资料二

A 公司 2020—2022 年的利润表见表 7-16。

表 7-16 A 公司 2020—2022 年比较利润表 单位：万元

项目	2020 年	2021 年	2022 年
一、营业收入/万元	6 542	8 257	9 371.40
减：营业成本/万元	3 028	3 710	4 190.40
营业税金及附加/万元	365	562	676
销售费用/万元	886	1 255	1 370
管理费用/万元	622	812	1 050
利息费用/万元	278	308	325
资产减值损失/万元	0	0	0
加：公允价值变动/万元（损失以“–”号填列）	0	0	0
投资收益（损失以“–”号填列）	58	68	63
其中：对联营企业和合营企业的投资收益/万元	0	0	0
二、营业利润（亏损以“–”号填列）	1 421	1 678	1 823
加：营业外收入/万元	11	9.80	8.50
减：营业外支出/万元	9	5.40	15.50
其中：非流动资产处置损失/万元	0	0	0
三、利润总额（亏损以“–”号填列）	1 423	1 682.40	1 816
减：所得税费用/万元	256	508.40	556
四、净利润（亏损以“–”号填列）	1 167	1 174	1 260
五、每股收益			
（一）基本每股收益/元		0.78	0.84
（二）稀释每股收益/元		0.78	0.84

1）要求

①请分析 A 公司营业收入变化。

②请分析 A 公司成本费用变化。

③请分析 A 公司利润变化。

④请综合以上分析，说明造成 2021 年净利润增长缓慢的主要原因。

⑤ 2022 年的净利润增长速度低于营业收入的增长速度的原因何在？

2）解析

①营业收入变化分析。2021 年营业收入为 8 257 万元，比 2020 年增加了 1 715 万元，增长 26.22%；2022 年为 9 371.4 万元，比 2021 年增加了 1 114.4 万元，增长 13.50%。

②成本费用变化分析。2021 年营业成本为 3 710 万元，比 2020 年增加了 682 万元，增长 22.52%；2022 年为 4 190.4 万元，比 2021 年增加了 480.4 万元，增长 12.95%。2021 年营

业税金及附加为562万元，比2020年增加了197万元，增长53.97%，2022年为676万元，比2021年增加了114万元，增长20.28%。2021年销售费用、管理费用和财务费用3项费用之和为2 375万元，比2020年3项费用之和增加了589万元，增长32.98%；2022年3项费用之和为2 745万元，比2021年增加了370万元，增长15.58%。

③利润变化分析。2021年营业利润为1 678万元，比2020年增加了257万元，增长18.09%；2022年为1 823万元，比2021年增加了145万元，增长8.64%。2021年利润总额为1 682.40万元，比2020年增加了259.4万元，增长18.23%；2022年为1 816万元，比2021年增加了133.60万元，增长7.94%。A公司2021年的净利润为1 174万元，仅比2020年增加了7万元，增长率只有0.60%；2022年的净利润为1 260万元，比2021年增加了86万元，增长7.33%。

④从以上的分析可知，虽然2021年的营业收入增长较快，比2020年增长了26.22%，但是2021年的净利润增加得很少，这是2021年的企业所得税税率增长导致的，2020年A公司享受优惠的所得税税率，而从2021年开始将不再享受所得税的优惠。同时，2021年成本费用增加得也较快，尤其是3项费用之和增长速度过快，达到32.98%，这是造成2021年净利润增长缓慢的主要原因。

⑤ 2022年的净利润增长速度也低于营业收入增长速度，主要是由成本费用增长较快所致。总的来看，A公司的财务状况比较稳定，财务风险没有增大的趋势，但是公司的净利润增长速度并不是很快。所以，应当加强公司管理，努力做好增收节支的工作，尤其要强化主营业务，控制各种期间费用，这样才有可能使公司的净利润有较大幅度的增长。

任务三　营运能力分析

一、理论回顾

营运能力反映了企业的资金周转状况，对其进行分析，可以了解企业的营业状况及经营管理水平。资金周转状况好，说明企业的经营管理水平高，资金利用效率高。企业的资金周转状况与供、产、销各个经营环节密切相关，可通过产品销售情况与企业资金占用量来分析，以评价企业的营运能力。常用的评价营运能力的财务指标如下。

1. 流动资产营运能力指标

（1）应收账款周转情况

应收账款周转率是企业一定时期营业收入与应收款项平均余额的比值，是反映应收款项周转速度的一项指标。其计算公式为：

$$\text{应收账款周转率(周转次数)}=\frac{\text{营业收入(赊销收入净额)}}{\text{应收账款平均余额}}$$

$$\text{应收账款周转期(周转天数)}=\frac{360}{\text{应收账款周转率}}$$

$$\text{应收账款平均余额}=\frac{\text{应收账款年初余额}+\text{应收账款年末余额}}{2}$$

（2）存货周转情况

存货周转率是企业一定时期营业成本与存货平均余额的比率，是反映企业流动资产流动性的一个指标。存货周转期是企业取得存货到销售存货经历的天数。以上指标的计算公式为：

$$存货周转率(周转次数)=\frac{营业成本}{存货平均余额}$$

$$存货周转期(周转天数)=\frac{360}{存货周转率}$$

$$存货平均余额=\frac{存货年初余额+存货年末余额}{2}$$

（3）流动资产周转情况

流动资产周转率是企业一定时期营业收入与流动资产平均余额的比率，反映企业流动资产周转速度。其计算公式为：

$$流动资产周转率(周转次数)=\frac{营业收入}{流动资产平均余额}$$

$$流动资产周转期(周转天数)=\frac{360}{流动资产周转率}$$

$$流动资产平均余额=\frac{流动资产年初余额+流动资产年末余额}{2}$$

2. 非流动资产营运能力指标

固定资产周转率是企业一定时期营业收入与固定资产平均净值的比率，是衡量固定资产利用效率的一项指标。其计算公式为：

$$固定资产周转率(周转次数)=\frac{营业收入}{固定资产平均净值}$$

$$固定资产周转期(周转天数)=\frac{360}{固定资产周转率}$$

$$固定资产平均净值=\frac{固定资产年初净值+固定资产年末净值}{2}$$

3. 总资产营运能力指标

总资产周转率是企业一定时期营业收入与平均资产总额的比率，是综合评价资产管理或资本利用效率的重要指标。其计算公式为：

$$总资产周转率(周转次数)=\frac{营业收入}{平均资产总额}$$

$$总资产周转期(周转天数)=\frac{360}{总资产周转率}$$

$$平均资产总额=\frac{总资产年初余额+总资产年末余额}{2}$$

二、实训目标

①学会运用资产负债表、利润表、现金流量表的报表数据，计算营运能力指标；理解各种常用营运能力指标的含义，并对具体财务数据做出分析评价。

②了解各种常用营运能力指标的适用情况。

③能分析评价各种营运能力指标的优缺点。

三、实训项目

相关资料内容同本模块任务一实训项目资料一。

1）要求

a. 流动资产营运能力分析

①请根据 L 公司资产负债表（表 7-1）和利润表（表 7-2）提供的资料，计算出该公司 2019 年、2020 年的应收账款周转率以及周转期。假设 2019 年初，应收账款余额为 47 650 万元。

②请根据 L 公司资产负债表（表 7-1）和利润表（表 7-2）提供的资料，计算出该公司 2019 年、2020 年的存货周转率以及周转期。假设 2019 年初存货余额为 24 580 万元。

③请根据 L 公司资产负债表（表 7-1）和利润表（表 7-2）提供的资料，计算出该公司 2019 年、2020 年的流动资产周转率及周转期。假设 2019 年初流动资产余额为 105 750 万元。

b. 非流动资产营运能力分析

根据 L 公司资产负债表（表 7-1）和利润表（表 7-2）提供的资料，计算出该公司 2019 年、2020 年的固定资产周转率及周转期。假设 2019 年初固定资产净值为 40 380 万元。

c. 总资产营运能力分析

根据 L 公司资产负债表（表 7-1）和利润表（表 7-2）提供的资料，计算出该公司 2019 年、2020 年的总资产周转率及周转期。假设 2019 年初总资产余额为 189 750 万元。

2）解析

a. 流动资产营运能力分析

① L 公司 2019 年、2020 年的应收账款周转率以及周转期见表 7-17。

表 7-17　L 公司应收账款周转率及周转期计算

项目	2019 年	2020 年
营业收入/万元	130 054.7	127 738.5
应收账款年末余额/万元	49 284	43 934
应收账款平均余额/万元	48 467	46 609
应收账款周转率/次	2.68	2.74
应收账款周转期/天	134.33	131.39

② L 公司 2019 年、2020 年的存货周转率以及周转期见表 7-18。

表 7-18 L 公司存货周转率及周转期计算

项 目	2019 年	2020 年
营业总成本/万元	126 985.6	125 615.2
存货年末余额/万元	26 330	25 572
存货平均余额/万元	25 445	25 951
存货周转率/次	4.99	4.84
存货周转期/天	72.14	74.38

③ L 公司 2019 年、2020 年的流动资产周转率及周转期见表 7-19。

表 7-19 L 公司流动资产周转率及周转期计算

项目	2019 年	2020 年
营业收入/万元	130 054.7	127 738.5
流动资产年末余额/万元	115 209	106 867
流动资产平均余额/万元	110 479.5	111 038
流动资产周转率/次	1.18	1.15
流动资产周转期/天	305.08	313.04

b. 非流动资产营运能力分析

L 公司 2019 年、2020 年的固定资产周转率及周转期见表 7-20。

表 7-20 L 公司固定资产周转率及周转期计算

项目	2019 年	2020 年
营业收入/万元	130 054.7	127 738.5
固定资产年末净值/万元	43 679	49 443
固定资产平均净值/万元	42 029.5	46 561
固定资产周转率/次	3.09	2.74
固定资产周转期/天	116.50	131.39

c. 总资产营运能力分析

L 公司 2019 年、2020 年的总资产周转率及周转期见表 7-21。

表 7-21 L 公司总资产周转率及周转期计算

项目	2019 年	2020 年
营业收入/万元	130 054.7	127 738.5
总资产年末余额/万元	194 570	194 911
平均资产总额/万元	192 160	194 740.5

续表

项目	2019 年	2020 年
总资产周转率/次	0.68	0.66
总资产周转期/天	529.41	545.45

任务四　发展能力分析

一、理论回顾

发展能力也称成长能力，是指企业在从事经营活动的过程中所表现出来的增长能力，如规模的扩大、盈利的持续增长、市场竞争力的增强等。反映企业发展能力的财务比率有如下几个。

（1）营业（销售）增长率

营业（销售）增长率是指企业本年营业（销售）收入增长额同上年营业（销售）收入总额的比率。营业（销售）增长率表示与上年相比企业营业（销售）收入的增减变动情况，是评价企业发展状况和发展能力的重要指标。其计算公式为：

$$营业(销售)增长率=\frac{本年营业(销售)收入增长额}{上年营业(销售)收入总额}\times100\%$$

（2）总资产增长率

总资产增长率是指企业一定时期总资产增长额与期初资产总额的比率。企业销售收入的增长一般会带动企业资产的增长，而企业资产的增长体现为企业的投资规模的增长。对于一个健康成长的企业来说，其投资规模应该呈不断扩大的趋势。如果企业处于成长期，通常存在许多良好的投资机会，此时企业会扩大投资规模；如果企业处于成熟期或衰退期，通常缺乏投资机会，此时企业一般不会考虑扩大投资规模。该指标根据资产规模来衡量企业的发展能力，表明企业规模增长水平对企业发展的影响。其计算公式为：

$$总资产增长率=\frac{本期总资产增长额}{期初资产总额}\times100\%$$

（3）资本积累率

资本积累率是指企业本年所有者权益增长额同年初所有者权益总额的比率。该指标反映企业所有者权益在当年的变动水平，体现了企业资本的积累情况，是企业发展壮大的标志，展示了企业的发展潜力，是评价企业发展潜力的重要指标。

其计算公式为：

$$资本积累率=\frac{本年所有者权益增长额}{年初所有者权益总额}\times100\%$$

资本积累率反映了投资者投入的企业资本的保全性和增长性。该指标越高，表示企业资本积累越多，企业资本保全性越强，应付风险、持续发展的能力越强。

（4）营业利润增长率

营业利润增长率是企业本年营业利润增长额与上年营业利润总额的比率，反映了企业利润的增减变动情况。其计算公式为：

$$营业利润增长率=\frac{本年营业利润增长额}{上年营业利润总额}\times 100\%$$

（5）利润增长率

$$利润增长率=\frac{本年利润总额增长额}{上年利润总额}\times 100\%$$

（6）净利润增长率

净利润增长率是本年净利润增长额与上年净利润的比率。其计算公式为：

$$净利润增长率=\frac{本年净利润增长额}{上年净利润}\times 100\%$$

二、实训目标

①学会运用资产负债表、利润表、现金流量表的报表数据，计算发展能力指标；理解各种常用发展能力指标的含义，并对具体财务数据做出分析评价。

②了解各种常用发展能力指标的适用情况。

③能分析评价各种发展能力指标的优缺点。

三、实训项目

（1）资料一

相关资料内容同本模块任务一实训项目的资料一。

1）要求

①L公司2020年营业收入为127 738.5万元，2019年营业收入为130 054.7万元，则其营业增长率为________，营业收入呈现负增长。

②L公司2020年资产总额为194 911万元，2019年资产总额为194 570万元，则其总资产增长率为__________，资产总额保持稳定，增长幅度较小。

③L公司2020年末所有者权益总额为61 300万元，2019年末所有者权益总额为60 293万元，则其资本积累率为________。

④L公司2020年营业利润为2 312.29万元，2019年营业利润为4 241.76万元，则其营业利润增长率为__________，营业利润出现大幅度下降。

⑤L公司2020年净利润为2 118.86万元，2019年净利润为3 556.19万元，则其净利润增长率为__________，下降幅度较大。

2）解析

①L公司2020年营业收入为127 738.5万元，2019年营业收入为130 054.7万元，则其营业增长率为–1.78%，营业收入呈现负增长。

②L公司2020年资产总额为194 911万元，2019年资产总额为194 570万元，则其总资产增长率为0.18%，资产总额保持稳定，增长幅度较小。

③ L 公司 2020 年末所有者权益总额为 61 300 万元，2019 年末所有者权益总额为 60 293 万元，则其资本积累率为 1.67%。

④ L 公司 2020 年营业利润为 2 312.29 万元，2019 年营业利润为 4 241.76 万元，则其营业利润增长率为–45.49%，营业利润出现大幅度下降。

⑤ L 公司 2020 年净利润为 2 118.86 万元，2019 年净利润为 3 556.19 万元，则其净利润增长率为–40.42%，下降幅度较大。

（2）资料二

A 公司资产负债表的部分节选见表 7-22。

1）要求

请比较 A 公司 2020 年到 2022 年的报表数据进行流动资产变化分析。

表 7-22　A 公司比较资产负债表（节选）　单位：万元

项目	2020 年末	2021 年末	2022 年末
资产			
流动资产：			
货币资金	350	340	490
交易性金融资产	40	30	80
应收票据	10	20	15
应收账款	584.1	643.5	683.1
预付款项	12	14	14
应收利息	0	3	0
应收股利	0	5	0
其他应收款	8.9	13.5	4.9
存货	550	580	690
一年内到期的非流动资产	10	30	0
其他流动资产	15	31	3
流动资产合计	1 580	1 710	1 980
非流动资产：			
可供出售金融资产	0	20	20
持有至到期投资	0	30	30
长期应收款	0	10	10
长期股权投资	120	30	90
投资性房地产	0	20	30

2）解析

根据 A 公司 2020—2022 年的比较资产负债表进行流动资产变化分析。

2021 年流动资产为 1 710 万元，比 2020 年增加了 130 万元，增长 8.23%；2022 年流动资产为 1 980 万元，比 2021 年增加了 270 万元，增长 15.79%。

任务五 财务综合分析体系

一、理论回顾

（一）财务比率综合评分法

1. 财务比率综合评分法的含义

财务比率综合评分法也称沃尔评分法，是指对选定的几项财务比率进行评分，然后计算出综合得分，并据此评价企业的综合财务状况的方法。

2. 财务比率综合评分法的应用程序

①选定评价财务状况的财务比率；

②确定财务比率标准评分值；

③确定财务比率评分值的上下限；

④确定财务比率的标准值；

⑤计算关系比率；

⑥计算各项财务比率的实际得分。

（二）杜邦分析法

杜邦分析法（DuPont analysis）是利用几种主要的财务比率之间的关系来综合分析企业财务状况的方法。具体来说，它是一种用来评价公司盈利能力和股东权益回报水平，从财务角度评价企业绩效的一种经典方法。其基本思想是将企业净资产收益率逐级分解为多项财务比率乘积，这样有助于深入分析比较企业经营业绩。杜邦分析法中的关键比率有以下几个。

净资产收益率（自有资金利润率）=总资产净利率 × 权益乘数

总资产净利率=销售净利率 × 总资产周转率

权益乘数=1/（1−资产负债率）

杜邦分析法中各关键比率之间的关系如图 7-1 所示。

（三）价值分析

市盈率（倍数）=每股市价/每股收益

每股收益=净利润/年末普通股股数

股利收益率=每股股利/每股市价

每股股利=股利总额/年末普通股股数

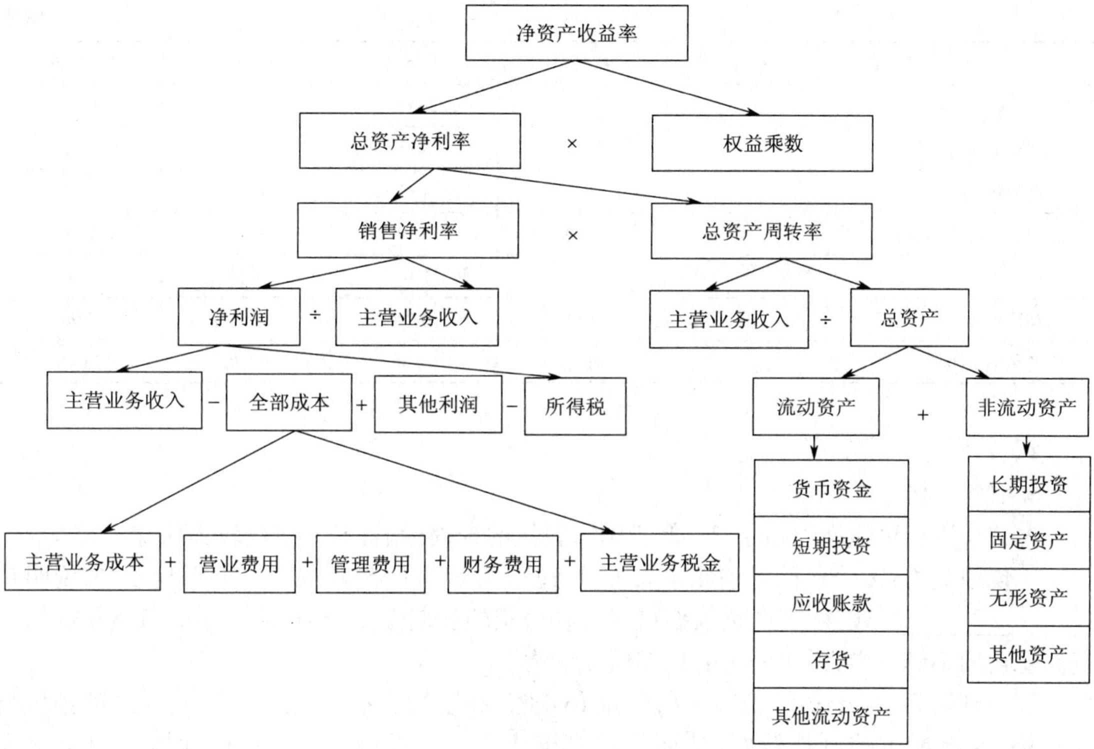

图 7-1

二、实训目标

①掌握各综合分析体系中各指标的计算，特别是杜邦分析法当中的核心指标，熟练分析具体财务数据。

②理解各综合分析体系中各指标的含义及它们之间的关系。

③了解各综合分析体系的适用情况。

④能分析评价各综合分析体系的优缺点。

三、实训项目

（1）资料一

利用相关财务数据，采用杜邦分析法对 A 公司的财务状况进行分析。2022 年相关财务数据见表 7-23。

表 7-23　A 公司 2022 年相关财务数据

项目	A 公司	甲公司	乙公司	丙公司
加权每股收益/元	1.07	0.04	0.01	0.35
每股净资产/元	8.27	3.41	3.04	1.92
销售净利率/%	16.48	13.54	13.68	17.05

续表

项目	A 公司	甲公司	乙公司	丙公司
净资产收益率/%	21.82	33.68	18.74	53.29
应收账款周转率/次	18.52	8.23	7.15	8.57
存货周转率/次	7.37	4.47	4.16	7.71
总资产周转率/次	1.43	1.19	0.99	1.18
流动比率	1.91	1.14	1.29	1.16
速动比率	1.55	0.79	0.97	0.96
资产负债率/%	46.27	74.39	67.70	71.08

1)要求

a. 财务结构

A 公司资产负债率为 46.27%,低于国际公认的合理标准,财务结构较为保守。

①偿债能力:A 公司的流动比率为 1.91,速动比率为 1.55,均高于行业平均水平,说明其________较强;资产负债率可以反映公司的长期偿债能力,该公司的负债总额只占资产总额的不到一半,说明公司的长期偿债能力_____。

②盈利能力:A 公司的销售净利率为 16.48%,高于行业水平,说明该公司实现的销售收入较高,或者成本控制得较好,从而使盈利能力______;但是,该公司的净资产收益率为 21.82%,低于行业水平,说明________________________________。

③营运能力:应收账款周转率、存货周转率、总资产周转率都反映 A 公司的营运能力,该公司的这些指标都________行业水平,反映出该公司对现有资产的管理水平和使用效率__________。

总之,相对于同行业的其他公司来说,A 公司的每股收益、营运能力、偿债能力都处于较高水平,资产负债率相对较低,财务结构相对保守,所以净资产收益率也相对较低。

该公司的权益乘数=1/(1–资产负债率)=1.86。

可以看出,该公司的财务杠杆作用并不大,财务结构较为保守,没有为其带来较多的杠杆利益。

b. 财务比率

该公司的销售净利率为 16.48%,________行业水平,说明公司的盈利能力较____。

该公司的总资产周转率为 1.43 次,高于行业水平,流转速度_______。

通过杜邦分析法,我们发现,A 公司的资产营运能力、盈利能力都较强,要提高净资产收益率,可以适当扩大________的比重,发挥__________的作用。

2)解析

a. 财务结构

A 公司资产负债率为 46.27%,低于国际公认的合理标准,财务结构较为保守。

①偿债能力:A 公司的流动比率为 1.91,速动比率为 1.55,均高于行业平均水平,说明其短期偿债能力较强;资产负债率可以反映公司的长期偿债能力,该公司的负债总额只占资产

总额的不到一半,说明公司的长期偿债能力较好。

②盈利能力:A 公司的销售净利率为 16.48%,高于行业水平,说明该公司实现的销售收入较高,或者成本控制得较好,从而使盈利能力较强;但是,该公司的净资产收益率为 21.82%,低于行业水平,说明该公司所有者投入的资本的获利能力较弱。

③营运能力:应收账款周转率、存货周转率、总资产周转率都反映 A 公司的营运能力,该公司的这些指标都高于行业水平,反映出该公司对现有资产的管理水平和使用效率较高。

总之,相对于同行业的其他公司来说,A 公司的每股收益、营运能力、偿债能力都处于较高水平,资产负债率相对较低,财务结构相对保守,所以净资产收益率也相对较低。

该公司的权益乘数=1/(1–资产负债率)=1.86。

可以看出,该公司的财务杠杆作用并不大,财务结构较为保守,没有为其带来较多的杠杆利益。

b. 财务比率

该公司的销售净利率为 16.48%,高于行业水平,说明公司的盈利能力较强。

该公司的总资产周转率为 1.43 次,高于行业水平,流转速度较快。

通过杜邦分析法,我们发现,A 公司的资产营运能力、盈利能力都较强,要提高净资产收益率,可以适当扩大负债的比重,发挥财务杠杆的作用。

(2)资料二

反映 B 公司 2022 年财务状况的一些财务指标见表 7-24。

表 7-24　B 公司 2022 年财务比率综合评分

财务比率	评分值 (1)	上/下限 (2)	标准值 (3)	实际值 (4)	关系比率 (5)=(4)/(3)	实际得分 (6)=(1)×(5)
流动比率	10	20/5	2	1.98	0.99	9.90
速动比率	10	20.5	1.2	1.29	1.08	10.80
资产/负债	12	20/5	2.10	2.17	1.03	12.36
存货周转率	10	20/5	6.50 次	6.60 次	1.02	10.20
应收账款周转率	8	20/4	13 次	14.13 次	1.09	8.72
总资产周转率	10	20/5	2.10 次	2.26 次	1.08	10.8
资产报酬率	15	30/7	31.50%	30.36%	0.96	14.40
股权报酬率	15	30/7	58.33%	57.19%	0.98	14.70
销售净利率	10	20/5	15%	13.45%	0.90	9.00
合计	100					100.88

1)要求

利用财务比率综合评分法对该公司的财务状况进行综合评价。

2)解析

表 7-24 中的财务比率包括偿债能力比率、营运能力比率和盈利能力比率 3 类财务比率。由于发展能力比率需要观察多个会计年度的数据才有效,因此在评价一年的财务状况

时没有选用这一比率。根据表 7-24 中的综合评分，B 公司财务状况的综合得分为 100.88 分，非常接近 100 分，这说明该公司的财务状况是良好的，与确定的标准评分值基本是一致的。

任务六　实训技能考核

一、考核目标

①通过考核案例分析，使学生在了解偿债能力、盈利能力、营运能力、发展能力和财务综合能力相关概念、方法和指标的基础上，能够对相关指标做出正确的计算；

②在教师的指导下，能够独立思考和分析所给案例资料，再结合有关理论，对案例进行加工、整理与分析，提高思维能力，根据企业的不同情况和要求，能够正确地对企业偿债能力状况、盈利能力状况、营运能力状况、发展能力状况和财务综合情况做出分析判断和预测，掌握应有的专业知识和技能。

二、考核要求

本次考核总分为 100 分，具体评分细则为：

①遵守考核纪律，学习积极主动，与现场考勤考查结合(20 分)；

②能够根据资料，计算各类财务比率指标(50 分)；

③能利用所学知识，回答相关问题(30 分)。

三、考核案例

①某公司 2021 年的有关数据为：经营现金净流量为 3 800 万元，流动负债为 5 400 万元，总负债为 24 000 万元，总资产为 60 000 万元，年度销售收入为 15 000 万元，普通股股数为 5 000 万股，拟发放现金股利为每股 0.30 元。

要求：

请根据以上资料计算现金流动负债比率、现金债务总额比率、每股营业现金净流量。

②某企业全部流动资产为 60 万元，流动比率为 1.5。

要求：

请分别计算当下列业务依次完成时企业的流动比率。

Ⅰ. 购入价值 16 万元的商品以备销售，其中 8 万元为赊购。

Ⅱ. 购入运输车辆一部，价值 5 万元，其中 3 万元以银行存款支付，其余 2 万元开出 3 个月期的应付票据。

③某公司 2022 年初、年末应收账款分别为 200 万元和 400 万元，存货分别为 200 万元和 600 万元，年赊销收入为 2 000 万元，年销售成本为 1 600 万元，年末速动比率和现金比率分别为 1.2 和 70%。假设流动资产由速动资产和存货组成。

要求：

Ⅰ. 计算应收账款周转率和存货周转率。

Ⅱ. 计算年末流动负债和速动资产。

④某公司近 3 年的主要财务数据和财务比率见表 7-25。

表 7-25　某公司主要财务数据和财务比率

年份	2020 年	2021 年	2022 年
销售额/万元	4 000	4 300	3 800
总资产/万元	1 430	1 560	1 695
普通股/万元	100	100	100
保留盈余/万元	500	550	550
所有者权益合计/万元	600	650	650
流动比率	1.19	1.25	1.20
平均收现期/天	18	22	27
存货周转率/次	8.0	7.5	5.5
债务/所有者权益	1:38	1.40	1.61
长期债务/所有者权益	0.5	0.46	0.46
销售毛利率/%	20.0	16.3	13.2
销售净利率/%	7.5	4.7	2.6
总资产周转率/次	2.80	2.76	2.24
总资产净利率/%	21	13	6

假设该公司没有营业收支和投资收益，所得税税率不变。

要求：

Ⅰ. 分析说明该公司运用资产获利的能力的变化及其原因。

Ⅱ. 分析说明该公司资产、负债及所有者权益的变化及其原因。

Ⅲ. 假如你是该公司的财务经理，在 2023 年应从哪些方面改善公司的财务状况，提高企业的经营业绩？

⑤某公司流动资产由速动资产和存货构成，2022 年初存货为 145 万元，年初应收账款为 125 万元，年末流动比率为 3，年末速动比率为 1.5，存货周转率为 4 次，流动资产年末余额为 270 万元。一年按 360 天计算。

要求：

Ⅰ. 计算该公司流动负债年末余额。

Ⅱ. 计算该公司存货年末余额和年平均余额。

Ⅲ. 计算该公司本年销售成本。

Ⅳ. 假定该公司本年赊销净额为 960 万元，应收账款以外的其他速动资产忽略不计，计算该公司应收账款平均收账期。

⑥某公司 2022 年度赊销收入净额为 2 000 万元，销售成本为 1 600 万元；应收账款年初、年末余额分别为 200 万元和 400 万元；存货年初、年末余额分别为 200 万元和 600 万元；

年末速动比率为 1.2，年末现金比率为 70%。假定该企业流动资产由速动资产和存货组成，速动资产由应收账款和现金类资产组成。一年按 360 天计算。

要求：

Ⅰ. 计算 2022 年应收账款平均收账期。

Ⅱ. 计算 2022 年存货周转期。

Ⅲ. 计算 2022 年末流动负债余额和速动资产余额。

Ⅳ. 计算 2022 年末流动比率。

⑦ HW 公司 2022 年有关资料见表 7-26。

表 7-26 HW 公司部分财务数据

项目	年初数额	年末数额	本年数额或平均数额
存货/万元	7 200	9 600	
流动负债/万元	6 000	8 000	
总资产/万元	15 000	17 000	
流动比率		1.5	
速动比率	0.8		
权益乘数			1.5
流动资产周转率/次			4
净利润/万元			2 880

要求：

Ⅰ. 计算 HW 公司 2022 年流动资产的年初余额、年末余额和平均余额（假定流动资产由速动资产与存货组成）。

Ⅱ. 计算 HW 公司 2022 年销售收入净额和总资产周转率。

Ⅲ. 计算 HW 公司 2022 年的销售净利率和净资产收益率。

⑧某公司主要财务报表资料见表 7-27。

表 7-27 某公司 2022 年主要财务数据 单位：万元

资产负债表项目：	年初数额	年末数额
资产	8 000	10 000
负债	4 500	6 000
所有者权益	3 500	4 000
利润表项目：	上年数额	本年数额
营业收入净额	（略）	20 000
净利润	（略）	500

要求：

Ⅰ.计算杜邦财务分析法中的净资产收益率、总资产净利率、销售净利率、总资产周转率、权益乘数。

Ⅱ.分析该公司提高净资产收益率可以采取的措施。

⑨思考并回答如下问题。

Ⅰ.如果你是银行信贷部门的经理，在给企业发放贷款时，应当考虑哪些因素？

Ⅱ.企业资产负债率的高低对债权人和股东会产生什么影响？

Ⅲ.企业的应收账款周转率偏低可能是由什么原因造成的？会给企业带来什么影响？

Ⅳ.为什么说企业的营运能力可以反映出其经营管理水平？企业应当如何提高营运能力？

Ⅴ.你认为在评价股份有限公司的盈利能力时，哪个财务指标应当作为核心指标？为什么？

Ⅵ.你认为在评价企业的发展趋势时，应当注意哪些问题？

Ⅶ.为什么说净资产收益率是杜邦分析的核心？

Ⅷ.在应用杜邦分析法进行企业财务状况的综合分析时，应当如何分析各项因素对企业净资产收益率的影响程度？

Ⅸ.假如你是一家股份公司的董事，你的律师提醒你应当关注有关法律诉讼的风险，并要持续监督公司财务安全，你应当如何利用财务分析帮助你履行董事的职责？

Ⅹ.假如你是一个环保组织的成员，你应当如何利用财务分析来了解某企业对环境保护所承担的责任？

Ⅺ.假设你是一名财务咨询师，为一家商品流通企业做财务咨询，你的任务是通过合理的存货规划使存货成本降低。在考察了前期的销售情况和存货管理情况后，你提出了加强存货管理的建议。预计现有的存货周转率将从目前的 20 次提高到 25 次，节省下来的资金用于偿还银行短期借款，银行短期借款的利息率为 5%。假设预期销售收入为 2 亿元，预期销售成本为 1.6 亿元。请你测算该方案预计节约的成本是多少？

第三篇　证券投资

模块八　证券投资实训

导言

证券投资是指投资者(法人或自然人)购买股票、债券、基金等有价证券以及有价证券的衍生品,以获取红利、利息及资本利得的投资行为和投资过程,是间接投资的重要形式。证券投资为社会提供了筹集资金的重要渠道,是各类企业进行直接融资的有效途径。证券投资有利于调节资金投向,提高资金使用效率,从而引导资源合理流动,实现资源的优化配置。证券投资也是我国金融理财行业的一种重要方式。但在从事证券投资时,必须考虑其风险。

任务一　相关软件使用与交易行情识读

一、理论回顾

同花顺是一款功能非常强大的免费网上股票证券交易分析软件,是市场上行情交易快、数据全、性能优、受股民欢迎的免费炒股软件。免费版同花顺软件的特色功能有:可以查询A股、基金、外汇、港股、美股、期货、股指期货等的行情;宏观财经新闻更新及时,可以从早盘、复盘必读进行查询;行业板块划分,特别是概念板块划分比较好;可以查询板块热点,了解每个交易日的板块热点;对上市公司的基本分析做得比较好,将各种复杂的财务数据以图形和表格的形式表达出来,一目了然,并且还有丰富的说明;有其他添加应用,如热点事件、股票筛选器等;可以查询沪、深两市股票免费主力增仓、资金流向等。

(一)同花顺软件界面介绍

1. 菜单栏

菜单栏位于终端界面左上方,包括系统、报价、行情、分析、交易、智能、工具、资讯、帮助等多个栏目。终端的基本操作方法、功能都被收罗其中,操作方便、快捷。

2. 标题栏

标题栏位于终端界面右上方,菜单栏右侧,显示当前页面名称、用户名等,并提供委托等功能。

3. 工具栏

工具栏位于菜单栏和标题栏之下、主窗口之上,可选择隐藏,包含了应用中心、修正、买入、卖出、模拟炒股等功能,方便用户看盘使用。以下简单介绍主要的工具。

①方向键:方向键包括“返回”“上翻”和“下翻”。

②买入、卖出:单击“买入”“卖出”,当登录好了委托程序后,可以将委托停靠或者最小化到下边栏。需要交易的时候单击“买入”“卖出”以方便操作。

③模拟炒股：单击“模拟”进入模拟炒股登录界面，提供最真实的虚拟炒股平台。

④自选股：单击“自选”进入自选股界面。在其下拉菜单中可进行自选个股和自选板块的分组设定。

⑤周期：单击“周期”进入个股的分时走势，同时可以切换K线或者分时的分析周期，如15分钟、30分钟、周线、月线等。

⑥ F10/F9：单击“F10/F9”，提供F10公司/大盘资讯、F9牛股等内容，包含上市公司概况、公司经营状况、行业分析等内容。

⑦画线：单击“画线”可出现画线工具，可以选择画线工具进行画线。

⑧资讯：单击“资讯”，提供实时财经新闻和自选股新闻，并带来全新的阅读体验。

⑨选股：单击“选股”，提供问财选股、快捷选股、股票筛选器和形态选股等各类选股方式，云服务器选股更快、更准。

⑩资金BBD：单击“BBD”，提供DDE（大单净量）当日资金详细数据，还包含主力增仓、资金流向等内容；提供上证、深证BBD资金详细数据，准确解读沪深大盘趋势。

⑪研报、预测：单击“研报”，进入研报大全，查看专业研究员个股、行业投资分析报告；单击“预测”，提供形态预测功能。

⑫数据：单击“数据”，提供龙虎榜单、产品价格、大宗交易等股票相关数据，把握相关热点。

⑬行情总览：可选择性进入，查看沪深股市走势，查看个股报价，也可以查看全球指数以及基金、债券、期指、外汇等行情报价。

4. 功能栏

功能栏在界面的左侧，包括应用、分时图、K线图、个股资料、自选股、综合排名等快捷标签。其中，单击“更多”会有子菜单出现，包括上证指数、深证指数、成交明细、价量分布和财务图示年报等。

5. 主窗口

主窗口是系统默认显示的行情窗口，主要由分时图、K线图、表格行情列表、组合页面等组成。

6. 指数条

指数条默认显示上证指数、深证成指、创业板指数以及科创50指数，包括涨跌和成交金额。用户可通过单击鼠标右键选择自定义行情指数。

7. 左信息栏

左信息栏包括“学投资”“反馈”“日记”等功能。

8. 右信息栏

右信息栏为搜索框，可在此输入代码查询个股。

（二）证券行情图解读

1. 大盘分时走势图

在同花顺软件右信息栏的搜索框中输入03后，按下Enter键（或按F3键），显示的就是上证领先指数，也称上证指数；如输入04后，按下Enter键（或按F4键），显示的就是深证领先指数，也称深证成指。这两个就是所谓的大盘，而通常意义上的大盘是指上证指数。

(1)粗横线

该横线表示前一交易日市场指数的收盘价位，是当日大盘上涨与下跌的分界线，上方是大盘的上涨区域，显示为红色；下方是大盘的下跌区域，显示为绿色。

(2)红色、绿色柱状线

红色、绿色柱状线反映大盘指数上涨或下跌的程度。当大盘向上运行时，粗横线的上方就会出现红色柱状线，其红色柱状线越多、越长，表示上涨的力度越强，相反则表示上涨的力度逐渐减弱；当大盘向下运行时，粗横线的下方就会出现绿色柱状线，其绿色柱状线越多、越长，表示下跌的力度越强，相反则表示下跌的力度逐渐减弱。

(3)白色曲线、黄色曲线

白色曲线表示上海证券交易所通常意义下对外公布的大盘指数，也就是加权指数；黄色曲线表示不考虑上市股票发行数量的多少，将所有股票对上证指数的影响等同对待的不含有加权指数的大盘指数。

当指数上涨时，如果黄色曲线在白色曲线走势的上方，表示发行数量少（小盘股）的股票涨幅较大；如果黄色曲线在白色曲线走势的下方，则表示发行数量多（大盘股）的股票涨幅较大。

当指数下跌时，如果黄色曲线仍在白色曲线上方，表示小盘股的跌幅小于大盘股的跌幅；如果白色曲线在黄色曲线上方，则说明小盘股的跌幅大于大盘股的跌幅。

(4)黄色、蓝色柱状线

黄色、蓝色柱状线表示每分钟的成交量（单位为“手”），最左边一根特长的线表示集合竞价时的交易量，后面依次是每分钟出现一根的成交量，成交量越大，柱状线越长，成交量越小，柱状线越短。黄色柱状线表示红色柱状线出现时的成交量，蓝色柱状线表示绿色柱状线出现时的成交量。

(5)指数情况

“沪”表示上证指数，“深”表示深证成指，“创”表示创业板指数，“科”表示科创板 50 指数。以上证指数为例来说明点位和成交量情况，如显示点位为 3 663.73 点，下跌了 42.04 点（1.13%），成交量为 4 605 亿元。

(6)显示框

右边“上证指数 000001”栏目的下方显示上证指数的各项指标，包括委比、涨跌、涨幅、振幅、现手、总手、开盘、最高、最低、量比、金额等指标。

2. 大盘 K 线走势图

一般股票分析软件所显示的大盘 K 线技术走势图都是由 3 个画面组成的，最上面的是 K 线走势图（此处是日 K 线图），中间的是成交量图形，最下面的是具体技术指标图形。

(1)K 线

K 线显示股票价格指数或者股票价格的走势。

(2)移动平均线走势图

同花顺软件分析图设置了 5 条移动平均线（moving average，MA），分别用不同的颜色表示，是与均价线采样显示栏里相对应的。其中，5 日均线用白色表示，10 日均线用黄色表示，20 日均线用紫色表示，30 日均线用绿色表示，60 日均线用蓝色表示。通常在大盘上涨时，短期移动平均线在长期移动平均线的上方；在大盘下跌时，短期移动平均线在长期移动平均线的下方。

（3）均价线采样显示栏

均价线采样显示栏显示多种不同时间周期的移动平均线在某日内的数值。例如MA5、MA10、MA20、MA30、MA60。其中MA5表示最后一个交易日的上证指数5日移动平均线，后面的数值为具体点位。

（4）均量线采样显示栏

均量线采样显示栏显示两种不同时期的均量线在某日内的数值，例如MAVOL5、MAVOL10。其中MAVOL5表示最后一个交易日的5日平均量的手数。

（5）成交量柱体

红色柱体和绿色柱体都表示成交量，与K线的颜色对应。红色柱体表示大盘指数收阳时不同时间周期的成交量，绿色柱体表示大盘指数收阴时不同时间周期的成交量。

（6）常用指标显示栏

常用指标显示栏是一个多框菜单栏，可以任意选择各种技术指标，一般常见的有KDJ指标（随机指标）、MACD指标（指数平滑异同平均线指标）、SAR指标（抛物线指标）、BOLL指标（布林线指标）、RSI指标（相对强弱指标）等。

（7）显示框

右边“上证指数000001”栏目的下方显示上证指数的各项指标，包括委比、涨跌、涨幅、振幅、现手、总手、开盘、最高、最低、量比、金额等指标。

（三）个股行情图解读

在同花顺软件右信息栏的搜索框中输入要查看股票的代码，按下Enter键后，可以看到该股分时走势图。

1. 白色曲线

白色曲线表示该股票即时成交的价格。

2. 黄色曲线

黄色曲线表示该股票即时成交的平均价格，即某时刻之前成交总金额除以成交总股数。

3. 黄色、蓝色柱状线

黄色、蓝色柱状线表示每一分钟的成交量。

4. 委比值

委比值是委买委卖手数之差与之和的比值。委比值为正值表示买方力量较强，股价上涨的概率大；委比值为负值表示卖方力量较强，股价下跌的概率大。委比值的计算方法如下：

委比值=（委买手数–委卖手数）/（委买手数+委卖手数）

5. 卖盘等候显示栏

卖盘等候显示栏中卖1、卖2、卖3、卖4、卖5表示依次等候卖出。按照“价格优先，时间优先”的原则，谁的卖出报价低，谁就排在前面；报价相同的，谁先报价，谁就排在前面。这一切都由交易系统自动计算，不会因人为因素而改变。卖1、卖2、卖3、卖4、卖5后面的数字为价格，再后面的数字为等候卖出的股票手数。

6. 买盘等候显示栏

买盘等候显示栏中买 1、买 2、买 3、买 4、买 5 表示依次等候买进，谁买进的报价高，谁就排在前面；报价相同的，谁先报价，谁就排在前面。

7. 成交价格、成交量显示栏

成交价格、成交量显示栏中的项目比较多，每个项目的具体意思如下。

①最新，表示最新成交价，即买卖双方的最新一笔成交价。

②涨跌，即当日开盘到查看时刻某股票上涨和下跌的绝对值，以元为单位。

③涨幅，即当日开盘到查看时刻的上涨或下跌的幅度。若涨幅为正值，数字颜色显示为红色，表示股价在上涨；若涨幅为负值，数字颜色显示为绿色，表示股价在下跌。涨幅的大小用百分比表示。收盘时涨跌幅度便为当日的涨跌幅度。例如，“涨幅　+1.09%”，若查看时已经收盘，表示某股票当日涨幅为 1.09%。

④振幅，即股票开盘后的当日最高价和最低价之间的差的绝对值与前日收盘价的百分比，在一定程度上表现股票的活跃程度。

⑤总手，即当日开始成交到查看时刻的总成交手数。收盘时的总手表示当日成交的总手数。例如，“总手　16.40 万”出现在收盘时，就说明当日某股票一共成交了 16.4 万手（16 400 000 股）。

⑥金额，即当日开始成交到查看时刻的总成交的金额。收盘时的“金额”表示当日成交的总金额。

⑦市盈率。此处为静态市盈率，即目前市场价格与已知的最近公开的每股收益的比值。

动态市盈率是指还没有真正实现的下一年度的预测利润的市盈率，等于股票现价与未来每股收益的预测值的比值。例如，下年的动态市盈率就是股票现价除以下一年度每股收益预测值得到的，后年的动态市盈率就是股票现价除以后年每股收益预测值得到的。

⑧涨停和跌停，即每个交易日某股票的最大涨幅和最大跌幅。普通股票的最大涨跌幅为前一交易日的 10%，特别处理股每天的最大涨跌幅不能超过前一交易日的 5%。

⑨开盘，即当日的开盘价。

⑩最高，即开盘到查看时刻买卖双方成交的最高价格。收盘时“最高”后面显示的价格为当日成交的最高价格。

⑪最低，即开盘到查看时刻买卖双方成交的最低价格。收盘时“最低”后面显示的价格为当日成交的最低价格。

⑫均价，即开盘到查看时刻买卖双方成交的平均价格。其计算公式为：

$$均价=成交总额 \div 成交股数$$

收盘时的均价为当日交易均价。

⑬量比，即衡量相对成交量的指标，是开市后每分钟平均成交量与过去 5 个交易日每分钟平均成交量之比。其计算公式为：

$$量比=(现在总手 \div 当前已开市分钟数)\div(5日总手数 \div 5 \div 240)$$

其中，“5 日总手数 ÷ 5 ÷ 240”表示 5 日来每分钟平均成交手数。

量比是投资者分析行情短期趋势的重要依据之一。若量比数值大于 1，并且越来越大，表示此时成交总手数（即成交量）在放大；若量比数值小于 1，并且越来越小，表示此时成交总手数(即成交量)在萎缩。这里要注意的是,并非量比大于1并且越来越大就一定对买方有利。股价上涨时成交量通常会放大,但在股价下跌时成交量也可以放大。因此,量比要同股价涨跌联系起来分析,才能有效减少失误。

⑭换手,即换手率,指在一定时间内市场中股票转手买卖的频率。

换手率=(某一段时期的成交量 ÷ 发行总股数)× 100%

换手率是反映股票流通性强弱的指标之一。

8. 外盘、内盘显示栏

外盘,即主动买盘,是按市价买进的累计成交量,成交价是卖出价。内盘,即主动卖盘,是按市价卖出的累计成交量,成交价是买入价。

当外盘数量比内盘数量大很多且股价上涨时,表示很多人在抢进股票;当内盘数量比外盘数量大很多且股价下跌时,表示很多人在抛售股票。

9. 最近几分钟成交显示栏

最近几分钟成交显示栏显示最近几分钟的成交情况,即几点几分以什么价位成交,每笔成交手数是多少。

二、实训目标

通过实训,使学生了解证券交易软件,学会解读证券行情图。

三、实训项目

同花顺是一款功能非常强大的免费网上股票证券交易分析软件,是投资者炒股的必备工具。

同花顺软件是一个提供行情显示、行情分析和行情交易的股票软件,它分为免费PC产品、付费PC产品、电脑平板产品、手机产品等适用性强的多个版本。同花顺软件注重各大证券机构、广大股民的需求和使用习惯,全新版免费免注册。全新版同花顺软件新增强大功能——自主研发的问财选股及自定义选股,问财选股是新一代自然语言选股,解析自然语言选出股票。

同花顺软件面向客户可为银行、证券、保险、基金、私募、高校、政府等提供智能化解决方案,并且正在向生活、医疗、教育等更多领域拓展。

通过实训,学生应熟悉同花顺软件的基本功能。

任务二　证券投资基本面分析

一、理论回顾

(一)证券投资基本面分析——宏观经济分析

1. 宏观经济运行分析

(1)企业经济效益

企业的经济效益会随着宏观经济运行周期、宏观经济政策、利率水平和物价水平等宏观经济因素的变动而变动。

(2)居民收入水平

在经济周期处于上升阶段或在提高居民收入的政策的作用下,居民收入水平的提高也会直接促进证券市场投资需求的增加。

(3)投资者对股价的预期

当宏观经济趋好时,投资者预期企业效益和自身的收入水平会上升,这会推动市场平均价格走高。

(4)资金成本

利率水平的降低和征收利息税政策,将会促使部分资金由银行储蓄变为投资,从而影响证券市场的走向。

2. 宏观经济政策对证券市场的影响分析

(1)财政政策

紧缩性财政政策将使得过热的经济受到控制,证券市场也将走弱,因为这预示着未来经济将减速增长或走向衰退。

扩张性财政政策将刺激经济发展,证券市场则将走强,因为这预示着未来经济将加速增长或进入繁荣阶段。

(2)货币政策

紧缩的货币政策的主要政策手段有减少货币供应量,提高利率,加强信贷控制。紧缩的货币政策会使利率水平提高、社会可流通资金减少,从而使股票价格降低。

宽松的货币政策的主要政策手段是增加货币供应量,降低利率,放松信贷控制。宽松的货币政策会使证券市场股票价格上涨。

3. 国际金融环境对证券市场的影响分析

国际金融市场的波动会通过影响人民币汇率来影响证券市场。人民币升值对股市的影响包括:其一,提升人民币资产价值,对内外资投资于中国资本市场极具吸引力;其二,人民币资本类的行业或企业将受到投资者的青睐;其三,拥有外币负债类的行业或企业还债压力将会减小,进口产品成本将会降低,盈利能力提高。

国际金融市场的波动通过宏观面间接影响我国证券市场。改革开放以来,我国国民经济的对外依存度大大提高,国际金融市场的波动导致进出口增幅和外商直接投资下降,进而影响经济增长率。

国际金融市场的波动通过微观面直接影响我国证券市场。随着中国经济的不断壮大,国内企业的国际竞争力也在不断增强,一些大型企业通过跨国兼并来参与国际竞争,一旦国际金融市场发生动荡,这些企业的境外公司股票和债券价格会大幅缩水,上述企业的业绩也会受到较大影响。

4. 非经济因素对证券市场的影响分析

非经济因素主要包括政治因素、战争因素、灾害因素、社会心理因素和法律体系完善程度等。

(二)证券投资基本面分析——行业经济分析

行业的一般特征分析包括行业的市场结构分析、经济周期与行业分析、影响行业兴衰的主要因素的分析。

行业的市场结构包括完全竞争市场、垄断竞争市场、寡头垄断市场和完全垄断市场。

经济周期包括初创期、成长期、成熟期和衰退期。

影响行业兴衰的主要因素有技术进步、产业政策、产业组织创新、经济全球化等。

(三)证券投资基本面分析——公司分析

公司分析包括公司行业地位分析、公司经济区位分析、公司产品竞争能力分析、公司经营能力分析、公司成长性分析、公司偿债能力分析。

公司行业地位分析的目的是判断公司在所处行业中的竞争地位。

企业行业地位的高低决定了其盈利能力是高于还是低于行业平均水平,决定了其在行业内的竞争能力的强弱。

经济区位是指地理范畴上的经济增长点及其辐射范围。处于发达经济区位内的上市公司,一般具有较高的投资价值。在对公司进行区位分析时,通常要考虑区位内的自然条件与基础条件、区位内政府的产业政策、区位内的经济特色。

公司产品竞争能力分析主要从成本优势、技术优势、质量优势、产品的市场占有情况和产品的品牌战略等方面进行。

二、实训目标

通过实训,使学生加深对证券投资基本面分析的理解,熟悉和掌握证券投资分析的技巧。

三、实训项目

①分析以下政策所带来的经济效应,将相关内容填入表 8-1 中。

表 8-1 不同政策的经济效应

政策	经济效应
减少税收,降低税率,扩大减免税范围	
扩大财政支出,扩大财政赤字	
减少国债发行	
增加财政补贴	

②结合近 5 年中国人民币变动趋势,分析人民币的变动对市场经济的影响。

任务三 证券投资技术分析

一、理论回顾

1. 含义

证券投资技术分析是以证券市场过去和现在的市场行为为分析对象,应用数学和逻辑的方法,探索出一些典型变化规律,并据此预测证券市场未来变化趋势的分析方法,是对交易经验进行积累而形成的理论，可提高证券投资者对市场趋势的把握能力，减少投资的失误。

2. 技术分析理论的三大假设

（1）市场行为包含一切信息

这一假设体现的主要思想是：任何一个影响证券市场的因素，最终都必然体现在股票价格变动上。因此，投资者只需关心这些因素对市场行为的影响效果，而不必去分析影响证券价格变动的原因。不过，市场反映的信息会因为时间差而不准确。

（2）证券价格随趋势移动

证券价格的变动是有一定规律的，即保持原来运动方向的惯性，而证券价格的运动方向是由供求关系决定的。证券价格的运动反映了一定时期内供求关系的变化，供求关系一旦确定，证券价格的变化趋势会一直延续下去。

（3）历史会重演

由于人心理、行为中某些规律性的制约，在市场具备相似情况和波动趋势时，投资者往往倾向于采取相同的心理和行为进行应对，从而使市场的各种现象表现出与历史现象类似的重演特征。

3. 技术分析的主要理论

（1）K 线理论

K 线是记录证券市场过去和现在市场行为的工具。K 线的主要功能是记录股价过去和现在的走势，为其他技术方法提供依据，帮助投资者判断多空双方的力量对比，从而对股价未来行情进行预测。

K 线是一条柱状的线条，由实体和上下影线组成，实体分阳线和阴线两种，如图 8-1 所示。

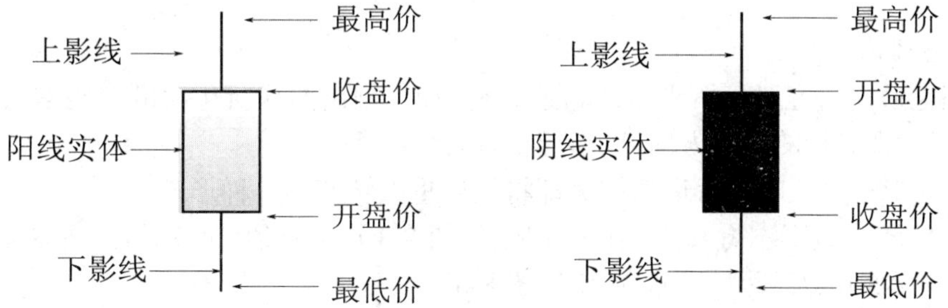

图 8-1

我们应该关注关键位置的 K 线，最典型的关键位置出现的 K 线包括以下两种：

股价持续下降后出现的大阳线或是有较长下影线的中阳线，显示多方力量的集中爆发以及其在低位的强大支撑；

股价持续上升后出现的大阴线或是有较长上影线的中阴线，显示空方力量的集中爆发以及其在高位的强大压力。

（2）切线理论

切线理论能帮助投资者识别主要趋势。

1)支撑线和压力线

支撑线和压力线如图 8-2 所示。

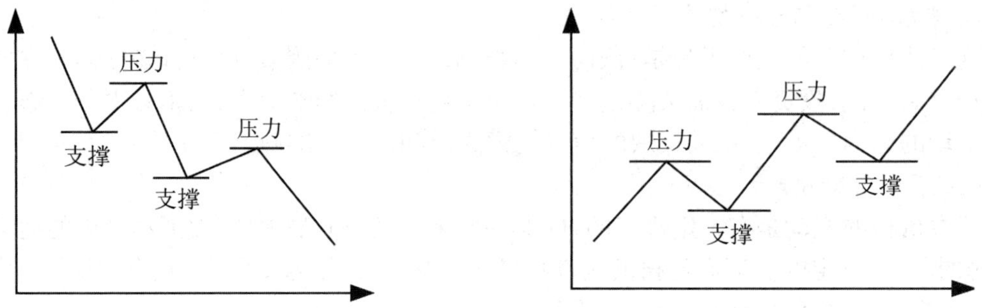

图 8-2

一般来说,确认一条支撑线或压力线有 3 个方面的考虑:股价在这个区域停留时间的长短;股价在这个区域伴随的成交量大小;支撑区域或压力区域发生的时间距离当前时期的远近。股价在某个支撑区域或压力区域停留的时间越长、伴随的成交量越大、离当前越近,则这个支撑区域或压力区域对当前的影响就越大。

2)趋势线和轨道线

趋势线的作用包括:第一,对价格今后的变动起约束作用,使价格总保持在趋势线的上方(上升趋势线)或下方(下降趋势线);第二,趋势线被突破后,说明股价的走势将要反转。

得到趋势线后,通过第一个峰或谷可以画出趋势线的平行线,这条平行线就是轨道线。轨道线的作用是限制股价的变动范围,让它不致变动得太离谱,突破轨道线是趋势加速的开始。

(3)形态理论

形态理论通过研究股价所走过的轨迹,分析和挖掘出曲线所包含的多空双方力量对比的结果,从而发现股价的运动方向,以指导投资。

反转突破形态是反映股价运动趋势即将发生重大转变的一种形态。

主要的反转突破形态有双重顶(底)形态(图 8-3)、头肩顶(底)形态(图 8-4)、三重顶(底)形态(图 8-5)以及圆弧顶(底)形态(图 8-6)。

持续整理形态是股价经过一段时间的持续上涨或下跌以后出现的价格在一定区域内上下窄幅波动形成的横向延伸的运动轨迹。

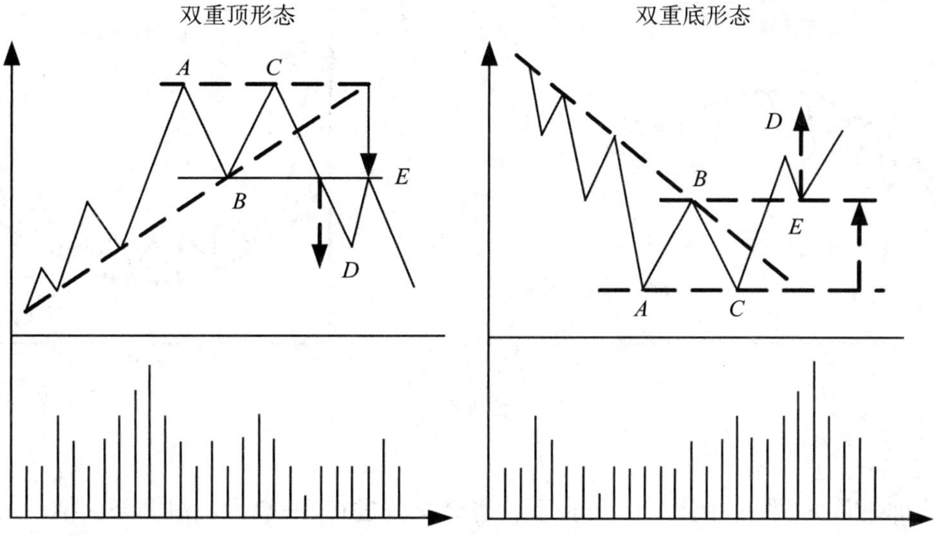
双重顶形态
A
C
B
E
D
双重底形态
D
B
E
A
C

图 8-3

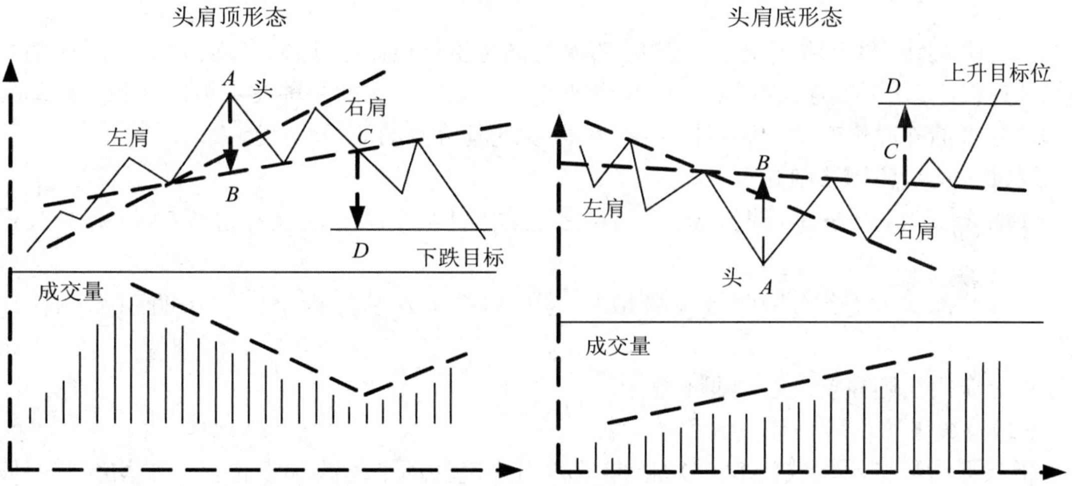
头肩顶形态
A
头
右肩
左肩
C
B
D
下跌目标
成交量
头肩底形态
D
上升目标位
C
B
左肩
右肩
头
A
成交量

图 8-4

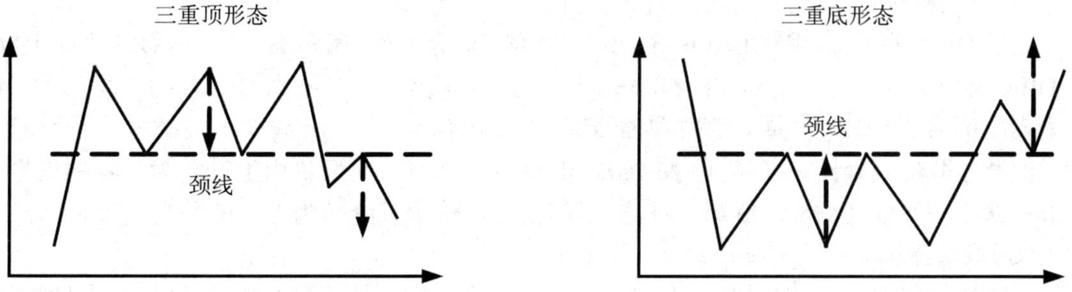
三重顶形态
颈线
三重底形态
颈线

图 8-5

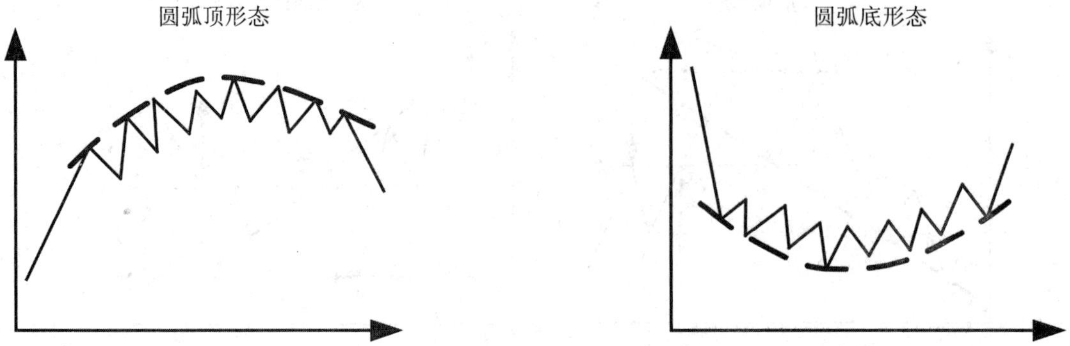

图 8-6

（4）波浪理论

波浪理论认为，股价指数的上升和下跌将会交替进行，一般为八浪循环。推动浪（5 个小浪）和调整浪（3 个小浪）是价格波动的两个最基本形态。

4. 技术指标分析

（1）移动平均线

移动平均线（MA）指标是将一定时期内的证券价格（指数）加以平均，并把不同时期的平均值连接起来，形成连续的线，用以观察证券价格变动趋势的一种技术指标。利用移动平均的方法来消除股价变动的偶然性因素，可以发现股价变动的必然性因素。

移动平均线应用法则如下。

①黄金交叉：价格在长期与短期 MA 之上，短期 MA 从下而上穿过长期 MA，为买进信号。

②死亡交叉：价格在长期与短期 MA 之下，短期 MA 从上而下穿过长期 MA，为卖出信号。

以上应用法则在持续整理期不适用。

（2）指数平滑异同移动平均线

指数平滑异同平均线（MACD）指标是利用快速移动平均线和慢速移动平均线在一段上涨或下跌行情中差距拉大，而在涨势或跌势趋缓时又相互接近或交叉的特征，通过双重平滑运算研判买卖时机的指标。

指数平滑异同平均线应用法则如下。

如果 DIF（差离值）和 DEA（9 日 DIF 平均值）均为正值，属多头市场，则 DIF 线向上穿过 DEA 线为买入信号；如果 DIF 和 DEA 均为负值，属空头市场，则 DIF 线向下穿过 DEA 线为卖出信号；当 DIF 线向下跌破零轴线时，为卖出信号；当 DIF 线向上突破零轴线时，为买入信号。股价一峰比一峰高，而 MACD 却一峰比一峰低，是股价由上升转为下降的信号；股价一谷比一谷低，但 MACD 却一谷比一谷高，是股价由下降转为上升的预警信号。

（3）威廉指标

威廉指标（WMS）是从研究价位波幅开始，通过分析一段时间内高、低价位与当日收盘价之间的关系来判断股市的超买和超卖状态，并将其作为短期投资信号的一种技术指标。

其计算公式：

$$\mathrm{WMS}(n)=\frac{H_n-C_t}{H_n-L_n}\times 100$$

式中 C_t 为计算日的收盘价，H_n 和 L_n 分别为最近 n 日内的最高价和最低价。WMS 的取值范围为 0~100；可根据 WMS 的取值或曲线形态研判行情。

（4）相对强弱指标

相对强弱指标（RIS 指标）用于判断未来市场的变动方向，是根据股价涨跌幅度显示市场的强弱的指标。

以 14 日 RIS 指标的计算为例，从计算日起，倒推出包括计算日收盘价在内的 15 个收盘价，以每一日的收盘价减去上一日的收盘价，得到 14 个数值，这些数值有正有负。RIS 指标的计算公式为：

$$\mathrm{RIS}(14)=\frac{A}{A+B}\times 100$$

式中 A 为 14 个数字中正数之和，B 为 14 个数中负数之和乘以−1。

股价向上波动幅度占总波动的比重大于 50，代表股价处于强势，否则处于弱势。

（5）乖离率指标

乖离率指标（BIAS 指标）是通过计算股价与移动平均线之间出现的偏离程度，从而得出股价在震荡中因偏离移动平均线而可能产生的回归与反弹的指标。其计算公式为：

$$\mathrm{BIAS}(n)=\frac{C_t-MA(n)}{MA(n)}\times 100$$

式中 C_t 为计算日的收盘价，$MA(n)$ 为 n 日移动平均价。

当正乖离率数值过大时，说明当前股价在移动平均线之上距离过远，将向移动平均线回归，下跌的可能性大，是卖出信号；当负乖离率数值（绝对值）过大时，说明当前股价在移动平均线之下距离过远，将向移动平均线反弹，上涨的可能性大，是买入信号。

（6）心理线指标

心理线指标（PSY 指标）是将一定时期内投资者看多或看空的心理事实转化为数值来研判股价未来走势的指标。其计算公式为：

$$\mathrm{PSY}(n)=\frac{d}{n}\times 100$$

式中 d 为 n 日内股价上涨的天数。

PSY 在 25~75 之间，代表多空双方基本处于平衡状态，为盘整区域；PSY<10 时为买入信号，PSY>90 时为卖出信号；PSY 曲线如果在低位出现 W 底，为买入信号，在高位出现 M 顶，为卖出信号。

（7）腾落指数

腾落指数（ADL）以每天上涨或下跌的股票数作为观察的对象，通过简单算术加减来比较每日上涨股票数和下跌股票数的累积情况，形成升跌曲线，并与综合指数相互对比，对未来大盘的趋势进行预测。

腾落指数应用法则如下。

ADL与股价指数同步上升,可以验证大势的上升趋势,短期内反转可能性不大;ADL连续上升3天,而股价指数却下降了很长时间,是买进信号;股价指数进入高位,ADL没有同步行动,则股价指数的上升趋势进入尾声,是卖出信号;ADL保持上升,股价指数中途转折,但很快恢复原有趋势,并创新高,是买进信号。

5. 基本证券的价值分析

证券价值分析中的价值指的是内在价值,即投资者获得的现金流入量按要求的收益率在一定期间内折现的现值。

证券价值(V)分析的基本模型:

$$V=\frac{\mathrm{CI}_t}{(1+i)^n}$$

式中CI_t为第t期的现金流量现值,i为贴现率,n为证券的持有期。

证券价值分析的步骤包括:估计证券的未来预期现金流入量;估计投资者要求的收益率;利用上述模型计算证券价值。

债券价值(V_b)分析:

$$V_b=\sum_{t=1}^{n}\frac{I_t}{(1+k)^n}+\frac{M}{(1+k)^n}$$

式中I_t为债券t期的利息,M为债券的面值,k为债券价值评估时所采用的贴现率,即期望的最低投资收益率,n为债券的持有期。

优先股价值(V_p)分析:

$$V_p=\sum_{t=1}^{\infty}\frac{D_t}{(1+k)^n}+\frac{D_t}{k}$$

式中D_t为股票第t期的利息,k为股票价值评估时所采用的贴现率,即期望的最低投资收益率,n为股票的持有期。

普通股价值(V_s)分析:

$$V_s=\frac{D_t}{k-g}$$(假设股利逐年增长,且永续固定增长)

式中D_t为股票第t期的利息,k为股票价值评估时所采用的贴现率,即期望的最低投资收益率,g为股利的增长率。

二、实训目标

通过对证券投资决策相关理论知识点的回顾,结合实训项目,使学生学会资本市场上证券的价值分析,掌握证券投资决策的相关方法,能够对证券进行有效准确的投资。

三、实训项目

选择股票市场上某只股票,进行基本分析和技术分析,判断该只股票是否值得投资。

任务四 模拟炒股

一、理论回顾

在进行模拟炒股之前,在之前理论学习的基础上,全面理解证券投资的基本知识。

①各种证券投资工具的定义、特征、产生和发展,证券发行市场和交易市场的具体运作。

②证券投资的术语和行话,如买空、卖空、除息、除权、添权等。

③证券投资的分析方法,包括证券投资的宏观经济分析、行业分析、上市公司分析,熟练掌握证券投资的技术分析方法。熟悉中国股市表现与GDP、经济周期、通货膨胀、汇率、国际收支变动对证券市场的影响;能够搜集资料,结合宏观、行业、公司的数据进行基本面的分析,能够运用K线理论、切线理论和形态理论及主要技术指标进行技术面分析,并具备基本面分析与技术面分析的综合能力。

④有价证券的估值方法。

⑤熟悉风险及管理的概念和特征,了解我国证券监管的基本现状,并具备实际操作能力和风险意识。

二、实训目标

通过对模拟炒股流程的掌握,进行模拟炒股。

三、实训项目

利用炒股软件进行模拟炒股。

任务五 实训技能考核

一、考核目标

①了解证券投资操作的基本流程、不同证券的交易机制,了解不同证券交易所的不同交易和定价机制;

②深入学习不同种类证券的定价原理,了解影响证券价格的各种因素;

③应用所学理论,进行典型证券投资流程分析,购买不同行业股票,了解经济基本面对证券的价格波动性的影响。

④学习各种技术分析方法,了解K线理论、切线理论、形态理论等,理解各种技术指标的含义,学会运用基本面分析与技术分析等手段来选取投资对象与买卖时机。

二、考核要求

本次考核总分为100分,具体评分细则为:

①遵守考核纪律,学习积极主动,与现场考勤考查结合(20分);
②利用同花顺软件进行模拟炒股,并对投资收益和投资报告进行考核(80分)。

三、考核案例

组织学生进行炒股模拟大赛,收益率最高者获胜。

第四篇　财务研究报告

模块九　财务研究报告实训

导言

按照 PDCA 理论，做任何事情的顺序都应该是 P(plan，计划)、D(do，实施)、C(check，检查)、A(act，处理)。计划排在第一位，即做事应“先预再立”。在公司，做计划等于做报告。改善问题要写报告，做新项目也要写报告，参加月度会议更需要写报告。一份报告呈现的不只有撰写者的文字表达能力，还有逻辑性、条理性以及将复杂繁乱的问题清晰化、简单化的能力。

任务一　融资计划书

一、理论回顾

(一)融资计划书概述

融资计划书是一份说服投资者的证明书。投资者通过创业计划书认识了创业项目，除了创业计划书外，投资者往往需要融资者出具融资计划书，说明资金需求量、资金用途、利润分配、退出方式等。在融资过程中，融资计划书很重要。

(二)融资计划书的结构

融资计划书包括以下内容。

①企业介绍：企业简介，企业现状，现有股东实力，资信程度，董事会决议。

②项目分析：项目的基本情况，项目来历，项目价值，项目可行性。

③市场分析：市场容量，目标客户，竞争定位，市场预测。

④管理团队：管理人员介绍，组织结构，管理优势。

⑤财务计划：资金需求量，资金用途，财务报表。

⑥融资方案的设计：融资方式，融资期限和价格，风险分析，退出机制。

⑦摘要：即计划书摘要，写在计划书的最前面。

融资计划书的内容很多与创业计划书雷同，但是侧重点不一样，融资计划书侧重项目可行性分析、团队实力、股本结构、资金需求量、资金用途、利润分配和退出方式。

(三)融资计划书中的 5 个重点

①融资项目的论证。这里论证的主要是项目的可行性和项目的收益率。

②融资途径的选择。融资者应该选择成本低、融资快的融资方式，比如发行股票，向银行贷款，接受入伙者的投资。如果项目和现行的产业政策相符，可以请求政府的财政支持。

③融资的分配。所融资金应该专款专用，以保证项目实施的连续性。

④融资的归还。项目的实施应控制期限，一旦项目实施，开始回收本金，就应合理偿还

所融资金。

⑤利润的分配。

二、实训目标

①熟悉融资计划书的内容和结构。

②掌握融资计划书的撰写方法。

三、实训项目

1. 实训目的

能根据所给项目资料编写融资计划书。

2. 项目资料

PH公司秉承“顾客至上,锐意进取”的经营理念,坚持“客户第一”的原则为广大客户提供优质的服务。公司坚持“责任+爱心”的服务理念,将诚信经营、诚信服务作为立世之本,在服务社会、方便大众中赢得信誉、赢得市场。公司经过多年的不懈努力,产品销售网覆盖全国;完整的产品体系和精益求精的品质使公司的市场占有率不断提高,除国内市场外,公司还具有强大稳固的国外市场网络。

2022年度,PH公司实现营业收入29 669万元,同比增长32%。其中,主营业务收入为19 188万元,占营业总收入的89%。根据初步统计测算,公司实现利润总额8 591万元,较2021年同比增长16%;实现净利润6 445万元,较2021年同比增长12%。

“十四五”时期,是我国制造业实现由大到强战略性转变的关键阶段,是新旧动力转换特别是新动力加速形成的核心阶段。纵观国际国内形势,制造业发展处于可以大有作为的重要战略机遇期,同时也面临诸多风险和挑战。

项目主要从事机械产品投资建设,计划总投资26 000万元,其中固定资产投资20 000万元,流动资金6 000万元。项目产品根据市场情况,预计年产值24 260万元。通过以上分析表明,项目承办单位所生产的项目产品市场风险较低,具有较强的市场竞争力和广阔的市场发展空间,因此项目产品市场前景良好,投资项目建设具有良好的经济效益和社会效益,其市场可拓展的空间巨大,倍增效应显著,具有较强的市场竞争力和广阔的市场空间。项目周边市场存在着巨大的项目产品需求空间,与此同时,项目建设地也是资本市场追逐的热点,而且项目已经列入当地经济总体发展规划和项目建设地发展规划,符合地区规划要求。

该项目资金拟采用外部筹资方式。

1)要求

根据资料,编写融资计划书。

2)解析

融资计划书模板如下。

收到商业融资 计划书日期		项目编号		项目经理	

（项目单位不填写以上各项）

商业融资
计划书
（编制参考）

项目名称____

项目单位______________________（盖章）__________

地　　址____

电　　话____

传　　真____

电子邮件____

联 系 人____

______年______月制

保密承诺

本商业计划书内容涉及本公司商业秘密，仅对有投资意向的投资者公开。本公司要求投资公司项目经理收到本商业计划书时做出以下承诺：妥善保管本商业计划书，未经本公司同意，不得向第三方公开本商业计划书涉及的本公司的商业秘密。

项目经理签字：
接收日期：______年____月____日

摘　要

（说明：在两页纸内完成本摘要）

【摘要内容参考】

①公司基本情况（公司名称、成立时间、注册地点、注册资本，主要股东、股份比例，主营业务，过去三年的销售收入、毛利润、纯利润，公司地点、电话、传真、联系人）。

②主要管理者情况（姓名、性别、年龄、籍贯，学历/学位、毕业院校，政治面目，行业从业年限，主要经历和经营业绩）。

③产品/服务描述（产品/服务介绍，产品技术水平，产品的新颖性、先进性和独特性，产品的竞争优势）。

④研究与开发（已有的技术成果及技术水平，研发队伍技术水平、竞争力及对外合作情况，已经投入的研发经费及今后投入计划，对研发人员的激励机制）。

⑤行业及市场（行业历史与前景，市场规模及增长趋势，行业竞争对手及本公司竞争优势，未来3年市场销售预测）。

⑥营销策略（在价格、促销、建立销售网络等各方面拟采取的策略及其可操作性和有效性，对销售人员的激励机制）。

⑦产品制造（生产方式，生产设备，质量保证，成本控制）。

⑧管理（机构设置，员工持股，劳动合同，知识产权管理，人事计划）。

⑨融资说明（资金需求量、资金用途、使用计划，拟出让股份，投资者权利，退出方式）。

⑩财务预测（未来3年或5年的销售收入、利润、资产回报率等）。

⑪风险控制（项目实施可能出现的风险及拟采取的控制措施）。

第一部分　公司基本情况

公司名称________________________________ 成立时间__________

注册资本______________________实际到位资本________________
其中现金到位____________________无形资产占股份比例__________%
注册地点____

公司性质____
（请填写公司性质，如有限公司、股份有限公司、合伙企业、个人独资等，并说明其中国有成分比例、私有成分比例和外资比例）

公司沿革____
（说明自公司成立以来主营业务、股权、注册资本等公司基本情形的变动，并说明这些变动的原因）

目前公司主要股东情况（列表说明目前股东的名称及其出资情况）：

股东名称	出资额	出资形式	股份比例	联系人	联系电话
甲方					
乙方					
丙方					
丁方					
戊方					

目前公司内部部门设置情况（以组织机构图来表示）：略

本公司的独资、控股、参股的公司以及非法人机构的情况（以图形方式表示）：

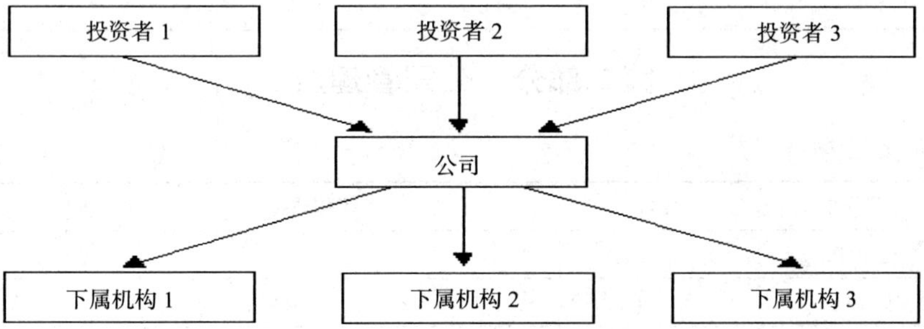

公司曾经经营过的业务有__________________、__________________、
__________________、__________________、__________________。
公司目前经营的业务为 __________________、__________________、
__________________、__________________、__________________。
主营业务为____。
公司目前职工情况：拥有员工________人，其中大专以上文化程度的有________人，占

员工总数________%;大学本科以上的有________人,占员工总数________%;硕士学位(含中级职称)以上的有________人,占员工总数________%;博士学位(含高级职称)以上的有________人,占员工总数________%。

员工人数	大专以上文化程度		大学本科		硕士(中级职称)		博士(高级职称)	
	人数	比例	人数	比例	人数	比例	人数	比例

公司经营财务历史:

单位:万元

项目	本年度	前1年	前2年	前3年
销售收入				
毛利润				
纯利润				
总资产				
总负债				
净资产				

公司近期及未来3~5年要实现的目标(行业地位、销售收入、市场占有率、产品品牌以及公司股票上市等)____

____

公司近期及未来3~5年的发展方向、发展战略和要实现的目标________________

____

____

第二部分 公司管理层

董事会成员名单:

序号	职务	姓名	工作单位	联系电话
1	董事长			
2	副董事长			
3	董　事			
4	董　事			
5	董　事			
6	董　事			
7	董　事			
8	董　事			
9	董　事			

董事长
姓名____________性别____________年龄____________籍贯____________
学历____________学位____________所学专业__________职称____________
毕业院校__________________户口所在地___________联系电话__________
主要经历和业绩（着重描述在本行业内的技术、管理经验和成功事例）
____
____

总经理
姓名____________性别____________年龄____________籍贯____________
学历____________学位____________所学专业__________职称____________
毕业院校__________________户口所在地___________联系电话__________
主要经历和业绩（着重描述在本行业内的技术、管理经验和成功事例）
____
____

技术开发负责人
姓名____________性别____________年龄____________籍贯____________
学历____________学位____________所学专业__________职称____________
毕业院校__________________户口所在地___________联系电话__________
主要经历和业绩（着重描述在本行业内的技术水平、经验和成功事例）
____
____

市场营销负责人
姓名____________性别____________年龄____________籍贯____________
学历____________学位____________所学专业__________________________
毕业院校__________________户口所在地___________联系电话__________
主要经历和业绩（着重描述在本行业内的营销经验和成功事例）
____
____

财务负责人
姓名____________性别____________年龄____________籍贯____________
学历____________学位____________所学专业__________________________
毕业院校__________________户口所在地___________联系电话__________
主要经历和业绩（着重描述在财务、金融、筹资、投资等方面的背景、经验和业绩）
____
____

其他对公司发展负有重要责任的人员（可增加附页）
姓名____________性别____________年龄____________籍贯____________
学历____________学位____________所学专业__________________________

毕业院校____________________户口所在地____________联系电话____________

主要经历和业绩(根据公司的需要,来描述不同人员在特定方面的专长)

____

____

第三部分 产品/服务

产品/服务描述(这里主要介绍拟投资的产品/服务的背景、目前所处发展阶段、与同行业其他公司同类产品/服务的比较,本公司产品/服务的新颖性、先进性和独特性,如拥有的专门技术、版权、配方、品牌、销售网络、许可证、专营权、特许权经营等)______________

____

____

____

公司现有的和正在申请的知识产权(专利、商标、版权等)____________________

____

专利申请情况____

____

产品商标注册情况____

____

公司是否已签署了有关专利权及其他知识产权转让或授权许可的协议等,如果有,请说明,并附主要条款____

____

目标市场(对产品面向的用户种类要进行详细说明)____________________

____________________、____________________、____________________

产品更新换代周期(更新换代周期的确定要有资料来源)__________________

____

产品标准(详细列明产品执行的标准)______________________________

____

详细描述本公司产品/服务的竞争优势(包括性能、价格、服务等方面)__________

____

产品的售后服务网络和用户技术支持______________________________

____

第四部分 研究与开发

公司已往的研究与开发成果及其技术先进性(包括技术鉴定情况、获国际、国家、省、市及有关部门和机构奖励情况)______________________________________

____

公司参与制定产品或技术行业标准和质量检测标准的情况__________________

____

国内外情况（公司在技术与产品开发方面的国内外竞争对手（5家）情况以及公司为提高竞争力拟采取的措施）________________________________

____

到目前为止，公司在技术开发方面的资金总投入__________，计划再投入的开发资金__________每年购置开发设备、开发人员工资、试验检测费用以及与开发有关的其他费用________________________________

____

请说明，今后为保证产品质量、产品升级换代和保持技术先进水平，公司的开发方向、开发重点和正在开发的技术和产品________________________________

____

公司现有技术开发资源以及技术储备情况________________________________

____

公司寻求技术开发依托（如大学、研究所等）的情况及合作方式______________

____

公司将采取怎样的激励机制和措施，保持关键技术人员和技术队伍的稳定______

____

公司未来3～5年研发资金投入和人员投入计划：

年份	第1年	第2年	第3年	第4年	第5年
资金投入/万元					
人员/名					

第五部分　行业及市场情况

行业情况（行业发展历史及趋势，哪些行业的变化对产品利润、利润率影响较大，进入该行业的技术壁垒、贸易壁垒、政策限制等，行业市场前景分析与预测）____________

____

____

____

____

过去3～5年各年全行业销售总额（列明资料来源）：

年份	前5年	前4年	前3年	前2年	前1年
销售收入/万元					
销售增长率/%					

未来 3～5 年各年全行业销售收入预测(列明资料来源):

单位:万元

年份	第 1 年	第 2 年	第 3 年	第 4 年	第 5 年
销售收入					

本公司与行业内 5 个主要竞争对手的比较(主要描述在主要销售市场中的竞争对手):

公司名称	市场份额/%	竞争优势	竞争劣势
本公司			
竞争对手甲			
竞争对手乙			
竞争对手丙			
竞争对手丁			
竞争对手戊			

市场销售有无行业管制,公司产品进入市场的难度分析 ________________________

____

公司未来 3～5 年的销售收入预测(融资不成功情况下):

年份	第 1 年	第 2 年	第 3 年	第 4 年	第 5 年
销售收入/万元					
市场份额/%					

公司未来 3～5 年的销售收入预测(融资成功情况下):

年份	第 1 年	第 2 年	第 3 年	第 4 年	第 5 年
销售收入/万元					
市场份额/%					

第六部分 营销策略

产品销售成本的构成及销售价格制定的依据________________________

____

如果产品已经在市场上形成了竞争优势，请说明与哪些因素有关（如成本相同但销售价格低，成本低形成销售价格优势，产品性能、品牌、销售渠道优于竞争对手产品，等等）____

____

在建立销售网络、销售渠道，设立代理商、分销商方面的策略与实施 __________

____

在广告促销方面的策略与实施____

____

在产品销售价格方面的策略与实施____

____

在建立良好销售队伍方面的策略与实施____

____

在产品售后服务方面的策略与实施____

____

在其他方面的策略与实施____

____

对销售队伍采取的激励机制____

____

____

第七部分　产品制造

产品生产制造方式（公司自建厂生产产品，还是委托生产，或其他方式，请说明原因）

____

____

公司自建厂情况下，购买厂房还是租用厂房，厂房面积________，生产面积________，厂房地点________，交通、运输、通信是否方便____

____

现有生产设备情况（专用设备还是通用设备，先进程度如何，价值是多少，是否投保，最大生产能力是多少，能否满足公司产品销售增长的要求，如果需要增加设备，采购计划、采购周期及安装调试周期请说明；如果需要大规模建设，是否选择“交钥匙”方式进行，“交钥匙”工程的承包机构是否提供工期、质量方面的保证，如何对这些保证加以实施）

____

____

请说明，如果设备操作需要特殊技能的员工，如何解决这一问题________________

____

简述产品的生产制造过程、工艺流程____

____

如何保证主要原材料、元器件、配件以及关键零部件等生产必需品的进货渠道的稳定

性、可靠性、质量及进货周期,列出3家主要供应商名单及联系电话:

主要供应商1________________________________

主要供应商2________________________________

主要供应商3________________________________

正常生产状态下,成品率、返修率、废品率控制在________的范围内,描述生产过程中产品的质量保证体系以及关键质量检测设备________________________________

____

产品成本和生产成本如何控制,有怎样的具体措施________________________________

____

产品批量销售价格的制定,产品毛利润率____________,净利润率______________

第八部分　管理

请说明,为保证融资项目按计划实施,公司准备今后各年陆续设立哪些机构,各机构配备多少人员,人员年收入情况。请用图表表示,附在本计划中(图表此处略)。

公司是否通过国内外管理体系认证________________________________

公司对管理层及关键人员将采取怎样的激励机制________________________________

____

公司是否考虑员工持股问题,请说明________________________________

____

公司是否与掌握公司关键技术及其他重要信息的人员签订竞业禁止协议,若有,请说明协议主要内容________________________________

____

公司是否与每个雇员签订劳动用工合同________________________________

公司是否与相关员工签订公司技术秘密和商业秘密的保密合同________________

公司是否为每位员工购买保险,请说明保险险种________________________________

____

公司是否存在关联经营和家族管理问题,若有,请说明________________________________

____

公司与董事会、董事、主要管理者、关键雇员之间是否有实际存在或潜在的利益冲突,如果有,请说明解决办法________________________________

____

请说明,公司对知识产权、技术秘密和商业秘密的保护措施________________________________

____

请说明,项目实施过程中,公司需要哪些外部支持,如何获得这些支持____________

____

第九部分　融资说明

为保证项目实施,需要新增投资________________________________

新增投资中,需投资方投入______________,对外借贷________________

公司自身投入_____________。如果有对外借贷,抵押或担保措施是什么______

____

请说明投入资金的用途和使用计划______________________________

____

希望让投资方参股本公司或与投资方成立新公司,请说明原因 ______________

____

____

拟向投资方出让多少权益,计算依据是什么__________________________

____

预计未来 3~5 年平均每年净资产回报率_________________________

投资方可享有的监督和管理权利________________________________

____

如果公司没有实现项目发展计划,公司与管理层向投资方承担的责任 ________

____

____

投资方以何种方式收回投资,具体方式和执行时间_____________________

____

与公司业务有关的税种和税率,公司享受哪些政府提供的优惠政策及未来可能的情况,特别是市场准入、减免税等方面的优惠政策 __________________________

____

需要对投资方说明的其他情况__________________________________

____

第十部分　财务计划

产品形成规模销售时,毛利润率为__________%,净利润率为__________%

请提供:

未来 3~5 年项目盈亏平衡表

未来 3~5 年项目资产负债表

未来 3~5 年项目损益表

未来 3~5 年项目现金流量表

未来 3~5 年项目销售计划表

未来 3~5 年项目产品成本表

(第 1 年每个月计算现金流量,共 12 个月,第 2 年每季度计算现金流量,共 4 个季度,第 3、4、5 年每年计算现金流量,共 3 年,每一项财务数据要有依据,要进行财务数据说明)

第十一部分　风险控制

请详细说明项目实施过程中可能遇到的风险(包括政策风险、加入 WTO 的风险、技术开发风险、经营管理风险、市场开拓风险、生产风险、财务风险、汇率风险、投资风险、股票风险、对公司关键人员依赖的风险等。以上风险如适用,每项要单独叙述控制和防范手段)

____

____

____

第十二部分 项目实施进度

详细列明项目实施计划和进度,注明起止时间 ____________________

____

第十三部分 其他

为补充本计划书内容,进一步说明项目情况,请把有关问题在此描述(如公司或公司主要管理人员和关键人员过去、现在是否卷入法律诉讼及仲裁事件中,对公司有何影响)

____

____

____

请将产品彩页、公司介绍册、证书等作为附件附于本计划书后。

企业应备资料清单

①营业执照;
②公司章程;
③验资审计报告;
④贷款证;
⑤资信证明;
⑥法人代码证书;
⑦税务登记证;
⑧财务报表(上年度、本年度、本月);
⑨专利证书、鉴定报告;
⑩高新技术企业、高新技术项目证书;
⑪其他表明企业特点的资料;
⑫商业计划书。

任务二　经营分析报告

一、理论回顾

(一)企业经营分析报告的作用

企业经营分析报告不仅可以揭示企业经营中遇到的问题,还可以为企业提供创造价值的途径。

(二)企业经营分析报告的主体

主体是企业经营分析报告的主要部分,一般涵盖调查分析的主要情况、做法、经验或问题。如果内容多、篇幅长,最好把它分成若干部分,各加上一个小标题;难以用文字概括其内容的,可用序号来标明顺序。

主体部分有以下4种基本构筑形式。

(1)分述式

这种结构多用来描述对事物做多角度、多侧面分析的结果,是多向思维在谋篇布局中的反映。其特点是反映业务范围宽、概括面广。

(2)层进式

这种结构主要用来表现对事物的逐层深化的认识,是收敛性思维在谋篇布局中的反映。其特点是虽然概括业务面不广,但挖掘程度很深。

(3)三段式

这种结构下的主体部分由三个段落组成:现状,原因,对策。如此三段,是三个层次,故称三段式结构。

(4)综合式

将上述各种结构形式融为一体,加以综合运用,即为综合式结构。例如,用分述式结构来写三段式结构中的"现状";用三段式结构来写层进式结构中的一个层次;用层进式结构来写分述式结构中的某一方面内容;等等。

(三)企业经营分析报告的内容

企业经营分析报告主要包括筹资分析、投资分析、生产经营成果分析、成本分析、产品盈利分析以及财务分析。

1. 筹资分析

筹资分析有利于保证企业生产经营的顺利进行,有利于降低企业筹资成本,有利于权衡收益与风险。

(1)筹资成本分析

企业筹资成本是指企业因获取和使用资金而付出的代价或费用,它包括筹资费用和资金使用费用两部分。

企业筹资成本=筹资费用+资金使用费用

单位资金成本=资金使用费用/(筹资金额-筹资费用)

企业筹资成本或单位资金成本(资金成本率)能够综合说明企业资金筹集的效益状况。

通常,资金成本率越低,说明企业筹资效益越好;反之,资金成本率越高,则说明筹资效益越差。

综合资金成本=∑[(某筹资方式成本×该筹资方式筹资额)/各筹资方式筹资总额]

(2)筹资结构分析

筹资结构分析可以促使企业筹资结构优化,改善企业财务状况,提高企业承担财务风险的能力,降低企业的筹资成本。

2. 生产经营成果分析

(1)生产成果分析

生产成果分析主要分析产品产量、产品品种、产品质量,还分析计划完成情况以及产量增长情况。

(2)销售成果分析

销售成果分析主要包括全部产品销售完成情况分析、销售合同执行情况分析、市场占有率分析。

3. 成本分析

企业经营的本质是获取利润,获取利润的途径是扩大销售或降低成本。企业成本由多项费用要素构成,了解各费用要素在总成本中所占的比例,分析成本结构,从占比较高的那些费用支出项入手控制费用,是降低成本的有效方法。

4. 产品盈利分析

企业经营的成果可以从利润表中看到,但其反映的损益情况是公司经营的综合情况,并不能反映具体业务、具体合同、具体产品、具体项目等明细项目的获利情况。盈利分析就是对企业销售的所有产品和服务分项进行利润细化核算。核算的基本公式为:

某产品利润=某产品销售收入–某产品直接成本–分摊给某产品的费用

这是一项非常重要的分析,它可以告诉企业经营者哪些产品是赚钱的,哪些产品是不赚钱的。在这个公式中,分摊费用是指不能够直接认定到产品(服务)上的间接费用,比如广告费、管理费、维修费、租金、开发费等,这些都不能直接认定到某一个产品(服务)上,需要在当年的产品中进行分摊。分摊费用的方法有许多种,传统的方法是按收入比例、成本比例等进行分摊,这些传统的方法多是一些不精确的方法。在具体实践中可以按照产品数量进行的分摊,即:

分摊给某产品的费用=(分摊费用/各产品销售数量总和)×某产品销售数量

按照这样的计算方法得出各产品的分摊费用,再根据盈利分析公式,计算出各产品的贡献利润,再用利润率来表示其对整个公司的利润贡献度,即:

某产品的利润贡献度=某产品的贡献利润/某产品的销售收入=(某产品销售收入–某产品直接成本–分摊给某产品的费用)/某产品的销售收入

尽管分摊费用的方法有一定的偏差,但分析的结果可以说明哪些产品赚钱,值得企业大力发展,哪些产品赚得少或根本不赚钱。据此,企业的经营者可以对这些产品进行更加深入的分析,以确定企业发展的方向。

5. 财务分析

(1)偿债能力分析

偿债能力分为短期偿债能力和长期偿债能力。分析短期偿债能力时需要分析的指标主要有流动比率、速动比率、现金比率等;分析长期偿债能力时需要分析的指标主要有资产负债率、产权比率、有形净值债务率等。

(2)盈利能力分析

盈利能力可以反映一个企业的经营状况,相关指标主要包括总资产报酬率、净资产收益率、营业净利率、成本费用利润率等。

(3)营运能力分析

营运能力分析主要分析存货周转率、应收账款周转率、流动资产周转率、固定资产周转率以及总资产周转率。

(4)发展能力分析

分析一个企业的发展能力指标,可以为企业提供有效的决策意见和经营建议,其主要分析营业(销售)增长率、利润增长率、总资产增长率以及资本积累率等。

二、实训目标

通过实训,使学生掌握企业经营分析报告的结构和撰写重点,能够通过撰写经营分析报告发现企业存在的问题,为企业管理者提出相关建议。

三、实训项目

1. 实训目的

熟悉企业经营分析的方法,能够针对企业经营中存在的问题提出相关对策。

2. 项目资料

NY 公司共有 2 家分公司,5 家全资子公司和 1 家持股 40%的子公司。该公司按照现代企业运行机制实施经营项目的运营管理,全力发展观光休闲农业服务项目,积极推进农业产品和经营项目进入互联网营销时代。

a. 资本结构分析

NY 公司 2021 年的资产负债率为 59.28%,其资本结构在同行业中是比较合理的。负债总额为 22 705.29 万元,短期借款为 4 000 万元,应付账款为 584.02 万元,其他应付款为 16 161.11 万元。所有者权益为 15 596.78 万元,实收资本为 25 000 万元,未分配利润为–9 403.22 万元。

b. 资产结构分析

从资产结构来看, NY 公司 2021 年的总资产为 38 302.06 万元,流动资产为 11 786.45 万元(其中货币资金 1 849.54 万元,应收账款 197.80 万元,其他应收款 8 985.56 万元,存货 358.43 万元),非流动资产为 26 515.61 万元(其中长期股权投资 6 915.55 万元,固定资产净值 393.58 万元,在建工程 17 479.62 万元,生产性生物资产 1 238.46 万元,长期待摊费用 315.31 万元)。从 NY 公司 2021 年的资产结构来看,在流动资产中,货币资金占比 15.69%,应收账款占比 1.68%,其他应收款占比 76.24%,存货占比 3.04%。在非流动资产中,长期股权投资占比 26.08%，固定资产占比 1.48%，在建工程占比 65.92%，生产性生物资产占比 4.67%，长期待摊费用占比 1.19%。

c. NY 公司基本财务指标

首先，偿债能力分析如下。

NY 公司基本财务指标见表 9-1。

表 9-1 NY 公司基本财务指标

单位：万元

年度	资产总额	负债总额	净资产	营业收入	营业成本	营业外收入	营业外支出	净利润
2021 年	38 302.06	22 705.29	15 596.77	2 122.67	1 099.19	157.16	0.48	−1 490.24
2020 年	41 156.17	24 069.13	17 087.04	2 931.62	1 973.05	0	0	−1 634.40
2019 年	38 746.04	23 024.61	15 721.43	1 968.62	1 252.55	1.72	0	−1 483.75

NY 公司 2021 年的偿债能力指标见表 9-2。

表 9-2 NY 公司 2021 年偿债能力指标

流动比率	速动比率	资产负债率	已获利息倍数
0.56	0.55	59.28%	−2.24

NY 公司流动资产中其他应收款占比 76.24%，其他应付款占流动负债的比例为 77.30%，其他应收款与其他应付款比率为 0.56，与流动比率相等。

其次，营运能力分析如下。

NY 公司 2021 年营运能力指标见表 9-3。

表 9-3 NY 公司 2021 年营运能力指标

总资产周转率	流动资产周转率	存货周转率
0.05 次	0.16 次	1.87 次

总资产周转率，是指企业在一定时期内营业收入同平均资产总额的比率，是综合评价企业全部资产的经营质量和利用效率的重要指标。而 NY 公司的总资产周转率非常低，一般企业的总资产周转率正常值约为 0.8，NY 公司的总资产周转率远远低于正常水平。

流动资产周转率是企业一定时期内营业收入与流动资产平均余额的比率。一般性的企业流动资产周转率的值应不低于 2。而 NY 公司流动资产周转率的值远低于 2，主要原因就是流动资产中与正常经营活动关联不大的其他应收款的金额过大。

存货周转率又叫库存周转率，是衡量和评价企业购入存货、投入生产、销售收回等各环节管理状况的综合性指标。存货周转率的值为 3 比较合适。

再次，盈利能力分析如下。

①利润总额分析见表 9-4。

表 9-4　NY 公司 2019—2021 年利润总额

年份	2019 年	2020 年	2021 年
利润总额/万元	−1 527.52	−1 649.55	−1 455.25

②营业毛利率分析见表 9-5。

表 9-5　NY 公司 2019—2021 年营业毛利率

年份	2019 年	2020 年	2021 年
营业毛利率/%	36.37	32.7	47.22

NY 公司的营业毛利率达到 30%以上,同行业平均营业毛利率(15.03%)相比,高于行业平均水平。

③营业净利率分析见表 9-6。

表 9-6　NY 公司 2019—2021 年营业净利率

年份	2019 年	2020 年	2021 年
营业净利率/%	−75.37	−55.75	−70.21

④根据 NY 公司的会计报表数据,计算得到 NY 公司的净资产收益率见表 9-7。

表 9-7　NY 公司 2019—2021 年净资产收益率

年份	2019 年	2020 年	2021 年
净资产收益率/%	−9.01	−9.96	−9.12

最后,发展能力分析如下。

企业的发展能力也称企业的成长性,它是企业通过自身的生产经营活动,不断扩大积累而形成的发展潜能。衡量企业发展能力的核心是企业价值增长率。企业的健康发展取决于多种因素,包括外部经营环境、企业内在素质及资源条件等。

从外部经营环境来看,当前 NY 公司面临的宏观环境是良好的,一系列政府政策为公司所处行业的发展提供了支持。相关新政策的出台也为公司未来发展指明了方向,提供了机会。从行业环境来看,公司所处行业属于朝阳行业,未来发展空间和潜力很大。但同时行业竞争也比较激烈,公司要发展必须创造自己的竞争优势。

从公司内在素质来看,公司偿债能力一般,举债能力有限。公司营业收入增长率不稳定,近 3 年增长率为负数的情况居多,靠自身积累融资的能力有限。但公司属于国有企业,其关联企业及国有资本能为其提供资金来源。

从公司资源条件来看,公司区位优势明显,土地资源储备也较充足,具有两大文化品牌优势,其自然资源条件较好。但公司盈利能力和营运能力较差,要实现长远发展,公司必须提高其组织能力和战略管理能力。

d.经营业务分析

首先,业务营业收入分析如下。

2021 年 NY 公司营业收入构成如图 9-1 所示。

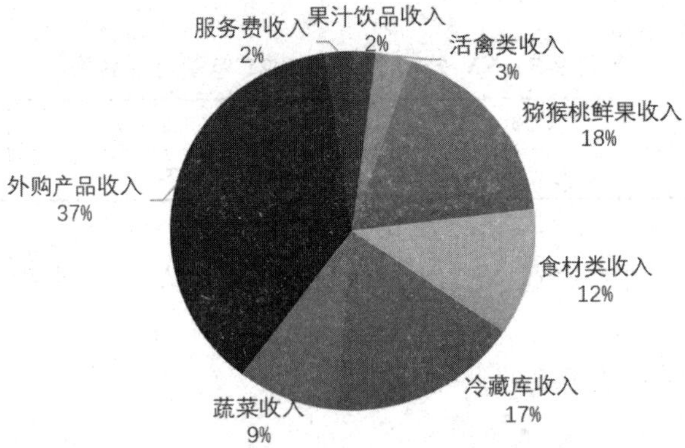

图 9-1

NY 公司 2021 年的营业收入比 2020 年减少了 808.95 万元,降低 27.59%。2020 年营业收入种类达 20 种, 2021 年为 18 种,减少了 2 种,而且从 2020 年到 2021 年营业收入结构变动加大。

其次,各业务营业毛利率分析如下。

2021 年 NY 公司相关业务营业毛利率如图 9-2 所示。

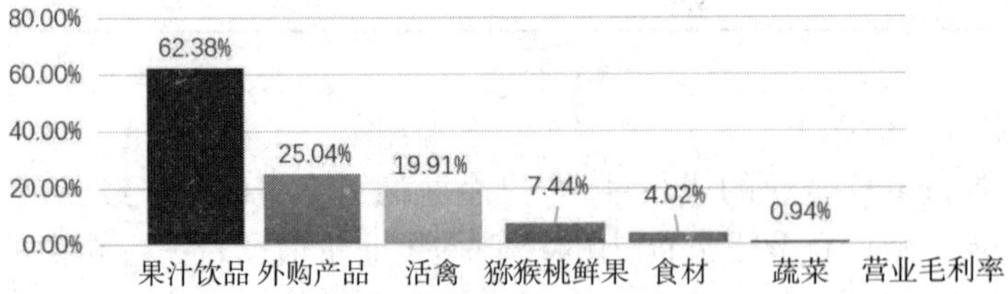

图 9-2

从每种业务的营业毛利率来看,存在个别业务收入与成本不匹配的情况。如蔬菜业务 2020 年营业毛利率达到 82.58%,而 2021 年营业毛利率为 0.94%,可能存在成本归集不合理问题。从图 9-2 来看,果汁饮品业务营业毛利率最高,达到了 62.38%,高于公司营业毛利率。外购产品、活禽、猕猴桃鲜果、食材和蔬菜业务的营业毛利率都低于公司营业毛利率。特别是猕猴桃鲜果业务,在主营业务收入中占比较大,但营业毛利率却只有 7.44%,远远低于行业平均水平。公司营业毛利率高于行业平均水平的原因在于冷藏库收入和服务费收入没有相关成本核算。虽然果汁饮品业务的营业毛利率高,但其营业收入低,对公司营业毛利率的贡献不大。

e. 成本控制分析

首先,成本费用占营业收入的比重分析如下。

成本费用占营业收入的比重是企业一定时期的成本费用总额与营业收入的比率,主要反映成本费用在企业营业收入中所占的比重,该指标值越小,说明企业控制成本费用的能力越强,企业盈利能力越强。其计算公式为:

$$成本费用占营业收入的比重=\frac{成本费用总额}{营业收入}\times 100\%$$

成本费用总额=营业成本+营业税金及附加费用+管理费用+销售费用+财务费用

NY 公司 2019—2021 年成本费用占营业收入的比重见表 9-8。

表 9-8　NY 公司 2019—2021 年成本费用占营业收入的比重

年份	2019 年	2020 年	2021 年
成本费用占营业收入的比重	1.71	1.56	1.76

其次,成本费用利润率分析如下。

成本费用利润率是企业一定时期的利润总额与成本、费用总额的比率。该指标值越大越好。成本费用利润率的计算公式如下:

$$成本费用利润率=\frac{利润总额}{成本费用总额}\times 100\%$$

NY 公司 2019—2021 年成本费用利润率见表 9-9。

表 9-9　NY 公司 2019—2021 年成本费用利润率

年份	2019 年	2020 年	2021 年
成本费用利润率/%	−45.29	−36.09	−39.02

最后,期间费用分析如下。

期间费用包括销售费用、管理费用和财务费用,因财务费用属于不可控费用,这里主要分析销售费用和管理费用的支出情况。NY 公司 2019—2021 年费用支出情况见表 9-10。

表 9-10　NY 公司 2019—2021 年费用支出情况　　单位:万元

年度	期间费用			主要管理费用			主要销售费用			
	销售费用	管理费用	财务费用	职工薪酬支出	物业管理费	土地流转费	促销劳务费	机械使用费	广告费	材料消耗费
2021 年	514	1 316	626	728	107	133	165	77	0	88
2020 年	923	1 060	568	526	149	110	254	206	145	140

续表

年度	期间费用			主要管理费用			主要销售费用			
	销售费用	管理费用	财务费用	职工薪酬支出	物业管理费	土地流转费	促销劳务费	机械使用费	广告费	材料消耗费
2019 年	355	1 475	232	580	286	124	136	0	871	67

1）要求

①分析 NY 公司的经营状况，指出其存在的问题。

②针对目前 NY 公司存在的经营问题提出相关建议。

2）解析

① NY 公司存在的问题如下。

一是资金利用效率低。从 NY 公司的资产结构来看，在流动资产中，应收账款和存货的占比最低，货币资金和其他应收款的占比较高，这是不正常的。而在非流动资产中，主要是在建工程，长期股权投资次之，固定资产占比很低。

二是主营业务创收能力不强。从 NY 公司的经营业务来看，涉及猕猴桃鲜果销售、蔬菜销售、外购产品销售等多项主营业务及其他业务。从主营业务收入和其他业务收入的占比来看，NY 公司的主营业务不突出，创收能力不强。

三是业务缺乏竞争优势，经营风险大。从经营业务来看，公司没有形成核心竞争优势，没有创收创利的“拳头”项目。公司没有集中财力、物力、人力打造若干精品项目，“胡子眉毛一把抓”，在这种情况下就会被市场牵着鼻子走，受外部环境影响很大，公司经营风险大，而化解、控制风险的预备不足。2 019—2021 年，受新冠肺炎疫情影响，许多行业都受到冲击。NY 公司所处行业受疫情影响也较大，在这种情况下，因缺乏竞争优势，公司也缺乏应对风险的能力。

四是成本费用总额高。成本费用总额与营业收入的比，远远高于营业成本与营业收入的比。如果成本费用总额与营业收入的比大于 1，公司就会发生亏损。而 2 019—2021 年，NY 公司成本费用总额与营业收入的比均高于 1.5，这也是 NY 公司亏损严重的主要原因。

五是管理费用高，薪酬支出大，收入与业绩脱钩。通过进一步对成本费用构成的分析，可以看出成本费用高的主要原因是管理费用过高，而管理费用的主要构成就是职工薪酬支出。而职工薪酬支出与营业收入是脱节的。成本费用的增加并不必然带来营业收入的增加，反而使得净利润更低。职工薪酬没有与公司经营业绩挂钩，在亏损增加的情况下职工薪酬支出还在增加，这势必会造成公司的一再亏损。

②相关建议如下。

一是引资转型，开辟新产业。建议 NY 公司坚持“引进资金，盘活项目，成功转型，不断创业”的初心，在努力盘活原有项目的同时，寻求开发适应新时代、顺应新需求的特色服务项目。

二是控成本，降费用，加强内控体系建设。NY 公司应发扬艰苦奋斗的精神，树立开源节流的经营理念，节约一切人力、物力和财力，这是提高经济效益的核心。成本费用控制应坚持“全过程、全方位、全员无死角”。项目管理向前延伸到调研设计阶段，向后延伸到营业成本和三大费用的控制，不仅对各项成本费用发生的数额进行控制，而且对成本费用发生的时间和用途进行控制，讲究成本费用支出的经济性、合理性、合法性和与收入的匹配度。

三是形成企业核心竞争力。核心竞争力是由自身所拥有的独特资源决定的，NY 公司需要围绕独特资源构建自己的能力体系，以形成自己的竞争优势。在挖掘优势资源的同时，NY 公司应提高组织能力、营销能力。在当前互联网+、大数据智能时代，公司的管理模式、营销模式也要同步改变，应加大营销力度，掌握市场需求，加强内外环境、消费者消费行为及资源分析，规划体验活动，确定合理价位，选择最佳通道，善用推广策略，吸引消费者注意力。

任务三　绩效评价报告

一、理论概述

（一）绩效评价

绩效评价是财政部门和预算部门（单位）根据设定的绩效目标，运用科学、合理的绩效评价指标、评价标准和评价方法，对财政支出的经济性、效率性和效益性进行的客观、公正的评价。其中，绩效目标的设立是开展绩效评价的前提和基础，绩效评价指标是绩效评价的工具和手段，财政支出的经济性、效率性和效益性是绩效评价的主要内容。

（二）绩效评价项目的类型

从全方位的角度来看，绩效评价主要有三类。

第一类是政府预算绩效评价。其重点考量决策和财政资金分配情况。《中华人民共和国预算法》、《国务院关于深化预算管理制度改革的决定》（国发〔2014〕45 号）、《国务院关于进一步深化预算管理制度改革的意见》（国发〔2021〕5 号）、《财政部关于印发〈预算绩效评价共性指标体系框架〉的通知》（财预〔2013〕53 号）是其主要评价依据。

第二类是部门整体支出绩效评价。其重点考量履职和资金使用情况。中共中央、国务院重大决策部署，各级政府经济社会发展年度目标，部门年度重点工作任务，部门“三定”（定机构、定职能、定编制）方案是其主要评价依据。

第三类是政策、项目绩效评价。其重点考量产出、效益情况。与之相关的法律法规是其主要评价依据。

从全过程的角度来看，绩效评价有事前绩效评价、事中绩效评价、事后绩效评价 3 类。

从全覆盖的角度来看，绩效评价主要有财政政策绩效评价、财政资金绩效评价两类。

各类绩效评价由于类型不同，评价目标、内容、方法、标准等也不尽相同。

（三）绩效评价的环节

①确定绩效评价的对象和范围；

②下达绩效评价通知；

③研究制定绩效评价工作方案；

④收集绩效评价相关数据资料，并进行现场调研、座谈；

⑤核实有关情况，分析形成初步结论；

⑥与被评价部门（单位）交换意见；

⑦综合分析并形成最终结论；

⑧提交绩效评价报告；

⑨建立绩效评价档案。

（四）绩效评价的方法

绩效评价的方法主要有成本效益分析法、比较法、因素分析法、最低成本法、公众评判法等。

①成本效益分析法。成本效益分析法是对一定时期内的支出与效益进行对比分析，以评价绩效目标实现程度的方法。

②比较法。比较法是通过对绩效目标与实施效果、历史与当期情况、不同部门和地区同类支出的比较，综合分析绩效目标实现程度的方法。

③因素分析法。因素分析法是通过综合分析影响绩效目标实现、实施效果的内外因素，评价绩效目标实现程度的方法。

④最低成本法。最低成本法是对效益确定但不易计量的多个同类对象的实施成本进行比较，以评价绩效目标实现程度的方法。

⑤公众评判法。公众评判法是通过专家评估、公众问卷及抽样调查等对预算支出效果进行评判，评价绩效目标实现程度的方法。

⑥其他评价方法。

绩效评价方法的选用应当坚持简便有效的原则，评价时可根据对象的具体情况，采用一种或多种方法进行绩效评价。

（五）绩效评价指标体系

绩效评价指标体系应该由指标名称、指标解释、权重、目标值、业绩值计算公式和评分规则等构成，只有完整包含了这些要素，指标体系才算是完整的，才能指导客观评价的开展。绩效评价指标要素构成见表 9-11。表 9-12 所示的项目支出绩效评价指标体系框架。

表 9-11 绩效评价指标要素构成

指标要素	要素解释
指标名称	简洁而无歧义的评价指标名称
指标解释	对指标所考查的内容进行解释
权重	指标的相对重要程度
目标值	指标应该达到的目标水平
业绩值计算公式	指标实际业绩情况的计算方法
评分规则	结合业绩值及目标值，针对两者之间的差异情况设置一定的规则，进行评分

表 9-12　项目支出绩效评价指标体系框架(参考)

一级指标	二级指标	三级指标	指标解释	指标说明
决策	项目立项	立项依据充分性	项目立项是否符合法律法规、相关政策、发展规划以及部门职责,用以反映和考核项目立项依据情况	评价要点: ①项目立项是否符合国家法律法规、国民经济发展规划和相关政策; ②项目立项是否符合行业发展规划和政策要求; ③项目立项是否与部门职责范围相符,是否属于部门履职所需; ④项目是否属于公共财政支持范围,是否符合中央、地方事权支出责任划分原则; ⑤项目是否与相关部门同类项目或部门内部相关项目重复
		立项程序规范性	项目申请、设立过程是否符合相关要求,用以反映和考核项目立项的规范情况	评价要点: ①项目是否按照规定的程序申请设立; ②审批文件、材料是否符合相关要求; ③事前是否已经过必要的可行性研究、专家论证、风险评估、绩效评估、集体决策
	绩效目标	绩效目标合理性	项目所设定的绩效目标是否有充分的依据,是否符合客观实际,用以反映和考核项目绩效目标与项目实施的相符情况	评价要点: (如未设定预算绩效目标,也可考核其他工作任务目标) ①项目是否有绩效目标; ②项目绩效目标与实际工作内容是否具有相关性; ③项目预期产出效益和效果是否符合正常的业绩水平; ④项目绩效目标是否与预算确定的项目投资额或资金量相匹配
		绩效指标明确性	绩效目标设定的绩效指标是否清晰、细化、可衡量等,用以反映和考核项目绩效目标的细化情况	评价要点: ①是否将项目绩效目标细化分解为具体的绩效指标; ②绩效指标是否通过清晰、可衡量的指标值予以体现; ③绩效指标是否与项目目标任务数或计划数相对应
	资金投入	预算编制科学性	项目预算编制是否经过科学论证、有明确标准,资金额度与年度目标是否相适应,用以反映和考核项目预算编制的科学性、合理性情况	评价要点: ①预算编制是否经过科学论证,是否按照标准编制; ②预算内容与项目内容是否匹配; ③预算额度测算依据是否充分; ④预算确定的项目投资额或资金量是否与工作任务相匹配
		资金分配合理性	项目预算资金分配是否有测算依据,与补助单位或地方实际是否相适应,用以反映和考核项目预算资金分配的科学性、合理性情况	评价要点: ①预算资金分配依据是否充分; ②资金分配额度是否合理,与项目单位或地方实际是否相适应
过程	资金管理	资金到位率	实际到位资金与预算资金的比率,用以反映和考核资金落实情况对项目实施的总体保障程度	资金到位率=(实际到位资金/预算资金)×100% 实际到位资金指一定时期(本年度或项目期)内落实到具体项目的资金; 预算资金指一定时期(本年度或项目期)内预算安排到具体项目的资金
		预算执行率	项目资金预算是否按照计划执行,用以反映或考核项目预算执行情况	预算执行率=(实际支出资金/实际到位资金)×100% 实际支出资金指一定时期(本年度或项目期)内项目实际拨付的资金

续表

一级指标	二级指标	三级指标	指标解释	指标说明
过程	资金管理	资金使用合规性	项目资金使用是否符合相关的财务管理制度规定，用以反映和考核项目资金的规范运行情况	评价要点： ①项目资金使用是否符合国家财经法规和财务管理制度以及有关专项资金管理办法的规定； ②资金的拨付是否有完整的审批程序和手续； ③项目资金使用是否符合项目预算批复或合同规定的用途； ④项目资金使用是否存在截留、挤占、挪用、虚列支出等情况
	组织实施	管理制度健全性	项目实施单位的财务和业务管理制度是否健全，用以反映和考核财务和业务管理制度对项目顺利实施的保障情况	评价要点： ①是否已制定或具有相应的财务和业务管理制度； ②财务和业务管理制度是否合法、合规、完整
		制度执行有效性	项目实施是否符合相关管理规定，用以反映和考核相关管理制度的有效执行情况	评价要点： ①项目实施是否遵守相关法律法规和相关管理规定； ②项目调整及支出调整手续是否完备； ③项目合同书、验收报告、技术鉴定等资料是否齐全并及时归档； ④项目实施的人员条件、场地设备、信息支撑等是否落实到位
产出	产出质量	实际完成率	项目实施的实际产出数与计划产出数的比率，用以反映和考核项目产出数量目标的实现程度	实际完成率=（实际产出数/计划产出数）× 100% 实际产出数指一定时期（本年度或项目期）内项目实际产出的产品或提供的服务的数量； 计划产出数指项目绩效目标确定的在一定时期（本年度或项目期）内计划产出的产品或提供的服务的数量
		质量达标率	项目完成的质量达标产出数与实际产出数的比率，用以反映和考核项目产出质量目标的实现程度	质量达标率=（质量达标产出数/实际产出数）× 100% 质量达标产出数指一定时期（本年度或项目期）内实际达到既定质量标准的产品或服务的数量； 既定质量标准指项目实施单位设立绩效目标时依据计划标准、行业标准、历史标准或其他标准而设定的绩效指标值
	产出时效	完成及时性	项目实际完成时间与计划完成时间的比较，用以反映和考核项目产出时效目标的实现程度	实际完成时间指项目实施单位完成该项目实际所耗用的时间； 计划完成时间指按照项目实施计划或相关规定完成该项目所需的时间
	产出成本	成本节约率	完成项目计划工作目标的实际节约成本与计划成本的比率，用以反映和考核项目的成本节约程度	成本节约率=[（计划成本−实际成本）/计划成本] × 100%。 实际成本指项目实施单位如期保质、保量完成既定工作目标实际所耗费的支出； 计划成本指项目实施单位为完成工作目标计划安排的支出，一般以项目预算为参考
效益	项目效益	实施效益	项目实施所产生的效益	项目实施所产生的经济效益、社会效益、生态效益、可持续影响等，可根据项目实际情况有选择地设置和细化
		满意度	社会公众或服务对象对项目实施效果的满意程度	社会公众或服务对象是指因该项目实施而受到影响的部门（单位）、群体或个人，其满意度一般采取社会调查的方式确定

（六）绩效评价报告的撰写与提交

1. 绩效评价报告的内容

绩效评价报告的具体格式由财政部门统一制定。绩效评价人员应按照规定的文本格式和协议要求撰写绩效评价报告，并做到依据充分、数据真实、内容完整、客观公正、结论明确、建议可行。

绩效评价报告通常应包括以下主要内容。

①基本概况，包括项目基本情况和主要绩效目标。

②绩效评价的组织实施情况，包括绩效评价的目的、依据、评价过程。

③评价结论，根据评价掌握的情况，给出评价结论。

④实现的主要绩效，项目绩效体现为项目的产出数量、产出质量、产出时效和产出成本，项目的经济效益、社会效益、生态效益、可持续影响和社会公众或服务对象满意度；部门整体支出绩效体现为部门充分履行职责职能，在津贴补贴政策落实、资产管理、“三公”经费控制、预决算公开、存量资金管理、财经法规及制度贯彻、管理资金等方面的主要工作成效。

⑤存在的问题及原因分析，对评价过程中发现的项目实施和资金使用过程中存在的问题进行分析和说明。

⑥意见建议，针对发现的问题提出相应的改进建议和意见。

⑦其他需要说明的事项，主要针对评价过程中发现的重要事项或异常事项进行特别说明。

2. 绩效评价报告征求意见

绩效评价报告初稿完成后，应征求被评价单位的意见，根据反馈的有效意见对评价报告进行修改。如相关人员或单位对评价报告存在意见分歧，经协商仍不能取得一致的，评价人员在出具正式绩效评价报告时须同时附交被评价单位的不同意见。

3. 绩效评价报告提交

绩效评价报告及评价数据资料经绩效评价负责人和评价单位法人签章后，应当在规定时间内，按照规定的格式、要求，提交委托方审核。

（七）绩效评价工作的要点

1. 事前准备

①要充分与委托方、被评价单位、利益相关者进行前期沟通。在进行评价的过程中，首先要做到在评价全过程、各环节与委托方充分沟通，了解委托方实施评价的目的、需求和最终结果的运用，并向委托方提出提供全程协调服务的具体要求，以便做好评价工作；其次要与资金使用单位各层级人员充分沟通，了解相关情况；最后要与受益方进行充分沟通。这是发现问题、细化评价指标的重要途径。

②要根据评价需要列出收集资料清单。

③建构逻辑模型，找出评价对象“绩”与“效”的逻辑关系。

④根据前述情况，建立绩效评价指标体系。指标体系构建要精准，不能泛指标化。

⑤选定专家组成员。

2. 工作方案制定

①工作方案的内容包括评价目的、评价依据、评价范围、评价内容、评价方法与标准、评

价指标、组织实施步骤等。

②制定工作方案时要充分征求专家组的意见，进行预审。

3. 现场调查

①制定现场调查工作方案，合理进行人员分工。

②设计好调查问卷。

③指定专人收集现场调查材料，分类整理。

4. 交换意见

与被评价单位交换意见时要从客观、公正的角度出发听取意见，不能被随意左右，失去原则性。

5. 报告撰写

①报告的主体内容分为 3 部分：概要、报告正文、附件。报告正文包括基本情况、组织实施情况、指标体系、评价方法与标准、绩效的实现程度、总体评价结论、存在的问题及原因分析、改进建议等。

②要突出亮点，提炼创新之处。

③要注意内在逻辑关系，保证内容完整、客观公正、规范严谨、分析深入，开出的“药方”有效。

④各类评价报告的侧重点应有所不同。

Ⅰ. 项目支出绩效评价报告：其事前绩效评价报告应主要围绕项目事前决策的科学性、可行性、匹配性来撰写；其事中运行监控绩效评价报告应主要围绕项目绩效目标实现程度来撰写；其事后绩效评价报告应主要围绕项目产出、效果和目标实现情况来撰写。

Ⅱ. 政策绩效评价报告：其事前绩效评价报告应围绕公共政策决策的必要性、科学性和可行性来撰写；其事中运行监控绩效评价报告应围绕公共政策目标实现程度和方向把控来撰写；其事后绩效评价报告应围绕公共政策效果和目标实现情况来撰写。

Ⅲ. 部门整体支出绩效评价报告：在对科学分类、部门特征、职能职责等要素进行研究的基础上，围绕职能职责履行与预算安排是否科学匹配，职能职责履行与部门支出绩效目标实现是否关联等问题来撰写。

二、实训目的

①通过实训，使学生了解绩效评价工作的目的、环节、评价方法、评价指标体系的建立。

②通过实训，使学生掌握项目绩效评价报告的框架和写作方法。

三、实训项目

1. 实训目的

掌握项目绩效评价报告的写作框架，能够对项目的产出效益进行分析。

2. 项目资料

公开调研数据显示，2016 年以来，我国智慧城市和电子政务（数字政府）市场规模不断扩大。以广东为例，在 2018 年至 2021 年广东省政务服务数据管理局项目方面的支出中，省本级支出连续两年稳定在 10 亿元以上，全省支出 100 亿元以上，占一般公共预算总支出的比例稳定在0.7%左右。可见智慧城市和电子政务(数字政府)方面的财政总体支出庞大且日益重要。

1)要求

选择一个你所熟悉的城市,对该城市智慧城市建设项目展开绩效评价,主要完成以下两项任务:

①列出智慧城市绩效评价报告的提纲;

②评价其产出效益。

2)解析

①报告提纲如下。

智慧城市绩效评价报告提纲

一、项目基本情况

(一)项目概况

1. 立项背景

2. 主要内容

3. 实施情况

4. 资金投入及使用

(二)项目绩效目标

1. 项目中长期目标

2. 项目年度目标

二、评价工作开展情况

(一)评价目的、对象和范围

1. 评价目的

2. 评价对象及范围

(二)评价原则、依据、指标体系、方法及标准

1. 评价原则

2. 评价依据

3. 评价指标体系

4. 评价方法

5. 评价标准

(三)评价组织实施

1. 评价组织的前期准备情况

2. 组织实施情况

3. 专家评价

4. 评价报告

三、综合评价及评价结论

四、绩效评价指标分析

(一)项目决策情况

1. 立项分析
2. 绩效目标
3. 资金投入
(二)项目过程管理情况
1. 资金管理
2. 组织实施分析
(三)项目产出情况
1. 产出数量分析
2. 产出质量分析
3. 产出时效分析
4. 产出成本分析
(四)项目效益情况分析
1. 经济效益分析
2. 社会效益分析
3. 生态效益分析
4. 可持续影响分析
(五)满意度情况
五、主要经验、存在问题及原因分析
(一)项目经验及做法
1. 各级领导对项目重视程度高
2. 管理规范且具有创新性
3. 工作效率高,资金使用率高
(二)项目问题及原因
六、建议
(一)细化前期准备,保障有序开展
(二)完善项目绩效目标,加强项目绩效跟踪管理
(三)加强基础管理,确保家底清晰
②产出效益评价略。

任务四　资产评估报告

一、理论回顾

资产评估报告是指资产评估机构及其资产评估专业人员遵守法律、行政法规和资产评估准则,根据委托履行必要的资产评估程序后,由资产评估机构出具的关于评估对象在评估基准日特定目的下的价值的专业报告。

（一）资产评估报告的分类

1. 依据评估范围划分

①整体性评估报告，如资产组合整体评估报告、企业评估报告。

②单项资产评估报告，如设备评估报告。

2. 依据评估报告详细程度划分

①完整性报告，包括资产明细、程序、标准、假设、方法、依据和说明。

②简明性报告，简略说明评估结果。

3. 依据评估基准日时段划分

①追溯性评估，对以往的资料进行评估。

②现时评估，现时资料评估。

③预测性评估，预测未来结果的评估。

4. 依据评估报告使用局限性划分

①无特别声明的评估报告。

②有特别声明的评估报告。

5. 依据评估对象划分

①资金及有价证券评估报告，如银行存款评估报告。

②存货评估报告，如产成品评估报告。

③设备评估报告，如汽车评估报告。

④无形资产评估，如土地评估报告。

⑤固定资产评估，如建筑物评估报告。

（二）资产评估工作流程

①明确资产评估业务基本事项。

②签订资产评估业务约定书。

③编制资产评估计划。

④现场调查。

⑤收集资产评估资料。

⑥评定估算。

⑦编制和提交资产评估报告书。

⑧资产评估工作底稿归档。

（三）评估报告的结构布局

1. 格式

①标题，明确文本的主体内容属性，应含有×××项目资产评估报告字样。

②文号，文本的编号。

③声明，突出注意内容，表明限制。

④摘要，对文本正文高度概括。

⑤正文，评估报告需要表述的主体内容。

⑥附件，正文没有阐述，但需要阐述的内容。

⑦资产明细等说明，评估涉及的资产明细和其他说明。

2. 内容

内容主要包括标题、正文、附件。

其中,正文包括评估目的、评估对象范围、价值类型定义、评估假设、评估文件、评估标准、评估依据、评估方法、评估程序、评估结论、特别声明、限制使用声明、评估基准日、评估报告日期、评估委托人、评估受托人和评估师签章。

附件包括评估对象相关证明、资产明细、相关当事人的承诺书和评估机构与签字评估师的资质证明书。

(四)资产评估报告的基本内容

1. 摘要的基本内容

每份资产评估报告的正文之前应有表述该报告关键内容的摘要,用来让各有关方面了解该评估报告的主要信息。

摘要与资产评估报告正文具有同等法律效力,由注册资产评估师、评估机构法定代表人及评估机构等签字盖章并署明提交日期。

摘要还必须与评估报告揭示的结果一致,不得有误导性内容,应当使用提醒性文字提醒使用者阅读全文。

2. 正文的基本内容

①绪言。包括评估报告委托方全称、受托评估事项及评估工作整体情况。

②委托方与资产占有方简介。分别较为详细地介绍委托方、资产占有方的情况。当委托方和资产占有方相同时,可对资产占有方进行介绍,但要写明委托方和资产占有方之间的隶属关系或经济关系;无隶属关系或经济关系的,应写明进行评估的原因。当资产占有方为多家企业时,还须逐一介绍。

③评估目的。说明资产评估是为了满足委托方的何种需要、所对应的经济行为类型,并简要、准确说明该经济行为是否经过批准,若已获批准,应将批准文件的名称、批准单位、批准日期及文号写出。

④评估范围和对象。写明纳入评估范围的资产及其类型,并列出评估前的账面金额。评估资产为多家占有的,应说明各家份额及对应的资产类型。

⑤评估基准日。写明评估基准日的具体日期、确定评估基准日的理由或成立条件,揭示确定评估基准日对评估结果的影响程度。

评估基准日应根据经济行为的性质由委托方确定,并尽可能与评估目的实现日接近。

⑥评估原则。写明评估工作过程中遵循的各类原则和评估遵循的国家及行业规定的公认原则。对所遵循的特殊原则也应做适当阐述。

⑦评估依据。评估依据包括行为依据、法律法规依据、产权依据和取价依据等。对评估中采用的特殊依据应做相应的披露。

⑧评估方法。说明评估过程所选择、使用的评估方法和选择评估方法的依据或原因。对某项资产的评估采用一种以上评估方法的还应说明原因,并说明该资产价值的确定方法。选择特殊评估方法的,也应介绍其原理与适用范围。

⑨评估过程。应反映评估机构自接受评估项目委托起至提交评估报告的全过程,包括:

接受委托时的评估目的、对象与范围、基准日的确定和评估方案的拟订过程;

资产清查时的指导资产占有方清查、收集、检查与验证准备资料过程；

评估估算时的现场检测与鉴定、评估方法选择、市场调查与分析过程；

评估汇总时的结果汇总、评估结论分析、报告与说明撰写、内部复核过程，以及评估报告提交等过程。

⑩评估结论。这是报告正文的重要部分。应使用表述性文字完整地叙述评估机构对评估结果做出的结论，对资产、负债、净资产的账面价值、调整后账面价值、评估价值及其增减幅度进行表述，还应单独列示不纳入评估汇总表的评估结果。

⑪特殊事项说明。应说明在评估过程中已发现的可能影响评估结论但非评估人员执业水平和能力所能评定估算的有关事项，也应提示评估报告使用者注意特别事项对评估结论的影响，还应揭示评估人员认为需要说明的其他事项。

⑫评估基准日后重大事项。应揭示评估基准日与评估报告提交之间发生的重要事项以及评估基准日后发生的事项对评估结论的影响，还应说明发生在评估基准日后不能直接使用评估结论的事项。

⑬评估报告法律效力、使用范围和有效期。应具体写明评估报告成立的前提条件、假设条件，依照法律法规的有关规定产生的法律效力，和评估结果的有效使用期限；还应写明评估结论仅供委托方依评估目的使用和送交主管部门审查使用，并申明评估报告书的使用权归委托方所有，未经许可不得随意向他人提供或公开。

⑭评估报告提交日期。写明评估报告提交委托方的具体日期。

⑮ 结尾。应写明出具评估报告的机构名称并加盖公章，还要由评估机构法定代表人和至少两名负责评估的注册资产评估师签名盖章。

3. 备查文件的基本内容

备查文件至少要包括以下基本内容：

①有关经济行为文件；

②被评估单位前 3 年度包括资产负债表和损益表在内的会计报表（非企业或经济组织的除外）；

③委托方与资产占有方营业执照复印件；

④委托方、资产占有方的承诺函；

⑤产权证明文件复印件；

⑥资产评估人员和评估机构的承诺函；

⑦资产评估机构资格证书复印件；

⑧评估机构营业执照复印件；

⑨参与评估项目的人员的名单；

⑩资产评估业务约定合同；

⑪重要合同和其他文件。

4. 资产评估说明的基本内容

资产评估说明描述评估人员和评估机构对评估项目的评估程序、方法、依据、参数选取和计算过程，通过委托方、资产占有方充分揭示对资产评估行为和结果构成重大影响的事项，说明评估操作符合相关法律、行政法规和行业规范要求。

资产评估说明也是资产评估报告的组成部分，在一定程度上决定评估结果的公允性，保护评估行为相关各方的合法利益。

按有关规定，资产评估说明中所揭示的内容应同资产评估报告正文所阐述的内容一致。评估机构、注册资产评估师及委托方、资产占有方应保证其撰写或提供的构成评估说明各组成部分的内容真实完整，未做虚假陈述，也未遗漏重大事项。

（五）资产评估报告制作的技术要点

1. 文字表达方面的技能要求

资产评估报告是一份对被评估资产价值具有咨询性和公证性作用的文书，是用来明确资产评估机构和注册资产评估师工作责任的文字依据，其文字内容既要清楚、准确，又要提供充分的依据说明，还要全面地叙述整个评估的具体过程。

文字表达必须准确，不得使用模棱两可的措辞；要简明扼要地把有关问题说明清楚，不得带有任何诱导、恭维和推荐性的陈述。

文字中不能出现有大包大揽之意的语句，尤其是涉及承担责任条款的部分。

2. 格式和内容方面的技能要求

格式和内容应符合财政部印发的《资产评估报告基本内容与格式的暂行规定》。

3. 评估报告的复核及反馈方面的技能要求

复核的对象主要包括工作底稿、评估说明、评估明细表和报告正文的文字、格式及内容。

资产评估工作是一项必须由多个评估人员同时作业的中介业务，每个评估人员都有可能因能力、水平、经验、阅历及理论方法的限制而产生工作盲点和工作疏忽，所以对资产评估报告初稿进行复核就成为必要。

实践中必须建立起多级复核和交叉复核制度，明确复核人员的职责，防止复核流于形式。

收集反馈意见主要通过委托方或资产占有方熟悉资产具体情况的人员进行。

4. 撰写报告应注意的事项

①实事求是，切忌出具虚假报告。报告拟定人是参与项目并较全面了解项目情况的主要评估人员。

②坚持一致性原则，切忌出现表里不一。摘要、正文、评估说明、评估明细表的内容、格式和数据要一致。

③提交报告要及时，要保证文件齐全，遵循保密原则。应按业务约定书的约定时间及时将报告送交委托方，报告及有关文件要齐全。此外，要做好保密工作，尤其是对评估涉及的商业秘密和技术秘密，更要做好保密工作。

④评估机构应当在资产评估报告中明确评估报告使用者、报告使用方式，提示评估报告使用者合理使用评估报告。应注意防止恶意使用报告，避免报告的误用，以合法规避执业风险。

⑤关注评估对象的法律权属，并在评估报告中对评估对象法律权属证明资料的来源予以必要说明。注册资产评估师不得对评估对象的法律权属提供保证。

⑥受到限制无法实施完整的评估程序时，应当在评估报告中明确披露受到的限制、无法履行的评估程序和采取的替代措施。

二、实训目标

①通过实训，熟悉资产评估工作过程。

②通过实训，掌握资产评估报告结构、内容和写作技巧。

三、实训项目

1. 实训目的

掌握资产评估报告的结构和内容。

2. 项目资料

被评估对象为一宗待开发商业用地，土地面积为5 000平方米，该宗地的使用权年限自评估基准日起为40年，当地城市规划规定，待估宗地的容积率为5，覆盖率为60%。评估师根据城市规划的要求及房地产市场现状及发展趋势，认为待估宗地的最佳开发方案为建设一幢25 000平方米的大厦，其中1层、2层为商场，每层建筑面积为3 000平方米，3层及以上楼层为写字楼，每层建筑面积为1 900平方米。资产占有方委托中介机构进行评估。

评估师根据相关资料，经分析、测算得到如下数据资料：

①将待估宗地开发成“七通一平”的建筑用地需要投资500万元，开发期为1年，投资在1年内均匀投入；

②大厦建设期为2年，平均每平方米建筑面积的建筑费用为3 000元，所需资金分2年投入，第1年投入所需资金的60%，第2年投入所需资金的40%，各年投资均匀投入；

③专业费用为建筑费用的10%；

④预计大厦建成后即可出租，其中1层、2层每平方米建筑面积的年租金为2 000元，出租率可达100%，第3层至第5层（即写字楼部分的1层至3层）平均每天每平方米建筑面积的租金为2元，第6层及以上各层平均每天每平方米建筑面积的租金为2.5元，写字楼平均空置率约为10%；

⑤管理费用为租金的5%，税金为租金的17.5%，保险费为建筑费用及专业费用的0.1%，维修费用为建筑费用的1%，年贷款利率为5%，复利计息；

⑥开发商要求的利润为建筑费用、专业费用、地价及土地开发费用之和的25%；

⑦房地产综合资本化率为8%；

⑧每年按365天计算；

⑨本项目不考虑所得税因素。

1）要求

请为资料中的资产评估项目出具资产评估报告。

2）解析

资产评估报告结构如下。

××××××××国有出让商业用地土地使用权价值评估项目资产评估报告

一、估价项目名称

××××××××国有出让商业用地土地使用权价值评估。

二、委托估价方

名　　　　称:×××××××××有限责任公司。

住　　　　所:×××县。

法定代表人姓名:×××。

注　册　资　本:×××万元。

公　司　类　型:有限责任公司。

三、估价目的

×××××××××有限责任公司因企业经营需要进行融资,拟以其使用的位于×××县以北的一宗国有出让商业用地使用权向银行申请贷款,现委托我公司对该宗土地进行评估,为借贷双方协商确定贷款额度提供客观、公平、合理的土地使用权价值参考。

四、估价基准日

二〇××年××月××日。

五、估价日期

二〇××年××月××日至二〇××年××月××日。

六、地价定义

至估价基准日,待估宗地作为出让土地,其所有权属于国家。此次评估我们按实际权利状况设定估价对象权利状况,即出让用地无他项权利限制。

①使用权证〔垦国用(2003)字第020号〕,宗地证载用途为工业用地,面积为××××平方米,经估价人员实地查勘,宗地实际用途为商业用地,本次估价参照证载用途将用途设定为商业用地。

②截至估价基准日,待估宗地实现宗地外开发程度"五通"(通路、通电、通信、通水、排水)、宗地内"一平"(场地平整),结合估价对象土地利用特点和估价目的,我们将宗地内外实际开发程度作为本次设定的开发程度,即宗地外"五通"(通路、通电、通信、通水、排水)、宗地内"一平"(场地平整)。

③现场勘察:土地实际利用现状空地待建设。《国有建设用地使用权出让合同》界定规划容积率3.0~4.0,本次评估设定容积率××。

④根据委托方提供的国有土地使用权证〔垦国用(2003)字第020号〕,待估宗地的使用权终止日期为2053年3月5日,自估价基准日起待估宗地的实际剩余使用年期为××年,遵循合法性原则,本次以实际土地剩余使用年期××年作为设定的土地剩余使用年期。

综上所述,本报告估价对象的价格定义设定为:在估价基准日20××年××月××日,设定的基础设施开发程度为宗地红线外"五通"(通路、通电、通信、通水、排水)、红线内场地平整,土地剩余使用年期××年,面积××××平方米,用途为商业用地的国有出让土地使用权价格。

七、估价结果

经估价人员现场查勘和对当地市场分析,按照地价评估的基本原则和估价程序,选择合适的评估方法,评估得到待估宗地在此次地价定义条件下,于20××年××月××日的土地使用权价格为:

①评估土地面积:××××平方米;

②评估单价：× ××× 元/平方米，合 ××× 万元/亩；

③总评估价值：××× ××× 元

人民币大写：　××× ×× 元

说明：待估宗地不存在法定优先受偿款，此价格也不包括法定优先受偿款以及处置时的登记费用、过户费用以及税金等费用。

货币种类：人民币

详见“土地估价结果一览表”

八、土地估价师签字

签名：

九、土地估价机构

估价机构法定代表人签字：

任务五　可行性研究报告

一、理论回顾

可行性研究报告是在前一阶段的项目建议书获得审批通过的基础上，对项目市场、技术、财务、工程、经济和环境等方面进行精确系统、完备无遗的分析，完成包括市场与销售、规模与产品、厂址、原辅料供应、工艺技术、设备选择、人员组织、实施计划、投资与成本、效益与风险等的计算、论证和评价，选定最佳方案，作为决策依据的报告。

（一）可行性研究报告的类型

可行性研究报告分为政府审批核准用可行性研究报告和融资用可行性研究报告。政府审批核准用可行性研究报告侧重项目的社会、经济效益和影响；融资用可行性研究报告关注项目在经济上是否可行。

具体可概括为用于政府立项审批、产业扶持、银行贷款、融资投资、投资建设、境外投资、上市融资、中外合作、股份合作、组建公司、征用土地、申请设立高新技术企业等的各类可行性报告。

1. 用于企业融资、对外招商合作的可行性研究报告

这类研究报告通常要求市场分析准确、投资方案合理，并提供竞争分析、营销计划、管理方案、技术研发等实际运作方案。

2. 用于国家发展改革委立项的可行性研究报告

这类研究报告根据《中华人民共和国行政许可法》和《国务院对确需保留的行政审批项目设定行政许可的决定》而编写，是大型基础设施项目立项的基础文件。国家发展改革委根据这类研究报告对相关项目进行核准、备案或批复，决定某个项目是否实施。

3. 用于银行贷款的可行性研究报告

商业银行在贷款前进行风险评估时，需要项目方出具详细的可行性研究报告，对于国家开发银行等国内银行,若该研究报告由甲级资格单位出具,通常不需要再组织专家评审,部分银行的贷款可行性研究报告对编写单位无资格要求,但要求融资方案合理、分析正确、信息全面。另外,在申请国家的相关政策支持资金、进行工商注册时往往也需要编写可行性研究报告,该类研究报告类似于用于银行贷款的可行性研究报告,但用于工商注册的可行性研究报告对编写单位无资格要求。

4. 用于境外投资项目核准的可行性研究报告

企业在实施"走出去"战略,对国外矿产资源和其他产业投资时,需要编写可行性研究报告,报给国家发展改革委或省发展改革委。需要申请中国进出口银行境外投资重点项目信贷支持时,也需要编写可行性研究报告。

5. 用于企业上市的募投项目可行性研究报告

这类可行性研究报告的编写单位通常需要有国家发展改革委甲级工程咨询资格。

6. 用于申请政府资金(国家发展改革委资金、科技部资金、农业农村部资金)的可行性研究报告

这类可行性研究报告的编写单位通常需要有国家发展改革委甲级工程咨询资格。

在上述6类可行性研究报告中,第2、3、5、6类可行性研究报告门槛较高,需要编写单位拥有工程咨询资格,该资格由国家发展改革委颁发,分为甲级、乙级、丙级3个等级,甲级最高。

(二)可行性研究报告的编写

①总论:包括项目提出的背景(改扩建项目要说明企业现有概况),投资的必要性和意义,研究工作的依据和范围。

②需求预测和拟建规模:包括国内外市场需求情况的预测、国内现有生产能力的估计、销售预测、价格分析、产品竞争能力、进入国际市场的前景等,拟建项目的规模、资金、投资总额、产品方案和发展方向的技术经济比较和分析。

③资源、原材料、燃料及公用配套设施情况:包括经过自然资源部正式批准的资源储量、品位、成分以及开采、利用条件的评述,原料、辅助材料、燃料的种类、数量和供应情况,所需公用设施的数量、供应方式和条件。

④建厂条件和厂址方案:包括地理位置、气象、水文、地质、地矿条件,社会经济状况,交通运输及水、电等的现状和发展趋势,厂址方案比较与选择意见。

⑤设计方案:包括项目的构成(包括主要单项工程)技术和生产方法,主要技术工艺和设备选型方案的比较,引进技术、设备的国别,与外商合作的技术方案、全厂布置方案的选择和工程量估算,公用辅助设施和交通运输方式的比较和选择。

⑥环境保护:包括环境现状、项目建设对环境的影响的预测、环保与"三废"治理方案。

⑦企业组织、劳动定员和人员培训。

⑧资金筹措和利用外资方案:包括资金用途,主要采购内容和采购方案,主要设备、材料清单(含数量、型号和主要技术参考等),合资期限,出资方式,偿还方案等。

⑨经济评价。

⑩附件:可行性研究报告的依据,也是其组成部分,一般应包括的内容有项目建设单位委托书、项目建议书批件、地质报告、产品检测报告、环境分析报告、资金意向证明、征地和外

部协作条件的意向性协议、其他等。

建设项目可行性研究是运用多学科专业知识进行的综合性复杂系统工程，是建设项目前期工作的一项重要内容。建设项目可行性研究的质量直接影响着项目的投资决策水平，做好建设项目前期工作特别是可行性研究工作，对提高建设项目投资效益，保持经济持续、快速、健康发展意义重大。

⑪ 社会及经济效果评价：如周期长、资金回收快、效益好、可持续发展时间长等。

⑫ 可行性研究结论与建议。

二、实训目标

通过实训，使学生熟悉可行性研究报告的类型和内容，理解可行性研究报告的重要性，掌握可行性研究报告的撰写方法。

三、实训项目

某市政府拟将其下辖的某区打造成全市第三大商业区。该区地处该市南部，早市、夜市常有，小铺、小店多见，但就是缺少大型日用百货商场，仅有的两家超市规模较小且商品有限，难以满足周边居民生活需求。市内现有的两大商业街分别在城东和城中，与地处城南的该区相距较远，周边居民购物较为不便。该区城区拓路改造工程已经完工，道路宽阔，交通便利。该区政府正在大力推进招商引资工作，提出减免税收、减免工商管理费等优惠政策。目前，该区周边有 3 个大型公园，几十个大型社区，距离高新技术产业开发区较近。

1）要求

针对资料中的项目撰写建设商业区的可行性研究报告。

2）解析

以下可行性研究报告目录可供参考。

第 1 章　项目总论

1.1　项目背景

1.2　项目简介

1.3　项目可行性与必要性分析

1.4　主要经济指标说明

1.5　可行性研究报告编制依据

第 2 章　市场分析与预测

2.1　投资环境分析

2.2　市场现状分析

2.3　市场供需预测

2.3.1　市场需求分析

2.3.2　市场供给分析

2.4　SWOT 分析

2.4.1　优势

2.4.2　劣势

2.4.3 机遇
2.4.4 威胁
2.5 项目初步定位
第 3 章 项目选址与建设条件
3.1 厂址选择
3.2 建设条件
第 4 章 建设规模及内容
4.1 建设规模
4.2 建设内容
第 5 章 建筑方案与辅助工程
5.1 建筑方案
5.2 辅助方案
第 6 章 项目的实施进度安排
6.1 项目前期工作安排
6.2 项目建设阶段计划安排
6.2.1 项目进度安排的依据
6.2.2 进度安排原则
6.2.3 分阶段开发的原因与目的
6.2.4 项目实施的进度计划
第 7 章 环境保护、安全消防与节能
7.1 环境影响与保护
7.2 劳动安全与消防
7.3 节能
第 8 章 项目总投资估算与资金筹措
8.1 项目总投资估算的依据
8.2 项目总投资估算的原则
8.3 项目总投资估算
8.4 资金筹措与融资方式
第 9 章 项目组织管理
9.1 组织管理
9.2 建设项目的保障措施
第 10 章 工程招投标
10.1 编制依据
10.2 招标情况
第 11 章 财务评价
11.1 财务评价基础数据的测算
11.2 盈利能力分析
11.2.1 静态盈利能力分析

11.2.2　动态盈利能力分析
11.3　清偿能力分析
11.4　评价结论
第12章　不确定分析
12.1　盈亏平衡分析
12.2　敏感性分析
第13章　结论及建议
13.1　结论
13.2　建议

任务六　实训技能考核

一、考核目标

①通过考核案例分析,使学生能够结合所学专业课程如财务管理、企业管理、经济学、预算管理、财务报表分析、公司战略与风险管理、资产评估、成本与管理会计等,利用相关的基础知识,对各类项目进行分析评价,为管理者决策提供科学依据,提高企业和项目价值;

②通过考核案例分析,提高学生基础性分析能力、宏观性分析能力和专业性分析能力,使其熟悉各种财务相关工作,掌握各种财务研究报告的撰写方法。

二、考核要求

本次考核总分为100分,具体评分细则为:

①遵守考核纪律,学习积极主动,与现场考勤考查结合(20分);

②能够撰写融资计划书、经营分析报告、绩效评价报告、资产评估报告和可行性研究报告,能够熟练列出各种财务研究报告的提纲(40分);

③实训总结(40分)。

三、考核案例

①现在市场上对于电动汽车的需求是很高的。随着技术水平的提高,电动汽车也开始朝着智能化方向发展,并且持续向电动动力总成集成化发展,向电池的性能高要求方向发展等。我国电动汽车行业如今也进入了智能化阶段。根据国家发展改革委的介绍,智能汽车已经拥有了先进的设备和传感器,并且通过人工智能这一些新技术,还可以自动驾驶等。

中国是在世界上较大的电动汽车市场。在2021年时,电动汽车的销售量达到270万辆,受政府扶持以及电池成本下降的影响,我国电动汽车的销售量在逐年提升。

要求:

Ⅰ.结合上述资料,从证券市场中选择一家电动汽车行业中的代表企业,根据其最新发布的年报资料,撰写一份经营分析报告。

Ⅱ. 假设该企业拟从外部筹资，请结合该企业的相关资料撰写融资计划书。

②“十四五”时期，我国进入乡村振兴与脱贫攻坚有效衔接的过渡期、窗口期和蓄力期。从前期的成效看，专项扶贫资金是中央和地方在开展扶贫工作过程中的重要财政支持。

党的十八大以来，中央、省、市、县专项扶贫资金累计投入近 1.6 万亿元，其中中央财政资金累计投入 6 601 亿元。财政部提前下达 2023 年中央财政衔接推进乡村振兴补助资金 1 485 亿元，支持巩固拓展脱贫攻坚成果，推进乡村振兴，重点向国家乡村振兴重点帮扶县、易地扶贫搬迁集中安置区倾斜，帮助重点地区、重点群体守牢底线，优先支持联农带农富农产业发展，2023 年用于产业发展的衔接资金占比力争达到 60%。

辽宁省位于我国东北地区南部，下辖 14 个地级市，占地面积 148 600 平方千米，有 4 197 万常住人口，地理位置优越，物产资源丰富。新中国成立后，辽宁省为我国现代工业体系建设做出重大贡献。然而，随着改革开放和经济转型的深入推进，以辽宁省为代表的东北老工业区的经济发展速度逐渐落后于东部沿海地区，资金和技术支持较为薄弱，部分地区虽有充足劳动力，但缺乏相应物质条件。同时，由于地理位置纬度较高，冰雹、洪涝和暴风雪等自然灾害频繁发生，导致该地区生态环境恶化、经济发展落后。近年来，辽宁省始终坚持把乡村振兴工作作为民生工程建设的重点，持续完善相关政策，先后出台了《辽宁省财政专项扶贫发展资金管理办法》和《辽宁省财政专项扶贫资金绩效评价办法》等方案，为乡村振兴中财政资金的科学、合理使用提供依据和配置标准。

公开信息显示，辽宁省政府乡村振兴资金来源于中央和地方两个层级。因此，具体扶贫资金包括中央财政专项扶贫资金和本省财政专项扶贫资金两项。扶贫资金稳中有升，逐年增长。2018—2020 年，辽宁省专项扶贫资金总额呈持续上涨趋势。其中，中央财政专项扶贫资金由 2018 年的 74 163 万元增长至 2020 年的 113 744 万元，增长趋势与财政部所统计的我国中央财政专项扶贫资金相吻合。而辽宁省财政专项扶贫资金由 2018 年的 69 573 万元增长至 2020 年的 120 000 万元，投入增长近 1 倍，涨幅水平高于中央财政专项扶贫资金。

脱贫攻坚战打响以来，辽宁省大力实施和推进了一批产业扶贫、教育扶贫、健康扶贫、危房改造扶贫和社保兜底扶贫的“五个一批”精准扶贫措施。截至 2020 年末，辽宁省已实现 15 个省级贫困县、1 791 个贫困村全部摘帽，84 万贫困人口全部脱贫的目标。从中央和本省专项扶贫资金投入的重点项目来看，如今两项资金的使用已从原来的建档立卡、深度贫困地区补助、危房翻建补助工作向巩固脱贫攻坚成果等方向转变。

要求：

结合资料，解答以下问题。

Ⅰ. 乡村振兴项目绩效评价的依据有哪些？

Ⅱ. 乡村振兴项目绩效评价指标体系应如何设计？

Ⅲ. 列出乡村振兴项目绩效评价报告的提纲。

③ PH 资产评估公司接受 J 图文广告公司的委托，根据有关法律、法规和资产评估准则、资产评估原则，采用了适当的评估方法，按照必要的评估程序，对该公司部分机器设备的现行市价进行了评估，为购买设备提供作价依据。评估基准日为 2023 年 4 月 15 日，评估范围为 J 图文广告公司部分设备资产，包括计算机 5 台、方箱机 5 台、胶印机 2 台。本次评估采用成本法，成新率的确定使用年限法，超过预计使用年限，现仍在使用的设备，根据实际情

况取大于或等于 15%。

评估过程如下。

设备 1：计算机，规格型号为 T3000，启用日期为 2016 年 7 月，原价为 5 450 元，使用寿命为 5 年。

重置价格的确定：该产品目前市场价 3 000 元。

成新率的确定：该设备已达到使用年限，成新率为 15%。

评估值的确定：3 000 × 15%=450 元。

设备 2：方箱机，规格型号为 P820 型，启用日期为 2015 年，原价为 1 700 元，使用寿命为 5 年。

重置价格的确定：该产品目前的价格 1 000 元。

成新率的确定：该设备已达到使用年限，成新率为 15%。

评估值的确定：1 000 × 15%=150 元。

设备 3：胶印机，规格型号为 6K，2017 年启用，使用年限为 12 年，原价为 43 000 元，目前市场价 40 000 元（包括运输费）。

理论成新率的确定：（12–6）÷ 12 × 100%=50%。

现场勘察成新率的确定：据现场勘查，该胶印机运行环境不够好，已闲置较长时间没有维护保养，使用效果不佳，故成新率较低。

现场勘查成新率评为 30%。

综合成新率=50% × 40%+30% × 60%=38%。

评估值的确定：40 000 × 38%= 15 200 元。

要求：

根据上述资料，撰写一份资产评估报告。

④结合“互联网+”创新创业项目要求，根据大学生自主创业的社会实践情况及自身将来的发展计划，选择一个创业项目，撰写一份可行性研究报告。

参考文献

[1] 财政部会计资格评价中心. 财务管理[M]. 北京:经济科学出版社,2022.

[2] 中国注册会计师协会. 财务成本管理[M]. 北京:经济科学出版社,2021.

[3] 财政部中财传媒,注册会计师考试研究组. 综合阶段教程[M]. 北京:中国财政经济出版社,2022.

[4] 郭琳琳,陈利. 财务管理学[M]. 上海:上海财经大学出版社,2019.

[5] 张文华. 财务管理实务[M].2 版. 北京:电子工业出版社,2022.

[6] 薛春燕,马元兴. 财务管理实务[M].2 版. 北京:中国人民大学出版社,2020.

[7] 周炜,宋晓满. 财务管理案例分析[M].3 版. 上海:立信会计出版社,2020.

[8] 陈燕,王允平. 财务管理实训[M]. 北京:首都经济贸易大学出版社,2011.

[9] 桂玉娟,刘玉凤. 财务管理实训教程[M]. 上海:上海财经大学出版社,2016.

[10] 汪波. 财务管理案例与实训教程[M]. 武汉:武汉大学出版社,2016.

[11] 袁振兴. 经典财务管理案例分析教程[M].2 版. 上海:立信会计出版社,2015.

[12] 王棣华. 财务管理案例分析[M]. 北京:中国市场出版社,2009.

[13] 史琪. 财务管理案例实训[M]. 武汉:华中科技大学出版社,2019.

[14] 徐哲,李贺,路萍. 财务管理基础[M]. 上海:上海财经大学出版社,2016.

[15] 荆新,王化成,刘俊彦. 财务管理学[M].8 版. 北京:中国人民大学出版社,2018.

[16] 姚江红,张荣斌. 财务管理[M]. 南京:南京大学出版社,2019.

[17] 王玉春. 财务管理[M].6 版. 南京:南京大学出版社, 2018.

[18] 李文静,张宁. 财务管理实务[M]. 北京:人民邮电出版社,2018.

[19] 刘东生. 财务分析理论与实务[M]. 北京:人民邮电出版社, 2016.

[20] 严碧容,方明. 财务分析[M]. 北京:人民邮电出版社, 2014.

[21] 王爽. 证券投资学:理论与实务[M]. 北京:科学出版社,2022.

[22] 全国税务师职业资格考试教材组. 财务与会计[M]. 北京:中国税务出版社,2022.

[23] 中国资产评估师协会. 资产评估相关知识[M]. 北京:中国财政经济出版社,2020.

[24] 刘燕,保津. 乡村振兴背景下财政专项扶贫发展资金使用绩效评价[J]. 新视野, 2022(5):81-85,103.